Monika Matschnig

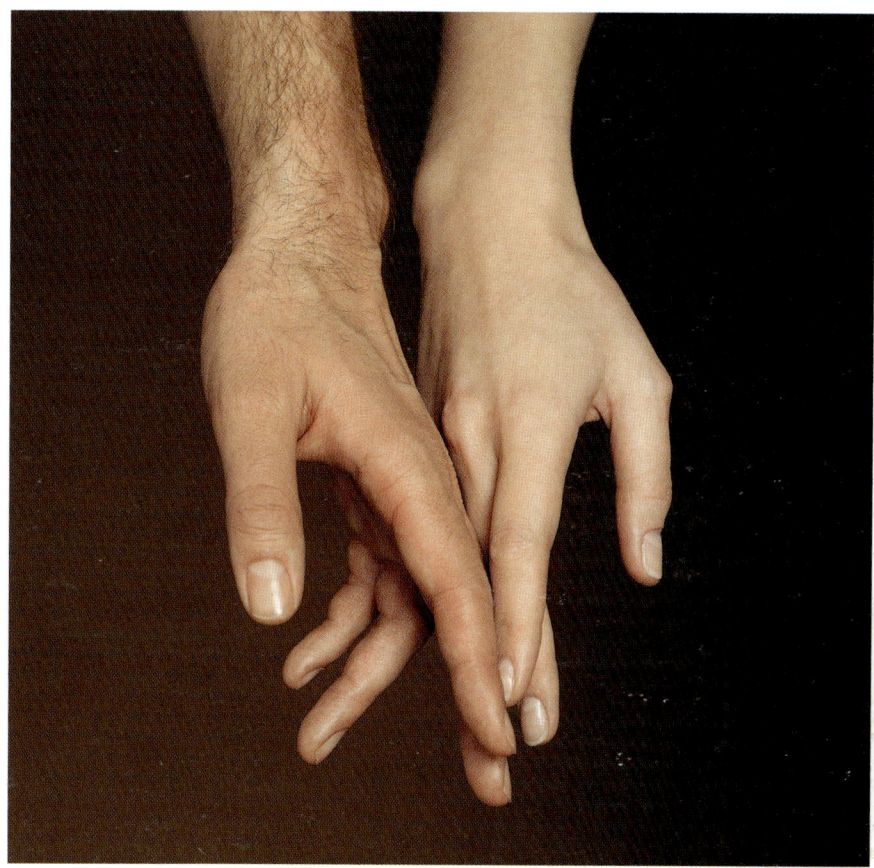

KÖRPER-
SPRACHE
DER LIEBE

Geheime Signale erkennen und gezielt aussende

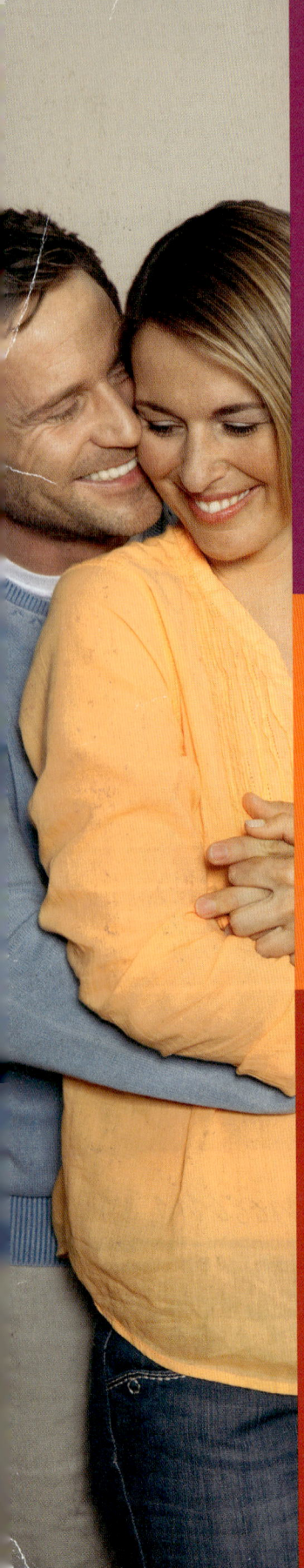

Vorwort 4

Die Liebe – das schönste der Gefühle 7

Was ist Liebe? 8
Wo die Liebe hinfällt 9
Die Biochemie der Liebe 11
Individuum bleiben, Liebespaar werden 14
Durch die Stürme des Lebens 16

Der Körper spricht – immer und überall.... 19

Die Signale des Körpers 20
Die Macht der Körpersprache 44

Die Phasen der Liebe und die Körpersprache 49

Flirt und Dating 50
Das Spiel mit der Anziehungskraft 51
Die vier Flirt-Grundregeln 52
Was verhilft zum Flirterfolg? 53
So nutzen Sie Ihre Flirtchancen 55
1001 Flirtsignale 58

In Kontakt treten 68
Überzeugen und verführen 72
Special: Flirtsignale von Frauen und Männern 87

Paar werden 91
»Love is in the air« 91
Nähe zeigen und erfahren 100
Freiheit aufgeben, Beziehung wagen 107
Special: Internationale Körpersprache 109

Als Paar zusammenleben 113
Vertrauen schenken und gewinnen 114
Zauber und Faszination erhalten 124
Nähe und Distanz ausbalancieren 126
Konflikt und Versöhnung meistern 136
Special: Sinnlichkeit und Sex 145

Eins & eins macht drei – vom Paar zur Familie 151
Von Geliebten zu Eltern 152
Ein Fundament für die Familie schaffen 153
Special: Körpersprache der Kinder 159

Paar bleiben – ewige Liebe 165
Gewachsene Lebensgemeinschaft 166
Die Liebe als Kraftquelle 171
Flexible Teamplayer bleiben 176
Special: Zweiter Liebesfrühling im Alter? 179

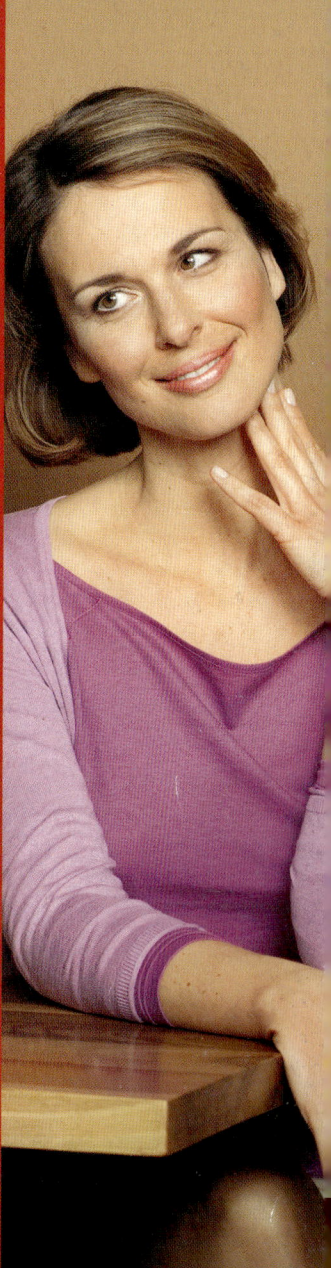

Flirtsignale auf einen Blick 183

Alle Körpersignale – schnell entschlüsselt 183
Zum Nachschlagen 186
Register 188

Vorwort

Wer lebt heute glücklicher? Verheiratete oder Singles? Aktuelle Studien zeigen: Singles haben, was Zufriedenheit und Lebenserwartung angeht, mit den Verheirateten mittlerweile fast gleichgezogen. Während Paare etwa sieben nahestehende Personen in ihrem Umfeld haben, sind bei Singles immerhin sechs zu finden. Gute Freunde oder Freundinnen können also durchaus ein Ersatz für Familie und Partner sein. »Die Männer gehen, die Freundinnen bleiben«, so brachte Hollywood-Star Meg Ryan in einem Interview die Situation vieler weiblicher Singles auf den Punkt.

Aber mal ehrlich, ist es das, was wir uns wirklich wünschen? Können Freundinnen und Freunde uns dieselbe Intimität, Nähe und Geborgenheit schenken wie ein Partner oder eine Partnerin? Offensichtlich nicht. Über die Hälfte der aktiv Suchenden vermissen vor allem die Vertrautheit und Zärtlichkeit, die gute Freunde allein nicht bieten können, wie Umfragen zeigen. Doch der vom Erfolg gekrönten Partnersuche stehen oft viele Hindernisse im Weg, wie etwa Zeitmangel, Angst vor dem Verlust der eigenen Unabhängigkeit, Enttäuschungen oder zu hohe Erwartungen. Obwohl sich viele Alleinstehende gut auf ihre Lebensumstände eingestellt haben, fragen sie sich: Wird das immer so sein? Und was geschieht, wenn ich einmal alt bin?

Sind Ihnen diese Fragen vertraut? Mit diesem Buch möchte ich Ihnen helfen, den Richtigen oder die Richtige zu finden. Es wird Ihnen zeigen, wie Sie durch das Senden oder Empfangen von körpersprachlichen Signalen blitzschnell erkennen, ob Sie bei einem potenziellen Flirtpartner oder einer sympathischen Frau Erfolg haben werden – ohne dass zunächst auch nur ein Wort gesprochen wird.

Das Verstehen nonverbaler Signale gehört zu den instinktiven Fähigkeiten des Menschen, die wir jedoch im Lauf der Evolution immer mehr verloren haben. In diesem Buch erfahren Sie, wie Sie diese Signale wieder bewusster wahrnehmen und einsetzen können. Denn Flirten ist nichts anderes als ein Spiel mit körpersprachlichen Signalen. Wer es beherrscht, kann so auf einfache Art und Weise dem anderen zeigen, dass er ihn oder sie attraktiv findet. Sie werden überrascht sein, wenn Sie bemerken, welch positive Wirkung ein nonverbales Signal wie zum Beispiel ein kokettes Lächeln hat. Und wenn Mr. oder Mrs. Right vorbeikommt, haben Sie mit einigen wertvollen Signalen schon den ersten Schritt in Richtung Freundschaft oder gar Liebe getan.

Ein weiteres Ziel dieses Buches ist es, Sie dabei zu unterstützen, Ihre Liebe, wenn Sie sie gefunden haben, auch langfristig zu erhalten. Erfahren Sie, wie Sie Ihrem Partner oder Ihrer Partnerin Ihre Wertschätzung zeigen, oder wie Sie das Gefühl vermitteln können, dass er oder sie etwas Besonderes für Sie ist! Dabei brauchen Sie oft gar nicht viele Worte, denn Ihr Körper spricht für Sie. Mimik, Gestik, Haltungen und weitere bewusste und unbewusste Signale bilden die Sprache des Körpers. Und sie lügt nie, sondern verrät Gedanken, Begierden, Wünsche, Absichten und Gefühle eines Menschen. Zu Recht bezeichnete der deutsche Dichter Christoph Martin Wieland (1733–1813) die Körpersprache als die »wahre Sprache des Herzens«.

Haben Sie Lust bekommen, diese Sprache zu erlernen? Dann wünsche ich Ihnen viel Spaß beim Studieren dieses Buches. Sie werden sehen, wie viel sensibler Sie plötzlich für nonverbale Botschaften sein werden. Und zugleich werden Sie feststellen, wie faszinierend es ist, selbst körpersprachliche Signale ganz gezielt einzusetzen, um einem anderen Menschen Ihr Interesse oder Ihre Zuneigung zu verdeutlichen. Viel Glück wünscht Ihnen
Ihre Monika Matschnig

Die Liebe – das schönste der Gefühle

Wer wünscht sich nicht die große Liebe? Doch was ist das, die Liebe? Woran kann man sie erkennen? Und wenn man sie erlebt, wie lässt sie sich halten? Von der ersten Verliebtheit, vom Schweben auf Wolke sieben, bis zur innigen Liebe einer beständigen Partnerschaft – das höchste der Gefühle zeigt sich in vielen Facetten.

Was ist Liebe?

Werden Menschen nach ihrem größten Wunsch befragt, belegt die Liebe regelmäßig Platz eins. Doch was ist eigentlich Liebe? »Wilde Ekstase«, wie John Keats schrieb, oder nur eine biochemische Reaktion in unserem Gehirn? Stellt die Liebe wirklich das höchste aller Gefühle dar oder nur dasjenige, das am meisten Leiden verursacht, wenn es verloren geht? Die Antwort: von allem etwas. Und eines ist die Liebe auf jeden Fall: erstrebenswert und dazu eine großartige Chance, uns ganz für einander zu öffnen, unsere Grenzen aufzugeben und aus zwei eins zu machen.

Hören wir das Wort »Liebe«, so denken wir daher in den allermeisten Fällen sofort an die sogenannte romantisch-erotische Liebe, die eine besondere Faszination auf uns alle ausübt. Es gibt kaum einen Film, Roman oder Song, der ohne diese Art der Liebe auskäme. Denn jedes Leben ohne Liebe erscheint uns leer und unbefriedigend. Dabei gibt es, je nach Liebesobjekt, sehr viele Facetten dieses Gefühls, die uns gleichermaßen glücklich machen. Wir können unterscheiden zwischen dem ekstatischen Verliebtsein und der tiefen, innigen Liebe, wie sie sich oft zwischen Mutter und Kind und manchmal auch zwischen Partnern ergibt. Weitere Arten der Liebe reichen von der Tierliebe über die Feindesliebe bis zur göttlichen Liebe, die in allen Religionen zu finden ist.

Aber nur wer zumindest einen Teil der verschiedenen Formen der Liebe kennenlernen durfte, wird letztendlich in der Lage sein, eine erfüllende Partnerschaft oder gar »die große Liebe« zu erleben.

Wo die Liebe hinfällt

Die Liebe, dieses mächtige Gefühl, das eine innige Verbundenheit zu einer Person oder einer Sache ausdrückt, finden wir in ganz unterschiedlichen Formen.

Elternliebe
Die erste Liebe, die wir zu Beginn unseres Lebens erfahren, ist die Elternliebe. Wer diese bedingungslose Liebe erleben durfte, hat die besten Voraussetzungen mitbekommen, sich selbst und andere zu lieben.

Nächstenliebe
Unter der Nächstenliebe versteht man das uneigennützige Handeln zum Wohle anderer Menschen. Nur durch diese Art der Liebe ist es möglich, dass Gemeinschaften funktionieren und Gruppen friedlich zusammenleben.

Selbstliebe
Eine besonders wichtige Art der Liebe ist die Selbstliebe. Denn wer es vermag, die eigene Person zu akzeptieren und sich selbst zu lieben, wird es schaffen, auch andere Menschen zu lieben und in einer erfüllten Partnerschaft zu leben.

Romantisch-erotische Liebe
Das höchste der Gefühle, das in Filmen, Romanen und Gedichten oft verklärt wird, ist die romantisch-erotische Liebe, um die es in diesem Buch vor allem geht. Hier ist die Liebe exklusiv, denn sie ist auf eine Person gerichtet und hat zum Ziel, mit dieser zu einer Einheit zu werden. Dies erklärt den Zauber der erotischen Liebe und warum gerade diese Art der Liebe mit der Furcht verbunden ist, Ablehnung zu erfahren, und daher nicht selten von Zweifeln, Ängsten, Wut und Trauer begleitet wird. Die romantisch-erotische Liebe (im Folgenden einfach Liebe genannt) gibt es in zahlreichen Variationen und Abstufungen. Nur im seltensten Fall treffen sich zwei Menschen, verlieben sich in der ersten Sekunde ineinander und bleiben dann bis zum Lebensende zusammen.

Die kleine Schwärmerei
Jeder gerät mal ins Schwärmen: Teenager himmeln die Bandmitglieder von »Tokio Hotel« an, erwachsene Frauen verehren George Clooney oder Richard Gere und gestandene Vorstandschefs träumen von Models wie Gisele Bündchen. Diese Schwärmereien sind eine leichte Form der Verliebtheit, die meist durch optische Reize entfacht wird. Besonders bei Jugendlichen erleben wir häufig die Fixierung auf Stars und Sternchen. Das übersteigt zuweilen die Grenzen des Erträglichen für die Eltern, doch diese Schwärmerei ist eine gute Übung für die erste reale Verliebtheit.

Liebelei gefällig?
Ein etwas zu intensiver Blick in die Augen des anderen, eine flüchtige Berührung oder eine aufregende Stimme am anderen Ende der Telefonleitung, und plötzlich ist es da – ein leichtes Hüpfen des Herzens, ein flaues Gefühl in der Magengegend und wir fragen uns unwillkürlich: »Verliebe ich

mich gerade?« In diesem Moment können wir uns noch entscheiden und sagen: »Nein, Finger weg!« oder »Nein, ich bin doch glücklich mit meiner Freundin«. Wenn jedoch nichts dagegenspricht, kann man einen zweiten Blick oder gar eine erste Verabredung wagen, siehe Seite 72 ff.

Nach dem ersten Date

Meist wissen wir es recht schnell: »Das wird nichts Großes«. Sind beide Flirtpartner ungebunden, geschieht es oft, dass man sich ein weiteres Mal verabredet. Man geht womöglich den berühmten Schritt zu weit und kommt dann zu der Erkenntnis: »Wir mögen uns, aber der Funke springt nicht über.« Auch wenn es in der Liebeskomödie »Harry und Sally« (1989) heißt »Frauen und Männer können nicht befreundet sein«, solche kleinen Liebeleien können die Keimzellen von dauerhaften Freundschaften zwischen Mann und Frau sein.

Die Verliebtheit

Bei jedem Telefonklingeln denken Sie an SIE, Ihr Handy ist immer griffbereit, falls ER anruft? Tja, dann machen Sie sich klar: Sie sind verliebt! Wie es dazu kommen konnte, erfahren Sie auf den nächstfolgenden Seiten. Die Verliebtheit gilt es nun zu hegen und zu pflegen, denn gerade am Anfang könnte ein Missverständnis, ein kleiner Streit oder eine winzige Enttäuschung die aufkeimende Beziehung beenden.

Gibt es die große Liebe?

Wenn von der großen Liebe die Rede ist, geht Ihnen dann schon beim Lesen das Herz auf? Doch woran ist sie zu erkennen? Und was zeichnet ein sich liebendes Paar aus? Eine mögliche Antwort darauf hat Professor Wolfgang Hantel-Quitmann, Paartherapeut und Familienpsychologe: »Bei der großen Liebe entsteht sehr schnell ein Gefühl der Vertrautheit.« Uns kommt es dann so vor, als würden wir diesen Menschen schon ewig kennen. Aber auch die ganz große Liebe hält sich nicht einfach so, sondern will umsorgt und erhalten werden. Sie kann nur Bestand haben, wenn wir immer wieder neue, gemeinsame Liebes- und Lebensthemen finden. Eine wesentliche Rolle spielt dabei auch die bewusste Entscheidung füreinander. Immer wieder bezweifeln Menschen, dass es die große Liebe überhaupt gibt. Professor Hantel-Quitmann entgegnet darauf: »Die große Liebe gibt es wirklich. Ich weiß, wovon ich spreche. Ich bin seit 34 Jahren mit meiner Frau zusammen.« Na, wenn das keine gute Nachricht ist!

Liebe – nichts als Chemie?

Verliebtheit ist ein Gefühlsrausch, größtes Entzücken, reine Faszination. Bei Verliebten läuft der Körper wie ein Motor auf Hochtouren. Botenstoffe und Hormone werden produziert und versetzen uns in Hochstimmung. So verleiht das Hormon Dopamin uns das Gefühl des Wohlbefindens und unsere Aufmerksamkeit richtet sich ganz auf den Traumpartner. Phenylethylamin hat die Wirkung eines Aufputschmittels, wir brauchen weder Schlaf noch Nahrung. Und Noradrenalin versetzt uns in den Glauben, dass man jeder Herausforderung gewachsen sei.

Die Biochemie der Liebe

Warum beschäftigen sich sogar Naturwissenschaftler mit dem Phänomen der Liebe? Ist sie nicht vielmehr ein Thema für Psychologen und Philosophen? Tatsächlich gewähren die modernen Methoden der Hirnforschung erstaunliche Einsichten in die »Biochemie der Liebe«. Das mag vielleicht etwas unromantisch klingen, ist aber sehr aufschlussreich.

Süchtig nach Liebe

Es kribbelt im Bauch, die Knie werden weich, das Herz rast und die Hände werden feucht – auch wenn wir die Verliebtheit in den unterschiedlichsten Bereichen des Körpers fühlen, ihr Ursprung sitzt im Gehirn. Untersuchungen der New Yorker Anthropologin Helen Fisher haben gezeigt, dass sich die »Gehirnchemie« von Verliebten sehr deutlich verändert: »Wenn jemand am Anfang einer Beziehung total verrückt nach dem anderen ist und seine Gefühle kaum zu kontrollieren vermag, dann schüttet das Gehirn eine Menge Dopamin und Noradrenalin, aber weniger Serotonin aus.« Welche weitreichenden Folgen das für uns hat, erfahren Sie auch im nachfolgenden Kapitel.

Mithilfe von bildgebenden Verfahren haben Forscher die Gehirnaktivität von verliebten Probanden untersucht und ein sogenanntes Verliebtheitsmuster gefunden, das dem von Menschen ähnelt, die Kokain oder derartige Drogen einnehmen. Offensichtlich funktioniert Verliebtsein über die gleichen neuronalen Mechanismen wie Sucht. Verliebte sind also süchtig nach Liebe. »Verliebte sind zwanghaft besessen«, beschreibt die Anthropologin Helen Fischer den Zustand der Frischverliebten. Denn ihre Gedanken kreisen nur noch um den Traumpartner, die restliche Welt wird völlig ausgeblendet.

Ein Powercocktail

Der Körper von Verliebten befindet sich also in einem Ausnahmezustand: Die Energie Verliebter ist legendär – sie schlafen kaum, essen wenig, sind immer gut gelaunt, sehen blendend aus und stecken voller Tatendrang. Nicht ohne Grund sprechen wir vom »Liebesrausch«, denn verliebte Körper schütten einen Cocktail betörender Substanzen aus: Da ist zum einen der Botenstoff Dopamin, der im Belohnungsbereich des Gehirns regelrechte Euphorie auslöst und unter anderem für Antrieb, Wohlbefinden, Gelassenheit, Lebensfreude und die Aktivierung des Immunsystems verantwortlich ist. So verwundert es nicht, dass wir als Frischverliebte seltener Erkältungskrankheiten bekommen. Zum anderen verstärkt das ebenfalls ausgeschüttete Stresshormon Noradrenalin den Effekt des Dopamins, macht aktiv, lässt uns auf Wolke sieben schweben und verbessert das Erinnerungsvermögen, sodass wir uns noch nach Jahren an unsere einstige Verliebtheit erinnern. Je höher Dopamin- und Noradrenalinspiegel steigen, desto tiefer sinkt die Konzentration von Serotonin ab, das normalerweise für Ausgeglichenheit sorgt.

Broken-Heart-Syndrom

Wenn die Liebe zu Ende ist, bricht das Herz, und das nicht nur sprichwörtlich. Liebe ist wie eine Droge – Liebeskummer wie ein Entzug mit körperlichen Folgen. Die Trennung von einem Partner kann eine Funktionsstörung des Herzens hervorrufen. Die Symptome gehen so weit, dass die Leidenden mit Verdacht auf Herzinfarkt in die Klinik eingeliefert werden. Während – anders als beim echten Herzinfarkt – die Herzkranzgefäße weder verstopft noch verengt sind, sieht man bei der Ultraschalluntersuchung aber eine Verformung des Herzens. Denn »Trauer, Wut, Verzweiflung und Angst drücken aufs Herz«, erklärt Dr. Rainer Schubmann, Chefarzt der Dr.-Becker-Klinik Möhnesee. Dem Broken-Heart-Syndrom ist der Kardiologe seit 1997 auf der Spur. Und er konnte nachweisen, dass es »das gebrochene Herz« wirklich gibt. Durch die Verzweiflung produziert der Körper übermäßig viele Stresshormone, die auf Dauer krank machen. Warum diese Hormonexplosion stattfindet, ist wissenschaftlich jedoch noch nicht geklärt. »Bessert sich der Kummer vier Wochen nach der Trennung immer noch nicht, ist es ratsam, einen Arzt aufzusuchen oder mit einem Psychologen Bewältigungsstrategien zu erarbeiten«, rät daher der Mediziner.

Die Harmonie der Hormone

Gleichzeitig wurde nachgewiesen, dass sich bei Verliebten die Hormonspiegel aneinander angleichen. Die italienische Psychiaterin Donatella Marazitti von der Universität Pisa hat entdeckt, dass sich das Stresshormon Kortisol und der Testosteronspiegel bei Verliebten auf ein ähnliches Maß einpendeln. Testosteron ist das wichtigste Sexual- und männliche Geschlechtshormon. Im Stadium der Verliebtheit steigt bei Frauen der Testosteronspiegel, bei Männern sinkt er. Es kommt also zu einer deutlichen Annäherung der Geschlechter – man könnte sagen, Männer werden weiblicher, Frauen männlicher. Dies sorgt dafür, dass so manche störenden Differenzen im Zustand der Verliebtheit zwischen Mann und Frau in den Hintergrund treten und durch den angeglichenen Hormonspiegel geradezu ausgeschaltet werden. Nach spätestens zwei Jahren pendeln sich die Hormonspiegel allerdings wieder auf die üblichen Werte ein. Das heißt, bis dahin sollte die Bindung gefestigt sein! Bezüglich der Hormone ist eine weitere Studie interessant: Peter Lovatt fand heraus, dass Frauen den Testosterongehalt der Männer am Tanzen erkennen. Jungs mit dem höchsten Testosteronspiegel begeisterten die Frauen am meisten, die mit einem niedrigen Spiegel am wenigsten. Männer teilen ihren hohen Testosteronspiegel beim Tanzen durch große rhythmische und variantenreiche Armbewegungen mit. Sind die Bewegungen jedoch unkoordiniert, der Geschlechtshormonspiegel eher niedrig, wirken die Männer wie dominante Platzhirsche. Die Größe der Bewegungen und die Komplexität des Tanzes hängen also vom jeweiligen Testosteronspiegel ab.

Auf immer und ewig

Offensichtlich sorgt die Natur auch dafür, dass die Verliebtheit sich zu einer festeren Beziehung entwickeln kann. So hat Gareth Leng von der Uni Edinburgh festgestellt, dass Oxytocin, das auch gern mal liebevoll unser »Kuschelhormon« genannt wird, eine wesentliche Rolle dabei spielt, »eine permanente Verbindung zwischen Liebenden zu schaffen«. Dies gilt nicht nur für Liebespaare, sondern auch für die Liebe zwischen Mutter und Kind. Denn Oxytocin wird nicht nur im Stadium des Verliebens vermehrt ausgeschüttet, sondern auch bei der Geburt eines Kindes, beim Stillen und beim Orgasmus. Oxytocin verändert im Gehirn des Menschen die Reizübertragung in Milliarden von »Schaltungen« und schafft dadurch neue Interaktionsmuster zwischen den Nervenzellen.

Sind wir verliebt, kreist in unserem Blut auch vermehrt das körpereigene Hormon Phenylethylamin (PEA). Dieses Molekül, das in geringen Mengen in Bittermandelöl und Schokolade zu finden ist, hat eine stark psychogene Wirkung und soll laut dem australischen Chemiker Peter Godfrey für die »Achterbahn der Gefühle« von Verliebten verantwortlich sein. Und Helen Fisher glaubt, dass PEA »ein Paar so lange zusammenhält, bis ein Kind die schwierigen ersten Jahre überstanden hat«. Auch das Hormon Vasopressin unterstützt offenbar die Bindung. Es wirkt als Signalmolekül innerhalb des Gehirns, regelt dort die Körpertemperatur, steuert die Emotionen und kontrolliert die Verarbeitung von Duftstoffsignalen, die das soziale Zusammenleben bestimmen.

Betörende Botenstoffe

Apropos Duftsignale: Sind wir verliebt, verändern sich sowohl unser Geschmacks- wie auch unser Geruchssinn. Frisch verliebte Paare empfinden süße und bittere Speisen weniger intensiv, während die salzige und saure Geschmackswahrnehmung dagegen besser funktioniert. Forscher vermuten, dass Serotonin (das an der Geschmacksausbildung beteiligt ist) hinter diesen Effekten steckt. Und bei verliebten Frauen ändert sich zum Beispiel der Geruchssinn so, dass selbst gute Freunde plötzlich nach »Feind« riechen. Die Natur scheint Verliebte mit diesem Wahrnehmungstrick weniger zugänglich für sexuelle Signale anderer zu machen, um das Erfolgsmodell »dauerhafte Partnerschaft« abzusichern, vermutet ein kanadisches Forscherteam. Die Wissenschaftler ließen 20 vergebene Frauen zunächst ihre romantischen Gefühle für den Mann anhand eines Fragebogens bewerten. Danach sollten sie an verschiedenen Shirts riechen, in denen eine Woche lang ihr Partner, ein fremder Mann sowie männliche oder weibliche Freunde geschlafen hatten. Das Ergebnis: Ohne jegliche Probleme war es den Testpersonen möglich, das Shirt ihres Liebsten herauszufinden. Auch die Freundin wurde am Duft erkannt, männliche Freunde dagegen nicht. Die Trefferquote per Nase war dabei umso höher, je verliebter die Frauen waren.

Insgesamt gilt: Je näher wir uns kommen, desto mehr entscheidet die Nase, ob wir zusammenpassen. Riechen zwei Partner zu ähnlich, können sie mit hoher Wahrscheinlichkeit keine Kinder bekommen.

Individuum bleiben, Liebespaar werden

Wie wir gesehen haben, bildet die Biochemie der Liebe eine wesentliche Grundlage für eine Partnerschaft. Sie schafft sozusagen die Voraussetzungen für die Erhaltung der Art. Aber zusätzlich haben wir es als eigenständige und selbstbewusste Persönlichkeiten selbst in der Hand, aus einer Verliebtheit eine anhaltende Beziehung zu machen. Das geht natürlich nicht ohne Gefühl, Verständnis, Toleranz und Fürsorge. Und auch nicht ohne gemeinsame Zeit. Der neue Zustand begann mit einem Paukenschlag: Wir haben uns verliebt! Mit einem Lied auf den Lippen tänzeln wir durchs Treppenhaus, kein Spiegel, keine kitschige Komödie und kein Dessousgeschäft (zumindest bei Frauen) ist vor uns sicher – und nun?

Zuerst ein zartes Pflänzchen

Frisch verliebt zu sein, ist einfach ein herrliches Gefühl! Die neue Liebe beflügelt, beseelt und inspiriert, und »er« oder »sie« geht einem nicht mehr aus dem Kopf. Nächtelang wird geredet und geturtelt, man erfährt die Lebensgeschichte des anderen, spricht über Interessen und Vorstellungen vom Leben und einer Partnerschaft. So entsteht Vertrautheit und Nähe [a]. Auch wenn alles perfekt erscheint, heißt es dennoch, vorsichtig mit dem Pflänzchen »Liebe« umzugehen. Noch ist die Liebe nicht stabil und könnte sich als ein Strohfeuer erweisen.

In dieser Phase macht Liebe blind, man sieht über die Schwächen oder Fehler des anderen großzügig hinweg und genießt einfach nur die neue Innigkeit. Verschließen Sie hier nicht zu sehr die Augen und hören Sie auf den eigenen Bauch. Denn sehr oft sind die zunächst liebevoll betrachteten Schwächen des anderen später der Auslöser für ernsthafte Streitigkeiten. Sind wir möglicherweise zu Beginn noch stolz, dass er so viel beschäftigt ist und verzeihen leicht, dass er deshalb zu Verabredungen oft zu spät kommt, kann diese Unzuverlässigkeit irgendwann nerven. Oder

a   Sich öffentlich an den Händen zu halten, heißt: Wir gehören als Paar zusammen.

finden wir es anfangs liebenswert, dass die neue Freundin immer ewig im Bad braucht und nehmen die Wartezeit gern in Kauf, kann es einen handfesten Streit geben, wenn später die Ehefrau mal wieder nicht pünktlich fertig wird.

Bald ein kleines Bäumchen

Nach ein paar Wochen oder Monaten ist die neue Liebe schon gefestigter, aber nun stehen die ersten Prüfungen vor der Tür.
In der Zeit der wachsenden Liebe dreht sich alles um die richtige Balance aus Nähe und Distanz. Welche Vorlieben werden geteilt, welche nicht?
Er möchte möglichst schnell zusammenziehen, sie möchte (noch) ihr eigenes kleines Reich behalten. Er möchte mit seinen Kumpels zum Lokalderby, sie möchte aber, dass er sie zum Geburtstag ihrer Nichte begleitet. Sie möchte ihn ihren Eltern vorstellen, er will damit lieber noch ein wenig warten. Sie klammert, er braucht ab und an Freiräume.
Auch wenn es sich etwas bürokratisch anhört: Treffen Sie gerade in dieser Phase grundlegende Vereinbarungen, wie Sie sich Ihr Zusammenleben vorstellen. Hier ist Kompromissbereitschaft gefragt!

Welche Kompromisse sind anfangs nötig?

Stellen Sie sich und Ihrem Partner folgende Fragen und beantworten Sie sie ehrlich:

› Kann ich mir mit dem anderen wirklich eine gemeinsame Zukunft vorstellen oder ist es nur eine vorübergehende Liebelei?

> ### Hilfe, der Alltag kommt!
> Verschönern Sie Ihren Alltag mit kleinen positiven Ritualen: Beim gemeinsamen Abendessen eine Kerze anzünden, nicht ohne Gute-Nacht-Kuss einschlafen, ein mittägliches Telefonat führen, liebevolle kleine Zettel in Hand- oder Aktentasche stecken, gemeinsame Sporteinheiten absolvieren. Der Kreativität sind hier keinerlei Grenzen gesetzt. Gerade diese kleinen Gesten können den Alltag bereichern und die Beziehung festigen.

› Träume ich von einer gemeinsamen Wohnung oder doch vom »Living apart together«?
› Möchte ich (und wenn ja, wann?) eine Familie gründen oder nicht?
› Möchte ich viel Zeit zu zweit verbringen oder brauche ich Freiräume?
› Haben wir gemeinsame Hobbys und Interessen? Sind die Hobbys des anderen für mich akzeptabel?
› Ist sexuelle Treue ein absolutes Muss oder nicht?
› Sind uns Verwandtschaftskontakte wichtig, und wie viel Zeit wollen wir investieren?
› Wie soll das soziale Umfeld aussehen?

Diese Grundsatzfragen führen in den seltensten Fällen zur absoluten Einigkeit. Bestehen Sie auf den Punkten, die Ihnen am Herzen liegen, bei den weniger wichtigen können Sie den Wünschen Ihres Partners nachkommen. Aber bedenken Sie, dass Sie damit auch leben müssen.

Zu guter Letzt: gemeinsam Pläne schmieden

Auch wenn Sie sich wahrhaftig lieben, kann ein Leben zu zweit nur gelingen, wenn Sie gemeinsame Pläne und Ziele haben [a]. Stimmen Sie sich daher vorher ab. Gehen Sie in sich und bringen Sie in Erfahrung, was Sie von einem gemeinsamen Leben erwarten. Dabei spielt es keine Rolle, ob Sie sich Kinder wünschen, ein Häuschen im Grünen erträumen oder eine eigene Firma gründen wollen. Oder ob Ihr Ziel darin besteht, zusammen viel zu reisen oder ein Leben als Aussteiger und Selbstversorger zu gestalten. Was immer es ist, wichtig ist, dass Sie beide das wirklich möchten und bereit sind, ihre gemeinsamen Pläne und Ziele zu verfolgen.

Sind Ihre Vorstellungen vom gemeinsamen Leben zu unterschiedlich, wird es schwierig, eine dauerhafte Partnerschaft zu verwirklichen. Es kann gelingen, doch der Weg dahin wird sehr viel steiniger sein.

Wenn Sie diese Liebe erfüllt, werden Sie ohne Weiteres gewisse Zugeständnisse machen können. Achten Sie jedoch darauf, dass Sie nicht zu viele Kompromisse eingehen, sonst müssen Sie sich auf Dauer zu sehr verbiegen.

Durch die Stürme des Lebens

Sieht man ein älteres Paar auf einer Parkbank sitzen, das liebevoll miteinander umgeht, wird es einem warm ums Herz. Was gibt es Schöneres, als gemeinsam alt zu werden und irgendwann zusammen auf ein erfülltes Leben zurückzublicken?

Doch so ein »erfülltes Leben« macht richtig Arbeit! Da gilt es, nicht nur Kinder und Beruf zu vereinbaren, Rückschläge und traurige Ereignisse gemeinsam zu verarbeiten, sondern auch Sorgen und monetäre Engpässe miteinander durchzustehen sowie Streit und Krisen zu überwinden. Dies setzt eine stabile Liebe beziehungsweise Partnerschaft voraus.

Eine ältere Dame sagte einmal lächelnd angesichts der heutigen Scheidungszahlen: »Ach was, wir hatten auch mal zehn schlechte Jahre, aber heute sind wir dafür umso glücklicher.«

Zehn schlechte Jahre – eine schlimme Vorstellung! Das soll Sie auch nicht zum Durchhalten um jeden noch so hohen Preis bewegen. Dennoch zeigt es, dass das Realisieren einer langen und großen Liebe auch eines ist: die bewusste Entscheidung für die Liebe – mit allen Konsequenzen.

Bewusste Entscheidung füreinander treffen

In jeder Partnerschaft kommt eine Durststrecke oder gar Krise. Typische Phasen für Beziehungsprobleme sind: die Zeit nach der Geburt eines Kindes, große berufliche Veränderungen, der Auszug der Kinder aus dem gemeinsamen Zuhause und der Beginn des Ruhestands. Immer dann, wenn wichtige Umbrüche stattfinden. »Menschen verändern sich! In 30 Jahren Ehe durchlaufen die Partner drei, vier, fünf große Entwicklungsphasen. Daher ist es wichtig, einander immer wieder neu zu wählen, sich bewusst füreinander zu entscheiden«, so Professor Hantel-Quitmann.

In Krisenzeiten gilt es zu sagen: »Es ist gerade schwierig, aber du bist mein Mann/meine Frau, und ich möchte auch, dass dies für immer so bleibt.« Machen Sie hieraus ein Ritual. Entscheiden Sie sich jedes Jahr einmal bewusst für Ihren Partner. Suchen Sie sich dazu einen für Sie gemeinsamen wichtigen Tag aus: Hochzeitstag, Silvester oder Kennenlerntag.

Kein Glück ohne Unglück

Eine Beziehung kann nie nur harmonisch verlaufen, sondern sie lebt und entwickelt sich auch durch Krisen. Leider haben wir es verlernt, damit umzugehen. Und bevor wir Konflikte lösen, geben wir lieber unsere Beziehung auf, um uns in die nächste Partnerschaft zu stürzen, wo uns dann das gleiche Dilemma erwartet. Machen Sie sich bewusst: In einer noch so harmonischen Beziehung wird es auch immer darum gehen, die Gratwanderung zwischen Bindung und Freiheit, Egoismus und Aufopferung, Teamwork und Konkurrenz zu bestehen. Zwar empfinden wir Krisen und Konflikte als Unglück, doch wenn es uns gelingt, sie konstruktiv anzugehen, können sie zu unserer persönlichen und partnerschaftlichen Entwicklung beitragen. Und im Nachhinein werden wir sie sogar als Glück bezeichnen. Denn wären wir niemals unglücklich, könnten wir das Glück gar nicht erfahren. Wie Sie mit Konflikten geschickt umgehen, lesen Sie ab Seite 113. Vergessen Sie jedoch nie: Eine Liebespartnerschaft ist eine tiefe und persönliche Erfahrung. Sie gewährt uns die Chance für eine intensive Auseinandersetzung mit uns selbst und einem anderen Menschen. Schon das ist der größte Gewinn!

a   Ein Paar strahlt Verbundenheit aus, wenn die Distanz sehr gering ist und sich die Finger ineinander verknoten.

Der Körper spricht – immer und überall

Wenn Sie es verstehen, die Körpersprache Ihrer Mitmenschen zu entschlüsseln, merken Sie sehr schnell, was andere wirklich denken. Denn selbst wenn wir nichts sagen, spricht unser Körper und gibt dabei zahlreiche Informationen und Emotionen preis. So erfahren Sie auch, welche Wirkung Sie selbst auf Ihr Gegenüber ausüben.

Die Signale des Körpers

»Man kann nicht NICHT kommunizieren« – stellte Paul Watzlawick, der weltberühmte Philosoph, einmal fest. Denn selbst wenn wir nichts sagen, spricht unser Körper immer, indem er durch seine Gestik und Mimik einen ständigen Informationsfluss liefert. Und nicht nur der eigene Körper, sondern auch der unseres Gegenübers kommuniziert unablässig. Dabei drückt sich die Körpersprache schon in kleinsten Bewegungen aus! Ganz gleich, ob Sie eine selbstsichere Haltung einnehmen, die Nase rümpfen oder Ihren Mund verziehen.

Wer die Körpersprache versteht, dem fällt die Kommunikation mit seinen Mitmenschen leichter. Er wird sensibler für die Körpersprache des anderen und achtet zusätzlich mehr auf seine eigene Wirkung. Durch den bewussten Einsatz der Körpersprache können Sie das eigene Auftreten optimieren und die Chancen bei der Partnerwahl erhöhen. Wenn Ihnen die Signale der Körpersprache vertraut sind, schenken Sie ihnen vermehrte Aufmerksamkeit und übersehen die ausgesandten Signale anderer Personen nicht. Sie werden offener für neue zwischenmenschliche Beziehungen, die auch die Möglichkeit für eine langfristige Partnerschaft beinhalten können.

Welche Bedeutung der Körpersprache zukommt, zeigt eine bereits 1971 veröffentlichte Studie von Professor Albert Mehrabian. Der Gesamteindruck einer Persönlichkeit und die Sympathie, die wir für sie hegen, werden zu 55 Prozent von der Körpersprache, zu 38 Prozent von der Stimme und nur zu sieben Prozent vom Inhalt des Gesprochenen bestimmt.

Bei jedem Austausch zwischen zwei oder mehreren Personen werden Botschaften auf zwei Ebenen übermittelt: Zum einen auf der Ebene dessen, was gesagt wird, zum anderen auf der Ebene dessen, was nicht gesagt wird. Dabei handelt es sich um eine Art »geheimer« Sprache, die das gesprochene Wort untermauert oder ihm auch widerspricht. Diese »nonverbale Sprache« weist eine unterschwellige Dynamik auf. Wenn wir also interagieren, dann gibt es immer den gesagten Text und zugleich die subtilere nonverbale Sprache. Für das Verhältnis zwischen diesen beiden Sprachen gibt es drei Möglichkeiten:

> **Achtung!**
> Ordnen Sie einzelnen nonverbalen Signalen, die Sie an einer Person wahrnehmen, nicht sofort eindeutige Bedeutungen zu, und ziehen Sie keine voreiligen Schlüsse daraus! Denn körpersprachliche Ausdrucksformen können je nach Situation, Kultur und Persönlichkeit ganz unterschiedlich ausfallen.

1. Die Körpersprache bestätigt und verstärkt das gesprochene Wort. Zum Beispiel, wenn eine Frau ihren Mann, der von der Arbeit heimkehrt, mit den Worten begrüßt: »Schön, dass du da bist!« und ihn umarmt. Wer sich so verhält, wirkt authentisch, ehrlich und erweckt Vertrauen.

2. Die Körpersprache ersetzt die Sprache der Worte. Anstatt Ja zu sagen, nicken Sie oder legen den Zeigefinger auf die Lippen, um Ihren Wunsch nach Ruhe deutlich zu machen. Hier spricht man von Regulatoren oder der sprachersetzenden Gestik.

3. Die gesprochene Sprache und die Körpersprache widersprechen einander. Sie begegnen jemandem, der Sie begrüßt: »Ich freue mich, dich zu sehen!« Dabei bleibt sein Mund aber starr und seine Augenbrauen heben sich nicht. In diesem Fall wissen Sie Bescheid: Er flunkert. Die Körpersprache stimmt mit den Worten des Menschen nicht überein.

Ist die Körpersprache beeinflussbar?

Ob wir unsere Körpersprache individuell beeinflussen können, darüber gehen die Expertenmeinungen auseinander. Manche glauben, dass ein Mensch, der sich mit seinem Körper befasst, sehr viel beeinflussen kann. Andere Experten schätzen dagegen, dass wir auf die individuelle Körpersprache höchstens zu zehn bis zwanzig Prozent Einfluss nehmen können.
Ich bin davon überzeugt, dass Ihre Körpersprache vor allem authentisch sein sollte und möchte Sie darin bestärken, sich intensiver mit diesem Thema zu befassen. Denn wenn Sie sich näher damit auseinandersetzen, kann Ihre Körpersprache das unterstreichen, was Sie wirklich ausdrücken wollen. Jeder verfügt über sensible Antennen, um die Signale der Körpersprache unbewusst aufzunehmen. Entscheidend ist, dass wir lernen, sie bewusst wahrzunehmen und nicht ausgesprochene Botschaften zu entschlüsseln. Im Folgenden setzen wir uns daher näher mit verschiedenen Ausdrucksmöglichkeiten des Körpers auseinander.

Das Gesicht – ein offenes Geheimnis

Das Gesicht ist eines unserer ausdrucksvollsten Kommunikationsmittel. Jeder kann spontan Gefühle erkennen, die dem anderen buchstäblich »ins Gesicht geschrieben stehen«. Zu den Emotionen, die wir ohne Weiteres deuten können, zählen unter anderem Freude, Wut, Trauer, Angst oder Verwunderung.

Im menschlichen Gesicht befinden sich die meisten Muskeln auf kleinster Fläche, die permanent unsere wahren Gefühle widerspiegeln. Kleine flüchtige Bewegungen im Gesichtsausdruck, sogenannte Mikroausdrücke, vermitteln uns die wahre Botschaft unseres Gegenübers. Auch wenn wir versuchen, eine Maske aufzusetzen, können uns diese feinen Signale verraten. Nur sehr wenige Menschen sind in der Lage, diese Mikroausdrücke zu kontrollieren. Eine Studie zeigte, dass nur zehn Prozent der Testpersonen auf Kommando die Mundwinkel nach unten ziehen konnten, ohne ihre Kinnmuskeln zu bewegen. Dieselben Personen waren dazu jedoch in der Lage, wenn sie Traurigkeit, Kummer oder Sorge empfanden. Probieren Sie es aus: Fühlen Sie sich nicht traurig, wird Ihnen der entsprechende Ausdruck nicht gelingen!

Die Augen – Spiegel der Seele

Sicher kennen Sie den Satz aus dem Volksmund: »Ein Blick sagt mehr als tausend Worte«. Große, weit geöffnete Augen lassen auf Interesse und Wohlwollen schließen [a], halboffene Augen auf Müdigkeit, Desinteresse oder den Wunsch, etwas über fremde Absichten herauszufinden, ohne die eigenen preiszugeben. Zusammengekniffene Augen bedeuten, dass sich Menschen konzentrieren wollen, wütend sind oder möglicherweise sogar schlecht sehen, denn sie wollen durch das Zusammenkneifen ihr Ziel scharf stellen [b]. Wer die Augen zusammenkneift, muss die Wirkung beachten: Dieser Ausdruck wird häufig als bedrohlich wahrgenommen. Wenn Sie bereits bei einer ersten Begegnung mit einem möglichen Flirtpartner einen negativen Eindruck erwecken, dann steigt die Wahrscheinlichkeit, auch eine entsprechende Reaktion zu ernten. Hier tritt das Gesetz der Reziprozität in Kraft: »Wie du mir, so ich dir«.

Die Blickzeit

Für den Augenkontakt gibt es ganz klare Regeln. Als einen Aspekt nennt der amerikanische Autor Julius Fast (1919–2008) die »moralische Blickzeit«. Dabei handelt es sich um die Zeit, in der man mit Fremden einen Blickkontakt halten kann, ohne eine besondere Botschaft zu senden. Je nach Situation kann sie unterschiedlich lang sein. In einem Aufzug zum Beispiel gibt es diese Zeit überhaupt nicht. Wenn Sie dort in

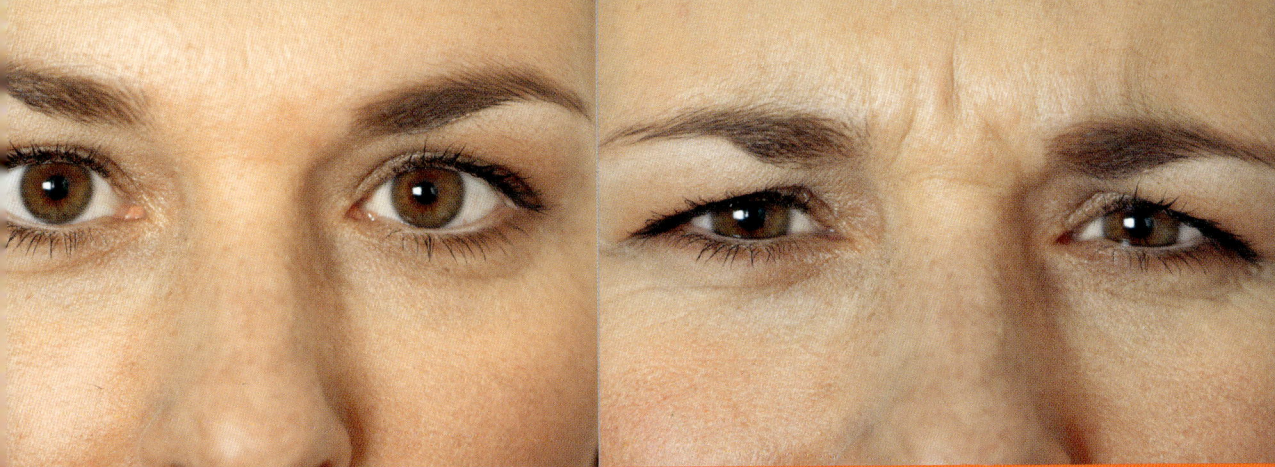

a Große, weit geöffnete Augen lassen auf Interesse und Wohlwollen schließen.

b Zusammengekniffene Augen deuten auf Konzentration, Wut oder schlechtes Sehen hin.

Blickkontakt mit einem Fremden treten, wenden Sie den Blick sofort ab und schauen lieber auf die Anzeige der Stockwerke oder auf den Boden, um Ihrem Distanzbedürfnis zu der fremden Person Rechnung zu tragen. Sehr kurz ist die moralische Blickzeit beispielsweise auf der Straße. Jeder Blick, der länger als kurz und flüchtig ist, übermittelt die Botschaft: »Kenne ich Sie vielleicht?« Ein zu langer Blickkontakt wirkt in diesem Fall unverschämt. Doch zusammen mit einem angedeuteten Lächeln oder Nicken verschwindet dieser Eindruck schnell wieder. Befinden Sie sich zusammen mit einer weiteren Person in einem Zimmer, so dauert die moralische Blickzeit höchstens zwei bis drei Sekunden. Dann müssen Sie den Blickkontakt aber abbrechen, sonst fühlen Sie sich unwohl. Ein längerer Blickkontakt zwischen den Geschlechtern bedeutet im Allgemeinen: »Ich interessiere mich für dich«. Wer jedoch zu lange sein Gegenüber fixiert, der wird sehr schnell als bedrohlich oder sogar aggressiv empfunden.

Der Blicktyp

Entscheidend ist natürlich auch die Art des Blicks, den wir bei einer Begegnung austauschen. Drei Blicktypen lassen sich unterscheiden: der gesellige Blick, der Machtblick und der intime Blick. Wobei Letzterer für die Körpersprache der Liebe der interessanteste ist.

Experimente beweisen es: Gehen Menschen aufeinander zu, werfen sie zuerst einen Blick auf das Gesicht und den Körper des anderen, um das Geschlecht festzustellen, danach einen zweiten Blick, um den Grad des Interesses zu bestimmen. Dieser Blick geht von einem Auge zum anderen und dann am Kinn vorbei zu den tieferen Körperpartien. Stehen die Beteiligten näher zusammen, ist es das Blick-Dreieck zwischen beiden Augen und der Brust. Bei Blicken aus der Ferne erweitert sich das Dreieck bis auf den Schoß und tiefer. Mit diesem »intimen« Blicktyp zeigen Männer und Frauen ihr Interesse. Ist das Gegenüber auch interessiert, wird der Blick erwidert.

Die Blickrichtung

Natürlich ist es auch nicht unbedeutend, aus welcher Richtung der Blick kommt. Schaut ein Mann eine Frau an wie ein treuer Hund, von unten nach oben, dann signalisiert er damit sein Interesse und sendet das Signal: »Ich bin zärtlich und fürsorglich«.

Verwendet eine Frau einen aufschauenden Blick bei gesenktem Kopf, dann erweckt sie einen unterwürfigen Eindruck. Dies spricht Männer an, da die Augen größer wirken und die Frau dadurch kindlicher und lieblicher erscheint. Ein Blick von der Seite mit erhobenen Augenbrauen signalisiert Neugierde, mit gesenkten Augenbrauen Unsicherheit oder auch Feindseligkeit. Zusammen mit einem Lächeln drückt der Seitenblick Interesse aus. Oft dient er als Werbesignal gegenüber dem anderen Geschlecht.

Die Blickintensität

Studien beweisen, dass Männer im Vergleich zu Frauen »visuell dominanter« sind. Das heißt, Männer suchen, während sie sprechen, den Augenkontakt mehr, als während sie zuhören. Sie versuchen beim Sprechen, ihre Zuhörer mit den Augen zu dirigieren. Doch sowie sie selbst zuhören, wenden sie den Blick in der Regel ab.

Doch Achtung: Beim Liebeswerben kann das ganz anders sein. Hier suchen Männer, auch wenn sie nur zuhören, begierig den Blickkontakt zu ihrer Gesprächspartnerin und wollen ihn auch möglichst lang halten. Wollen Sie als Mann auf den Blickkontakt einer Frau reagieren, dann sollten Sie darauf achten, dass Ihr Blick zwar intensiv, aber nicht starr ist. Denn ein solch angespannt aussehender Ausdruck könnte Ihr Gegenüber als unangenehm und sogar als erschreckend empfinden.

Der Blickkontakt

Ein intensiver Blickkontakt gibt ein Gefühl von Zuneigung und Sympathie, das wurde in folgendem Experiment von Allan und Barbara Pease nachgewiesen. Sie organisierten ein Blind Date und die Versuchspersonen erhielten die Information, dass ihr Date sich als Kind am Auge verletzt hätte. »Schauen Sie genau hin, dann werden Sie es wohl erkennen!« Aufgrund dieser Aussage schauten sich beide Partner während des Rendezvous besonders intensiv in die Augen, um das »verletzte« Auge zu finden. Die Teilnehmer fühlten während des Dates eine unerwartete Intimität und Romantik. Und erstaunlich war: Die Bereitschaft, sich

Dominante Blicke

Forscher haben beobachtet, dass Menschen bevorzugt in dieselbe Blickrichtung schauen, in die ein Gegenüber mit dominanten oder maskulinen Gesichtszügen sieht. Denn überlegene Gesichtszüge werden mit Kraft, Durchsetzungsvermögen und hohem sozialem Status assoziiert. Dieses Verhalten war evolutionsbiologisch wohl vorteilhaft. Es diente dazu, mögliche Bedrohungen zu erkennen oder die Stimmung und die Absichten hochgestellter Mitmenschen schnell einzuschätzen, um besser mit ihnen umgehen zu können.

Die Signale des Körpers

erneut zu treffen, war wesentlich höher als bei den Testpersonen, die nichts von einem »problematischen« Auge wussten.

Wenn Sie den Blickkontakt verweigern, hat das eine sehr negative Wirkung. Denn Sie senden damit die unterschwellige Botschaft: »Ich begegne deinen Augen nicht, weil du für mich nicht da bist, du bist unwichtig«. Wer den anderen »keines Blickes würdigt«, wird als arrogant, überheblich oder unsicher beurteilt.

Der Grad, mit dem Sie sich einer Person zuwenden, zeigt an, wie viel Aufmerksamkeit Sie dieser Person widmen. Wenden Sie ihr den Oberkörper gerade zu, verstärken den Blickkontakt und beugen Sie sich zu ihr vor, dann signalisieren Sie ihr damit: »Ich höre Ihnen aufmerksam zu, weil ich das, was Sie sagen, für wichtig halte«. Haben Sie dagegen den Körper ein wenig abgewandt und drehen nur ab und zu den Kopf, um die Person anzusehen, dann lautet die Botschaft: »Meine Aufmerksamkeit beschränkt sich auf ein Minimum«.

Die Pupillen

Haben Sie schon einmal beobachtet, wie sich Pupillen verändern können, und zwar nicht nur aufgrund der Lichtverhältnisse? Erregt jemand Ihr Interesse oder sind Sie von etwas begeistert, dann können Ihre Pupillen viermal so groß werden wie normal [a]. Die innere Erregung hat nämlich einen großen Einfluss auf die Größe der Pupillen. Ziehen sich die Pupillen Ihres Gegenübers zusammen, so lehnt er oder sie etwas ab oder ist dabei, etwas rational zu verarbeiten [b]. Es lohnt sich also, genau auf die Pupillen zu achten. Schaut eine Person mit geweiteten Pupillen Sie an, dann können Sie davon ausgehen, dass ihr gefällt, was sie sieht. Wenn Sie Ihre ersten Treffen in Lokalitäten mit gedämpfter Beleuchtung absolvieren, können Sie natürlich auch den positiven Effekt von schummrigem Licht nutzen, denn hier weiten sich die Pupillen automatisch. Das erweckt den Eindruck, dass beide aneinander interessiert sind.

a Bei Interesse können die Pupillen viermal so groß werden wie normal.

b Ziehen sich die Pupillen zusammen, wird etwas abgelehnt oder rational bedacht.

Die Augenbrauen – Gruß aus der Ferne

Was wollen wir durch das Hochziehen der Augenbrauen andeuten? Auf der einen Seite können wir, wenn wir beide Brauen gleichzeitig heben, unsere Überraschung oder unser Erstaunen über etwas zum Ausdruck bringen oder auch unsere Neugier zeigen.

Große Augen machen

Auf der anderen Seite vergrößern wir durch das Heben der Brauen künstlich unsere Augen [a]. Auf diese Weise kommt das sogenannte »Kindchenschema« zum Tragen: Die meisten Menschen reagieren darauf instinktiv sehr positiv. Denken Sie hier nur einmal an Babys: Ihr überdimensional großer Kopf und die großen Augen lassen die Herzen sofort höher schlagen.

Wenn wir nur eine Braue hochziehen, so können wir damit nicht nur Zweifel oder Skepsis unseren Mitmenschen gegenüber andeuten, sondern auch einen Gruß oder eine Übereinkunft vermitteln.

Heben wir die Augenbrauen, weil wir Informationen aufnehmen, bilden sich dabei waagerechte Stirnfalten. Diese lassen darauf schließen, dass unsere Aufmerksamkeit stark beansprucht wird. Senkrechte Stirnfalten dagegen entstehen, wenn wir die Augenbrauen zusammenziehen. Diese Falten zeigen an, dass wir gerade unsere volle Aufmerksamkeit auf jemanden oder etwas richten und sehr konzentriert sind. Andererseits können zusammengezogene Augenbrauen auch Wut und Ärger bedeuten [b].

Da die Augenbrauen den Ausdruck eines Gesichts sehr prägen, sollten Sie, meine lieben Damen, Ihre Augenbrauen professionell in Form bringen und dabei auch Ihre Augen betonen. Die hohen Augenbrauen einer Frau stehen nämlich für Glück und »großäugige Unschuld«.

a Ein Heben der Augenbrauen ist ein Signal von Interesse und Aufmerksamkeit.

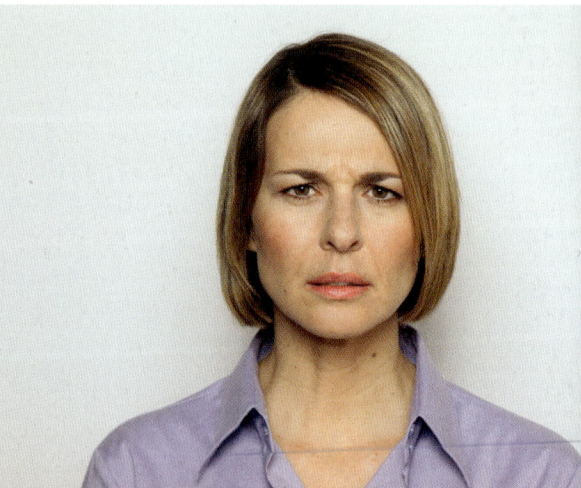

b Senkrechte Stirnfalten können Konzentration, aber auch Ärger und Wut verraten.

 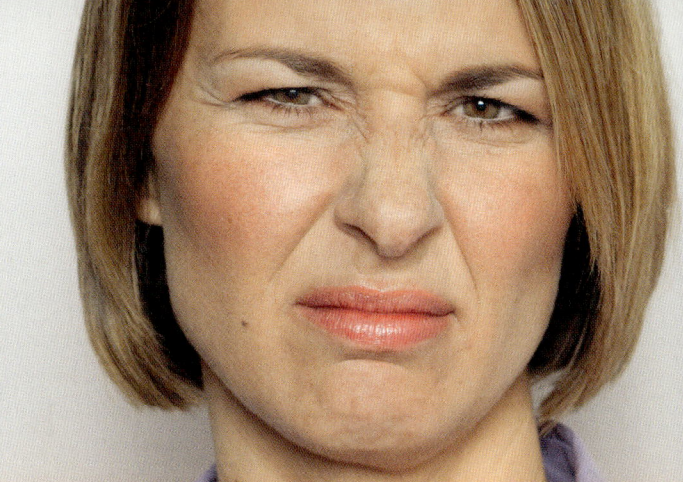

c Geblähte Nasenflügel deuten auf Interesse und Erregung hin.

d Rümpft Ihr Gegenüber die Nase, so ist das ein Zeichen für Ablehnung.

Die Nase – Richtungsweiser des Herzens

Die Nase prägt nicht nur wesentlich das Gesicht, sondern bestimmt den Gesamteindruck einer Person. Nasenkorrekturen gehören daher zu den häufigsten Schönheitsoperationen. Was aber können wir von der Nase ablesen? Werden zum Beispiel die Nasenflügel gebläht, kann man auf erregende Erlebnisse schließen. Die Nasenflügel blähen sich unmittelbar beim intensiven Aufnehmen angenehmer Düfte, bei Erregung oder Zorn [c]. Dies untersuchte ausführlich Horst Rückle in seinem Buch »Körpersprache für Manager« (siehe Seite 187). Und was im Business-Alltag stimmt, lässt sich auch auf den Privatbereich übertragen.

Das Naserümpfen

Als allgemeines Zeichen der Ablehnung wird das Rümpfen der Nase empfunden, das oftmals außerdem von zusammengekniffenen Augen und einem geschlossenen Mund begleitet wird [d]. Es deutet einerseits Missfallen an. Andererseits erhält das Naserümpfen im Wechsel mit einem Lächeln eine fast kokette Note und erhöht, speziell bei Frauen, den Eindruck des Charmes.

Das Riechen

Unser Riechorgan verfügt über einen ganz elementaren Sinn, nämlich den Geruchssinn. Er bestimmt, ob wir »jemanden riechen können«, ob man also eine andere Person sympathisch findet oder nicht. Bei der Partnerwahl spielt der Duft eine wesentliche Rolle. Schon nach der ersten Umarmung determinieren Duftstoffe, ob sich Mann und Frau noch mögen werden. Es handelt sich hierbei um die Pheromone, sexuelle Botenstoffe des menschlichen Körpers, die über den Geruchssinn unterhalb der Wahrnehmungsschwelle unbewusst wahrgenommen werden können.

Der Mund – Verkünder der Liebe

Der Mund ist nicht nur zum Sprechen und Essen da, sondern ist vielmehr ein zentrales Element im Gesicht und äußerst aktiv an der Körpersprache beteiligt.

Mit und ohne Worte

Friedrich Nietzsche stellte einmal fest: »Man lügt zwar mit dem Mund, doch durch das, was man dabei macht, sagt man die Wahrheit«.

Ein geöffneter Mund vermittelt das Signal, dass er aufnahmebereit ist, sei es für Essen, Informationen oder Berührungen. Wird jemand überrascht bzw. ist jemand sehr erstaunt, dann öffnet sich automatisch auch sein Mund und zusätzlich fällt der Kiefer nach unten. Ihm steht sprichwörtlich der Mund offen.

Das Gegenteil dazu ist der konzentriert oder sogar schmerzhaft zusammengepresste Mund, der zu sehen ist, wenn wir uns stark auf eine Sache konzentrieren müssen [a]. Zeigen wir einen fest geschlossenen Mund, so bedeutet das, dass wir ganz mit uns allein beschäftigt sind und gerade wenig Interesse an der Umwelt haben. Verschließt sich der Mund abrupt, so ist man nicht bereit, etwas »aufzunehmen«. Dies kann ein Zeichen von Desinteresse oder Ablehnung sein.

Ein schiefer Mund wirkt wenig glaubwürdig. Wer nur einen Mundwinkel anhebt, signalisiert mit dieser Mimik meist Überheblichkeit, Verachtung oder Zynismus.

Mit einem schmollenden Mund können Sie in der Regel niemanden überzeugen, besonders nicht, wenn Sie jemand anderem damit ein schlechtes Gewissen machen wollen. In erotischer Hinsicht jedoch kann ein Schmollmund durchaus sehr effektiv sein: Er unterstreicht die Wirkung voller Lippen. Diese erscheinen verführerisch und sind nach wie vor ein begehrtes Schönheitsmerkmal [b].

Lippenbekenntnisse

Mit den Lippen wird geküsst und daher spielen die Lippen natürlich eine ganz elementare Rolle in der Körpersprache der Liebe. Ein Kuss sagt viel über die Gefühle Ihres Partners zu Ihnen aus. Ein ungeschickter und übereilter Kuss, der sich aber gut anfühlt, zeigt zum Beispiel geteilte Aufmerksamkeit an. Die Gedanken Ihres Partners schweifen in diesem Moment einfach etwas ab. Werden Sie mit einem liebevollen, zärtlichen Kuss bedacht, so geht es Ihrem Partner weniger um sexuelle Überraschungen als vielmehr um Vertrauen und Verbundenheit mit seiner Partnerin. Ein wilder Knutscher dagegen zeigt Ihnen durch seine Körpersprache ganz schnell, dass er vor Experimenten nicht zurückschreckt. Spüren Sie beim Küssen die Handflächen Ihres Partners von vorn an Ihren Schultern, will er Sie wortwörtlich auf Distanz halten und einer zu intimen Nähe ausweichen. Welche tatsächlichen Gefühle hinter den verschiedenen Formen eines Kusses stecken, können Sie im Abschnitt »Lippen – zum Küssen sind sie da« im Kapitel »Love is in the air« auf Seite 92 erfahren.

a Ein zusammengepresster Mund weist auf Desinteresse oder Ablehnung hin.

b Mit einem leichten Schmollmund wollen Frauen bezaubernd und erotisch wirken.

c Beim echten Lächeln zieht sich die Augenringmuskulatur zusammen.

d Beim vorgetäuschten Lächeln sind die Muskeln rund um die Augen nicht aktiv.

Das Lächeln – ein wertvolles Geschenk

»Das Lächeln, das du aussendest, kehrt zu dir zurück«, so ein indisches Sprichwort. Und es stimmt, probieren Sie es aus!
Aber woran kann man erkennen, welches Lächeln wirklich echt ist? Ganz einfach: Ein herzliches und überzeugendes Lächeln erkennen Sie daran, dass die Augen »mitlachen«. Die Augenringmuskulatur zieht sich in diesem Fall zusammen, und die Fältchen um die Augen, die sogenannten Krähenfüße, werden sichtbar. Zusätzlich ziehen sich die Wangen nach oben, und es entstehen kleine Hautverdickungen unter den Augen [c, S. 29]. Beim vorgetäuschten Lächeln dagegen sind die Muskeln rund um die Augen nicht aktiv. Diese fehlende Beteiligung der Muskeln um die Augen ist ein feiner, aber entscheidender Wink, um ein echtes von einem falschen Lächeln zu unterscheiden.

Das echte Lächeln dauert außerdem länger als das falsche Lächeln. Und häufig ist es im Gesicht der lächelnden Person immer noch zu sehen, auch wenn die Ursache dafür schon längst vorbei ist.

Ein falsches Lächeln bricht meist vorzeitig ab oder verschwindet stufenweise vom Gesicht. Es kann auch asymmetrisch ausfallen, das heißt, nur eine Seite des Mundes ist beteiligt und wird nach oben gezogen. Dabei wird die Mimik des Mundes ebenfalls von keiner Muskelbewegung um die Augen begleitet [d, S. 29].

Die Haltung – Signal der Selbstsicherheit

Ein aufrechter Körper strahlt immer Selbstsicherheit und Stolz aus. Menschen, die aufrecht gehen oder stehen – ohne dabei übertrieben gestreckt zu sein – und einen offenen, lebendigen Blick haben, wirken selbstbewusst und zugänglich [e]. Wer jedoch eine vornübergebeugte Körperhaltung mit schlaffen Schultern, hängenden Armen einnimmt und einen schleifenden Gang zeigt, der signalisiert Unsicherheit und Verletzlichkeit [f]. Viele Menschen reagieren darauf mit Verlegenheit und Unbehagen. Sich natürlich zu bewegen, aufrecht zu stehen und zu sitzen, mühelos aufzustehen und Platz zu nehmen, zeugt von Vitalität und Stärke.

Insbesondere Frauen senden durch die Art und Weise, wie sie ihren Oberkörper halten, interessante Botschaften aus. So beinhalten vorgebeugte Schultern und eine eingezogene, klein gemachte Brust die unterschwellige Botschaft: »Ich schäme mich und bin unsicher.« Mit einer solchen Haltung ist es unmöglich, Sicherheit und

> **Strecken Sie sich!**
> Heben Sie Ihr Brustbein und spannen Sie Ihren Unterbauch an. Dadurch wirken Sie automatisch energiegeladener und richten sich auf. Pilates oder ein Bauchtraining speziell für die untere Bauchmuskulatur sind empfehlenswert.

Die Signale des Körpers

Selbstvertrauen zu signalisieren. Spannt ein Mann in Anwesenheit einer Frau die Muskeln an und zieht den Bauch ein, signalisiert er: »Ich bin mir Ihrer Anwesenheit bewusst. Ich möchte Eindruck auf Sie machen«. Die unterschwellige Botschaft: Stärke. Lesen Sie mehr dazu im dritten Kapitel unter dem Abschnitt »1001 Flirtsignale« ab Seite 58.

Auch welche Sitzposition jemand wählt, lässt auf sein Gefühlsleben schließen. Wer zum Beispiel mit Armen und Beinen in offener Haltung dasitzt, signalisiert, dass er für etwas aufgeschlossen ist. Dagegen können geschlossene Arme und Beine ein Zeichen für Widerspruch und Abwehr sein. Ausnahme: eine Frau, die einen Rock trägt. Sie wird natürlich die Beine immer geschlossen halten. Ist sie Ihnen zugewandt, neigt sich zu Ihnen und hält sie den Blickkontakt, dann ist sie interessiert.

Die Art, wie zwei Personen nebeneinander auf einer Couch sitzen, verrät eine Menge über ihr Verhältnis. Legt einer der Beteiligten beispielsweise seinen Arm auf die Rücklehne des Sofas und sind die Körper einander zugeneigt, zeigt dies Engagement und Interesse [g, S. 32]. Sind die Körper voneinander weggeneigt und wird ein Arm dazwischen beinahe als Schutz gebraucht, verrät dies Zweifel und den Wunsch, sich auf nichts einzulassen [h, S. 32].

e Eine aufrechte Körperhaltung vermittelt Selbstsicherheit, Stolz und Kraft.

f Eine schlaffe Körperhaltung mit hängenden Schultern signalisiert Unsicherheit.

g   Ein auf der Couch liegender Arm und einander zugeneigte Körper verraten Interesse.

h   Von einander weggeneigte Körper und ein Arm dazwischen weisen auf Distanz hin.

Das Nicken – Zeichen der Zustimmung

Das nonverbale Signal des Nickens ist in unserer Kommunikation elementar. Wenn Sie etwas erzählen und der andere nickt, sendet er Ihnen damit das nonverbale Signal: »Ja, ich verstehe«. Das Nicken löst immer eine positive Reaktion bei Ihrem Gegenüber aus, sofern Sie es sinnvoll einsetzen. Wenn Sie Ihrem Gegenüber zustimmen, wenn Sie für Ihre Aussage Zustimmung wünschen oder wenn Sie zeigen wollen, dass Sie verstanden haben, dann sollten Sie vernünftigerweise mit dem Kopf nicken – und zwar langsam.

Untersuchungen zeigen, dass man drei- bis viermal mehr als üblich redet, wenn der Zuhörer in regelmäßigen Abständen durchschnittlich dreimal nickt. Betont sei aber, dass das Nicken beziehungsweise das Zurückwerfen des Kopfes nicht nur Zustimmung, sondern je nach Kultur auch das Gegenteil, nämlich Ablehnung bedeuten kann. In Indien, Pakistan und Bulgarien zum Beispiel wiegen die Menschen den Kopf hin und her und meinen damit »Ja«. In unserem Kulturkreis wird dagegen dieses Wiegen des Kopfes als Verneinung aufgefasst. In arabischen Kulturen, Griechenland, Türkei und Süditalien wirft man den Kopf zurück und meint damit »Nein« – wir empfinden dieses Zurückwerfen als eine Andeutung für ein »Ja«. Weiteres erfahren Sie darüber ab Seite 109.

Die Arme – vielseitiges Ausdrucksmittel

Werden Sie mit ausgebreiteten oder in die eigene Richtung ausgestreckten Armen empfangen, sind Sie immer herzlich willkommen [a, S. 34]. Die angedeutete Umarmung drückt Zuneigung und Sympathie aus. Dagegen lassen Sie Desinteresse und Unwissenheit vermuten, wenn Sie die Schultern hochziehen und die Arme abgewinkelt zur Seite strecken [b, S. 34]. Und wenn Sie die Arme mit vorgeschobenen Handflächen ausstrecken, machen Sie Abgrenzung und Missfallen sichtbar. Wenn Ihr Gegenüber die Ellbogen auf den Tisch stützt, kann dies ein Zeichen dafür sein, dass er mit dem Gesprächsthema nicht einverstanden ist oder abwarten will. Vor dem Oberkörper verschränkte Arme können Abwehr und Distanz signalisieren. Dieselbe Haltung – meist mit locker überkreuzten Armen – ist aber auch eine Haltung des entspannten Zuhörens. Werden die Arme wie eine Umarmung um den eigenen Oberkörper geschlungen, erhält die Geste eher schützenden Charakter [c, S. 34].

Die Sprache der Umarmung

Die Stellung der Arme bei einer Umarmung sagt viel darüber aus, wer in einer Beziehung das Sagen haben könnte: Umarmt der Mann die Frau mit einer Hand um den Nacken und zieht sie mit der anderen an sich, dann heißt das: »Ich will dich«. Umschlingt die Frau mit beiden Händen den Nacken des Mannes, dann würde sie wohl die Dominantere sein. Tendenziell neigen Frauen dazu, die Hände tiefer zu halten und zeigen damit ihre Unterwürfigkeit an. Umso höher die Arme wandern, desto mehr Dominanz wird ausgedrückt. Ein fester Arm um Ihre Taille und eine enge Berührung mit seinem Körper sind ein deutliches Zeichen für seine Begierde. Zuweilen ist es aber nicht so einfach, den männlichen Code zu dechiffrieren. Was will er mit einer lockeren Umarmung, einen Arm leicht um Ihre Schultern, den anderen locker auf Ihrer Hüfte? Das könnte Abstand bedeuten, jedoch nicht zwingend. Behalten Sie ihn im Auge! Zieht er sich scheinbar unabsichtlich von Ihnen zurück, ist wohl nicht allzu viel von ihm zu erwarten. Ganz anders, wenn er näherrückt, dann heißt es: »Ich bin bereit«.

Legt Ihr neuer Freund seinen Arm nur lässig auf Ihre Schultern und lässt die Hände locker runterhängen, dann machen Sie sich darüber keine Gedanken. Es muss nicht bedeuten, dass Sie für ihn nur eine flüchtige Bekanntschaft oder ein Kumpel sind. Wahrscheinlich haben Sie es eher mit einem zurückhaltenden Charakter zu tun. Eine Geste, die in der weiblichen Psyche manchmal die Alarmglocken läuten lässt, ist der freundschaftlich um den Nacken gelegte Arm. Hierbei fühlen wir uns wie der beste (männliche) Freund unseres Lovers. Diese Assoziation ist nicht zwingend die richtige. Vielmehr steht der liebevolle Arm in Ihrem Nacken für Offenheit Ihnen gegenüber. Doch aufgepasst! Fühlt es sich an, als hätte sich soeben ein Schraubstock um Ihren Hals gelegt, könnte es ein Anzeichen von Unsensibilität sein.

Die Hände – Vermittler von Botschaften

Das Händeschütteln ist seit altersher in der westlichen Kultur eine gängige Begrüßungsgeste, die Freundschaft ausdrückt. Die erste Berührung zwischen zwei Menschen ist der Händedruck. Er kann anfängliche Barrieren überwinden und eine vertrauensvolle Basis für eine Beziehung schaffen.

Der Händedruck

Was erzählt uns der Händedruck von einem Menschen? Ein kräftiger Händedruck zeigt Selbstbewusstsein und Kraft. Ein schlaffer Händedruck sowohl von einer Frau als auch von einem Mann dagegen wirkt unangenehm und vermittelt Unsicherheit oder auch Desinteresse [d]. Bei Männern ist nicht selten der harte »Macho«-Händedruck zu beobachten, der das Bestreben ausdrückt, sich mit dem anderen zu messen. Ein Zeichen von Sympathie ist es, wenn sich Männer die Hand für vier oder fünf Sekunden reichen. Dagegen lässt es auf ein persönliches, teilweise sogar sexuelles Interesse schließen, wenn eine Frau und ein Mann sich die Hand zu lang halten. Ein normaler Händedruck dauert im Schnitt ein bis zwei Sekunden.

a   Die angedeutete Umarmung drückt Zuneigung und Sympathie aus.

b   Hochgezogene Schultern und abgewinkelte weisen auf Desinteresse und Teilnahmslosigkeit hi

c   Vor dem Oberkörper verschränkte Arme wir abwehrend und distanziert.

d Ein schlaffer Händedruck lässt auf Unsicherheit und Desinteresse schließen.

Die Handstellung

Wichtigste Grundregel, um einen guten Eindruck zu erwecken: Verstecken Sie Ihre Hände nicht. Finger in den Hosentaschen oder hinter dem Rücken verschränkt zu halten, wird immer als unangenehme oder negative Geste empfunden. Nehmen wir bei einem Gespräch hingegen die Handinnenflächen unseres Gegenübers wahr, dann schließen wir automatisch auf Offenheit. Zeigen Sie daher häufiger Ihre Handinnenflächen und benutzen Sie freundlich wirkende und offene Gesten. Beim Gegenüber wird dagegen durch sogenannte schließende Gesten häufig ein ungutes Gefühl geweckt, wenn die Arme vor der Brust überkreuzt werden oder der Handrücken statt der Handflächen gezeigt werden.

Am besten stellen Sie sich vor, Ihre Hosentaschen seien zugenäht. So geraten Sie gar nicht erst in die Versuchung, die Hände hineinzustecken. Sie gewinnen damit auch ein großes Stück Selbstsicherheit.

Arbeitet eine Person viel mit den Händen, dann setzt sie das Signal: »Ich werde gerne aktiv und handle«. Achten Sie also darauf, Ihre Worte mit passenden, jedoch nicht übertriebenen Gesten zu unterstreichen. Wenn Sie ständig mit Gegenständen herumspielen, etwa mit Ihrem Kugelschreiber, oder wenn Sie an Ihrem Manschettenknopf oder Ihrem Blusenärmel herumnesteln, wird Ihr Gegenüber das als Nervosität oder mangelndes Interesse deuten.

Schüttelt eine Person beim Gehen die Hände weg, dann löst sie sich von Vorschriften und Zwängen. Ist beim Gehen, Stehen oder Sitzen ihr Handrücken sichtbar, will sie sich rhetorisch nicht in den Vordergrund rücken und gibt auch nicht viel von ihrem Inneren preis.

Die Beine – klare Auskunftgeber

Die Beine und Füße halten den Kontakt zum Boden und symbolisieren die Standfestigkeit. Besitzt jemand wenig Bodenkontakt, so ist er möglicherweise bereit, schnell wegzurennen. Wer tänzelt und häufig das Standbein wechselt, zeigt an, dass er sich gern in Träume flüchtet. Bemerken Sie, dass Ihr Gegenüber die Knie durchstreckt, dann agiert die Person unflexibel, beharrt möglicherweise auf ihrem Standpunkt, er oder sie kann stur, ja sogar starrköpfig werden. Wenn die Belastung auf den Fersen liegt, dann kann das ein Zeichen dafür sein, dass die Person versucht, sich zurückzuziehen. Wer dagegen vorwiegend auf den Ballen steht, ist bereit, aktiv zu werden, da sich der Körperschwerpunkt nach vorn verlagert und damit ein Handeln erleichtert. Derjenige könnte allerdings auch dazu neigen, impulsiv und vorschnell zu reagieren. Schiebt jemand plötzlich die Fußspitze nach außen, dann spricht man vom »Fluchtbein« [a]. Diese Person fühlt sich nicht recht wohl oder ist unsicher. Wer sich jedoch konstant so verhält, zeigt damit seine Neugier und den Drang, permanent Informationen zu sammeln. Neigen sich beide Fußspitzen nach innen, dann baut Ihr Gegenüber eine Barriere auf, ist vorsichtig und verlegen.

Optimal ist es, wenn Sie das Gewicht auf beide Beine gleichmäßig verteilen, das zeugt von einer ausgeglichenen Persönlichkeit. Wer seine Beine in Richtung einer anderen Person überschlägt, lässt Interesse oder Akzeptanz erkennen. Zeigt eine Frau ein übergeschlagenes Bein, das auf ihren männlichen Flirtpartner gerichtet ist, heißt das eindeutig: »Ich bin interessiert!«

Ist das Interesse der anderen Person ebenfalls geweckt, wird sie mit derselben Reaktion antworten. Sobald die beiden sich stärker aufeinander einlassen, beginnen sie, die Bewegungen und Gesten des anderen zu kopieren. Der Grund: Menschen, die einander sympathisch sind, neigen dazu, die Haltung des anderen zu spiegeln (siehe auch S. 77). Besonders anmutig wirkt es, wenn Frauen ihre Beine leicht schräg stellen und die Knie sich dabei berühren.

a Ein »Fluchtbein« signalisiert Unwohlsein, Nervosität oder Unsicherheit.

Der Gang – Hinweis auf Zielstrebigkeit

Der Gang, also die Schrittart und -geschwindigkeit können zahlreiche sehr unterschiedliche Signale aussenden, die von Selbstvertrauen bis zu großer Unsicherheit reichen. Im Allgemeinen wirken Personen, die schnell gehen und die Arme locker schwenken, zielstrebig. Menschen dagegen, die sich schlurfend und mit gesenktem Kopf fortbewegen, erscheinen niedergeschlagen, müde oder traurig. Zurückgezogene oder nachdenkliche Menschen bewegen sich langsam und mit gesenktem Kopf und wirken daher geistesabwesend.

Model- oder Cowboyschritt?

Den »Model«-Gang oder »Cat-Walk« finden Männer an einer Frau besonders attraktiv. Die Frau schwingt locker ihre Hüften, bleibt dabei aber aufrecht und setzt ihre Füße eng auf einer virtuellen Linie auf. Welches Gangbild gefällt nun Frauen an Männern? Die ausladenden Schritte und die großräumige Bewegung des Oberkörpers eines John Wayne sind lang nicht so beliebt bei Frauen wie ein Gang, der eine Kombination von Schwung, Kraft und Entschlossenheit zeigt. Als Beispiel hierfür, meine Herren, sei an dieser Stelle das schwedische Topmodell Markus Schenkenberg genannt.

Macht ein Mensch kleine Schritte, dann prüft er jede Kleinigkeit, holt Rat bei Experten und braucht für alles ein Konzept oder ein Protokoll. Kurzum: Risiko ist nicht seine Sache. Hat jemand ein großes Gangverhalten und ist der Körperschwerpunkt nach vorn ausgerichtet, so kümmert derjenige sich nicht um Kleinigkeiten. Diese langweilen ihn. Er hat das Große im Auge und möchte schnell vorankommen. Wer akzentuiert auf den Fersen geht, ist eher vorsichtig und setzt seine Errungenschaften und sein Standing nicht aufs Spiel. Sehr wohl aber »hinterlässt« er durch den festen Druck Spuren und symbolisiert Dominanz. Wippt jemand nach oben, ist es ein Zeichen für Selbstsicherheit oder derjenige befindet sich gerade in einem Entscheidungsprozess. Das Wiegen von den Ballen auf die Fersen drückt Unsicherheit und Unentschlossenheit aus. Risikobereit ist meist, wer auf den Ballen tänzelt und dadurch schnell reagieren kann. Schlurft jemand vor sich hin und verfügt über keine Spannung im Körper, dann sieht er in vielem Hindernisse, findet Ausreden und kann sich schwer entscheiden. Wer hingegen leichtfüßig daherkommt, nimmt vieles locker und findet leicht Lösungen. Er ist flexibel in seiner Geistes- und Entscheidungshaltung.

Üben Sie Ihren Gang!
Nehmen Sie beim Gehen eine aufrechte Haltung ein. Achten Sie dabei auf eine angemessene Spannung im Rumpfbereich. Am besten stellen Sie sich vor, Sie balancierten ein Buch auf dem Kopf. Dadurch richtet sich Ihr Körper automatisch auf. Das Resultat: Sie wirken selbstsicher und souverän.

Die Gestik – Wirkung im Wechselspiel

Eine entscheidende Grundregel der Körpersprache lautet: Alle Gesten, die unterhalb der Taille wahrnehmbar sind, werden überwiegend als negative Aussagen gewertet, Gesten in Höhe der Taille als neutral und oberhalb als positiv. Welche Gesten werden nun oft verwendet?

Geläufige Gebärdensprache

Beobachten Sie einmal, welche Körperteile Sie mit welcher Gestik einsetzen, um dem, was Sie sagen möchten, besonderen Nachdruck zu verleihen. Häufig kann die Gestik unser emotionale Befinden besser verdeutlichen als alle Worte.

Offene Handflächen

Eine Geste mit der offenen Hand, bei der sich die Hand in Brusthöhe nach vorn bewegt, die Finger nach oben und die Handfläche nach außen zeigt, signalisiert Ernsthaftigkeit und Bedeutsamkeit. Wenn es Sie interessiert, ob es jemand ehrlich und offen mit Ihnen meint, dann achten Sie auf die offene Handinnenfläche.

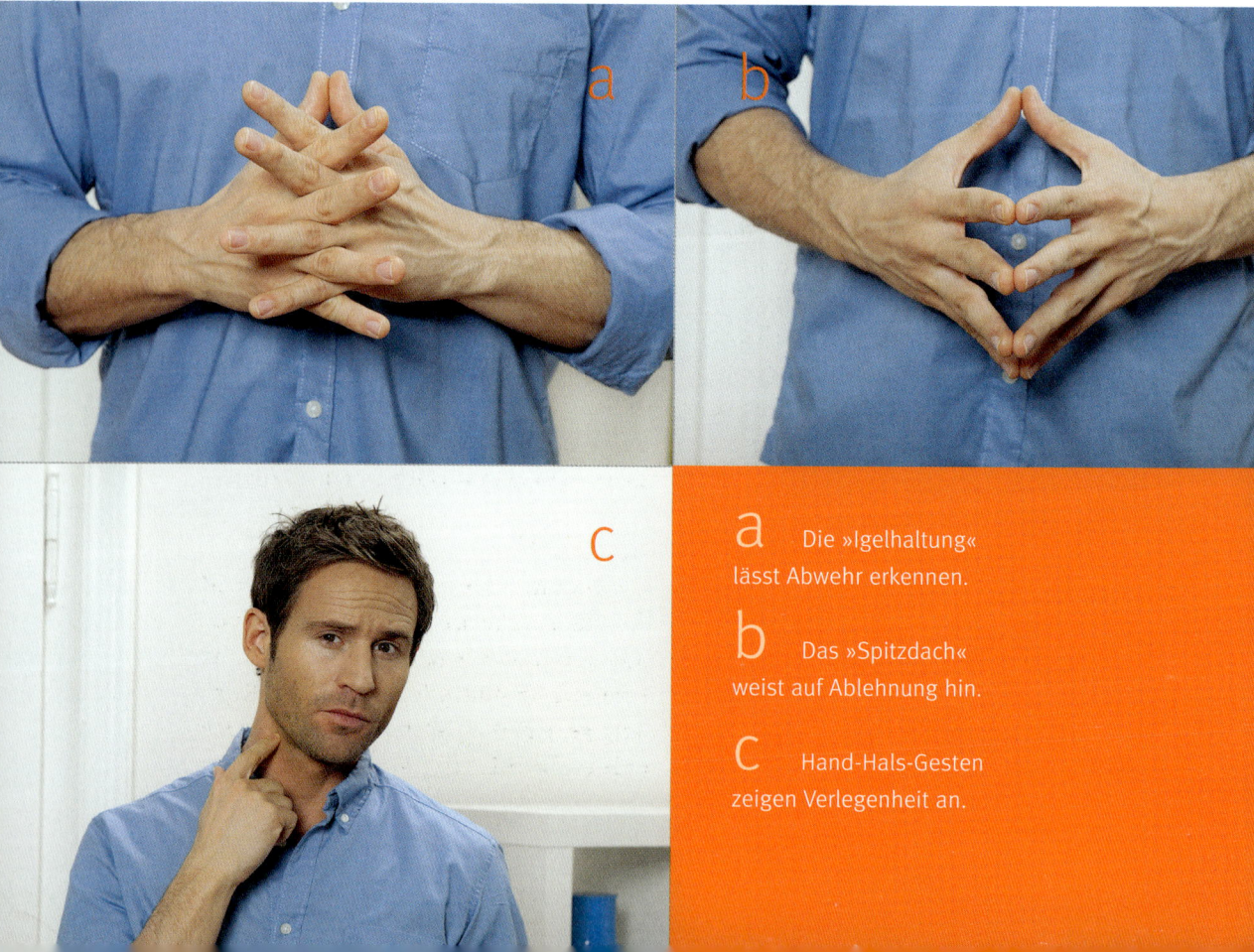

a Die »Igelhaltung« lässt Abwehr erkennen.

b Das »Spitzdach« weist auf Ablehnung hin.

c Hand-Hals-Gesten zeigen Verlegenheit an.

Wedel-Hand

Bemerken Sie, dass Ihr Gesprächspartner mit der Handfläche »wedelt« – die Handinnenflächen einige Male nacheinander kurz öffnet und wieder schließt –, können Sie annehmen, dass er schwindelt.

Reibender Zeigefinger

Ein Zeigefinger, der am Ohr oder Auge reibt, signalisiert Ablehnung. Das gilt auch, wenn sich Ihr Gegenüber, während Sie reden, ans Ohrläppchen greift. Hier handelt es sich um eine Art Bestrafungsgesten, die Ihnen verraten können, dass Sie Ihr Gegenüber (noch) nicht überzeugt haben.

Verknotete Finger

Sind die Finger ineinander verknotet und spreizen sich während des Gesprächs plötzlich die Finger, deutet es auf eine klare Ablehnung hin. Man spricht auch von der sogenannten Igel-Haltung [a].

Spitzdach

Formt Ihr Gegenüber mit seinen Fingern ein Spitzdach in Ihre Richtung, lässt dies auf Ablehnung oder Konzentration schließen [b]. Denken Sie nur an Angela Merkel – sie konzentriert sich, um stets die passenden Worte zu finden. Werden die Handflächen nach oben gefaltet, geht jemand in sich und denkt nach.

Hand-Hals-Gesten

Eine negative Wirkung haben die »Hand-Hals-Gesten«, obwohl sie oberhalb der Taille stattfinden. Hierbei langt die Hand an den Hals, obwohl sie eigentlich ins Gesicht greifen wollte, z. B. an den Mund oder die Nase. Häufig wird dem Sprechenden beim Heben der Hand bewusst, dass die Gestik ihn verraten könnte. Dann wird schnell noch die Richtung geändert – sodass die Hand zum Hals greift [c].

Hochgezogene Schultern

Beide Hände in Brusthöhe geöffnet, an den Oberkörper gepresst, die Schultern hochgezogen – diese Geste vermittelt den Eindruck von Hilflosigkeit oder drückt die Bitte um Verständnis aus. Man spricht hier auch von einer Entschuldigungsgeste.

Nacken reiben

Wer sich am Nacken reibt, drückt Unwohlsein aus. Aber warum fühlt er sich unwohl? Haben Sie Ihr Gegenüber möglicherweise bei etwas Geheimem ertappt?

Stoppsignal

Wird der Arm horizontal ausgestreckt und die Handfläche ist nach oben gerichtet, bedeutet dies: Stopp. Aber auch wenn der Arm mit Spannung in die vertikale Richtung geht und die Handfläche nach oben gedehnt wird, ist dies ein Halt-Zeichen!

Autoerotische Gesten

Berührungen des eigenen Körpers gehören zu den sogenannten autoerotischen Gesten. Frauen wenden sie bevorzugt an. Streicht eine Frau sich zum Beispiel über den Hals, die Oberarme oder die Oberschenkel, besteht ernsthaftes Interesse. Männer finden diese sanft, elegant ausgeführten Bewegungen erotisch.

Körpersignale richtig senden und deuten

Wir alle senden und empfangen ununterbrochen nonverbale Signale. Mit der Körpersprache sind wir groß geworden und instinktiv wissen wir viel darüber. Trotzdem möchte ich Ihnen raten, einige Grundregeln zu beachten, die Ihnen vielleicht nicht so geläufig sind. Auf diese Weise können Sie Fehleinschätzungen leichter vermeiden.

1. Beurteilen Sie körpersprachliche Signale nie vereinzelt, sondern nur im Zusammenhang. Ein nonverbales Signal allein sagt wenig aus, wenn die übrigen Körperteile einer Person den Eindruck nicht verstärken. Achten Sie immer auf das Zusammenwirken von Körpersprache, Sprache, Situation und Kultur. Stellen Sie sich bei der Beurteilung Ihres Gegenübers folgende Fragen:
› Ist Ihr Gegenüber Ihnen zu- oder abgewandt? Wie ist die Körperhaltung? Geöffnet? Geschlossen?
› Was macht er oder sie mit den Händen?
› Wie ist die Beinhaltung: offen, nervös, verkrampft oder verschränkt?
› Wie viel Raum beansprucht Ihr Gegenüber für sich?
› Was können Sie aus der Kleidung und Accessoires ableiten?
› Welche Gefühle spiegelt das Gesicht wider?
› Welche Gemütslage verrät die Stimme?
› Wie spricht Ihr Gegenüber: schnell, langsam, tief, hoch, laut, leise?
› Gibt es bestimmte »Macken«? Berührt er sich ständig am Hals oder an der Nase? Dann handelt es sich nur um eine schlechte Angewohnheit.
› Welchen Einfluss kann die Situation haben, in der er sich befindet? Wenn er zum Beispiel die Arme verschränkt, muss dies nicht unbedingt Ablehnung bedeuten. Vielleicht fröstelt er nur oder will nur zuhören.
› Gehört er oder sie einem anderen Kulturkreis an?

2. Seien Sie sich bei der Bewertung nonverbaler Signale anderer auch Ihrer eigenen Gefühle bewusst. Wenn Sie »sauer« sind, kann es passieren, dass Sie dieses Gefühl auf Ihren Partner übertragen und glauben, dass der andere »sauer« sei.

3. Vermeiden Sie Vorurteile. Versuchen Sie, unvoreingenommen zu sein und den anderen nicht in eine »Schublade« einzuordnen.

4. Überprüfen Sie Ihren ersten Eindruck immer wieder, wenn sich dafür die Gelegenheit ergibt. Menschen auf die Schnelle zu beurteilen, ergibt sich, wenn man tatsächlich nur wenig Zeit zu einer Bewertung hat. Doch andererseits erhöht jeder weitere Eindruck die Chance, ein zutreffendes Bild von einem Menschen zu erhalten.

5. Achten Sie auch auf Täuschungsmanöver. Ein Mensch, der über seine Körpersprache erkennen lässt, was er denkt oder fühlt, ist authentisch. Wenn Sie in einem Gespräch bemerken, dass der andere etwas nonverbal ausdrückt, was im Widerspruch zu dem steht, was er sagt, können Sie dies ansprechen, nachfragen und so für mehr Klarheit sorgen.

Was der Körper über Gefühle verrät

»Der Körper ist der Übersetzer der Seele ins Sichtbare«, sagte schon der Dichter Christian Morgenstern. Körperhaltung, Mimik und Gestik verraten viel über unser Gefühlsleben, ohne dass wir ein einziges Wort sprechen. Denn jeder unserer Gedanken wirkt sich direkt auf unseren Körper aus. Es werden Hormone ausgeschüttet, das Kreislaufsystem wird zu mehr Aktion gebracht, unsere Drüsen werden angeregt oder gedrosselt und die Motorik wird beschleunigt oder verlangsamt.

Beim Flirten befindet sich jeder mehr oder weniger in einer Stresssituation. Für den einen ist diese Kontaktaufnahme mit einer anderen Person eine positive Emotion, sogenannter Eu-Stress, für den anderen vielmehr Dis-Stress, ein negatives Gefühl. Wir sehen uns möglicherweise unter Druck gesetzt. Die durch den Flirt ausgelösten Emotionen können dafür sorgen, dass unser Körper verräterisch agiert. Was jemand denkt und fühlt, bemerken wir weniger an seinen Ansichten als an seinem Verhalten.

Warum wird der Bauch geschützt?

Ein sehr sensibler Bereich ist der Oberkörper, denn der Bauchraum gilt als leicht »verwundbar«. Deshalb sind wir darauf bedacht, ihn zu schützen. Besonders Frauen und Mädchen neigen dazu, eine Barriere vor ihrem Oberkörper aufzubauen: Sie halten in Brusthöhe ein Glas oder eine Handtasche davor oder sie legen einen Arm oder beide gleichsam als Schutzschild auf den Bauchraum. Wenn jedoch ein Mann oder eine Frau durchgängig den Bauch zeigt, können Sie davon ausgehen, dass er oder sie Ihnen Vertrauen entgegenbringt und auch Selbstbewusstsein besitzt.

a Ein gekrümmter Rücken deutet darauf hin, dass man viel Ballast mit sich herumschleppt.

b Ein erhobenes Brustbein und ein freier Hals lassen Aufnahmefähigkeit erkennen.

Was tragen die Schultern?

Der Rücken und die Schulter geben uns Auskunft über die »Lasten«, die jemand mit sich herumträgt. Begegnet Ihnen ein Mensch mit gekrümmtem Rücken, dann schleppt er viel Ballast oder trägt viel Verantwortung. Derjenige sollte am besten seine Einstellung ändern und die »Freude an der Herausforderung« annehmen. Denn eine positive Betrachtungsweise bewirkt, dass der Körper dies auch ausstrahlt. Achtung: Große oder übergewichtige Menschen und Personen, die wenig Sport treiben, neigen im Lauf der Zeit dazu, den Rücken zu krümmen. Dadurch neigt sich auch der Kopf nach vorn. Dies behindert die Kommunikationsaufnahme, da das Heben des Kopfes – um die Umwelt wahrzunehmen – erschwert wird [a, s. 41].

Zieht jemand die Schultern hoch und presst die Arme schützend an den Oberkörper, ist das ein Zeichen von Angst. Der Nacken wird dadurch unbeweglich, und man verharrt in großer Anspannung. Heben wir nur das Brustbein und schieben die Schulterblätter Richtung Hosentaschen, dann öffnen wir den Halsbereich und können diesen flexibel bewegen – in dieser Form sind wir aufnahmefähig und können geschmeidig nach links und rechts schauen. Eine Haltung, die sehr empfehlenswert ist [b, S. 41].

c Berühren sich flüchtig die Hände, möchte man dem Gegenüber näherkommen.

d Wer seinen Bauchraum schützt und sich am Hals kratzt, drückt Zweifel aus.

e Der Griff an den Hemdsärmel oder Unterarm weist auf Unsicherheit hin.

f Die Verwendung des Zeigefingers beim Sprechen ist ein Zeichen von Dominanz.

Welche Handzeichen dominieren?

Die Art, wie ein Mann Sie berührt, kann Ihnen erhellende Hinweise auf seine Gefühle geben. Beobachten Sie einmal, wie Ihre Hände berührt werden. Wenn Sie lediglich eine flüchtige Berührung seiner Hand an Ihren Fingerspitzen fühlen, dann verrät er damit seinen Wunsch nach einem gewissen Abstand. In diesem Fall sollten Sie ihm die Möglichkeit geben, sich Ihnen erst einmal vorsichtig zu nähern [c].

Das Gegenteil hierzu bildet eine liebevolle Massage Ihrer Handinnenfläche. Denn das sanfte Streicheln signalisiert seine Sehnsucht nach Nähe. Wenn der Mann seine Hand regelrecht mit der Ihren verschlingt, können Sie daraus Intimität und Verbundenheit ablesen.

Wenn eine Frau mit einer Hand ihren Bauchraum schützt und sich gleichzeitig mit der anderen am Hals oder am Dekolleté kratzt, deutet sie damit an, dass sie dem Gehörten gegenüber Zweifel hegt und unsicher ist [d]. Platziert ein Mann oder eine Frau die Hand vor den Bauchraum und legt mit der anderen Hand den Zeigefinger an die Wange, analysiert er oder sie das gerade Gehörte und denkt darüber nach. Hält der Mann hinter dem Rücken einen seiner Arme am Ellbogen fest, möchte er sich selbst dazu auffordern: »Bleib cool, mein Lieber!« Seine Unsicherheit zu überspielen versucht ein Mann, indem er zum Beispiel seine Uhr richtet oder auch seinen Hemdsärmel zurechtzupft [e].

Und wer gern den Zeigefinger beim Sprechen verwendet, der möchte eine dominante Rolle spielen [f].

Die Macht der Körpersprache

Die Sprache des Körpers ist überaus mächtig. Sie enthüllt nicht nur unseren Charakter oder unser Temperament, sondern gewährt auch Einblicke in unsere Gedanken- und Gefühlswelt. Denn Körpersprache und Gedanken bilden eine Einheit und lassen sich nur in den seltensten Fällen voneinander trennen. Alles, was wir denken und fühlen, strahlen wir auch nach außen aus. Das Spannende daran aber ist, dass die Körpersprache ihrerseits auch unsere Gedanken beziehungsweise Gefühle zu beeinflussen vermag. So lösen beispielsweise positive Gefühle ein Nicken des Kopfes aus, und dieses Kopfnicken oder Lachen wiederum lässt positive Gefühle entstehen. Umgekehrt jedoch kann eine schlaffe Körperhaltung oder ein gesenkter Kopf eine niedergedrückte Stimmung hervorrufen.

Diese Wechselwirkung zwischen Körpersprache und Gefühlen bietet uns die Möglichkeit, unsere Partnerschaft in jeder Beziehungsphase durch ein gutes Grundgefühl positiv zu beeinflussen. Das tun wir, indem wir uns unserer Körperhaltung bewusst sind und die Sprache unseres Körpers dementsprechend einsetzen.

Wussten Sie übrigens, wie effizient ein Lächeln ist? Es fördert nicht nur die Produktion von Glückshormonen und verleiht eine positive Ausstrahlung, sondern ist laut dem Kommunikationsexperten Günter F. Gross zusätzlich der aufwandsärmste Gesichtsausdruck, denn »für ein ernstes Gesicht benötigen Sie 65 Muskeln. Zum Lächeln brauchen Sie nur zehn. Mit dem Lächeln bekommen Sie also den Gesichtsausdruck zu einem Sechstel des normalen Preises«.

Innerer Umschwung

Wenn Sie sich in einer negativen Stimmung befinden, dann können Ihnen folgende Powerstrategien helfen, um aus diesem Tief wieder zur guten Laune zurückzufinden:

Powerstrategien für ein positives Selbstbild

1. Schwenken Sie von Ihren negativen Gedanken auf positive um. Dabei hilft Ihnen die Methode des Gedankenstopps: Sobald Ihnen ein negativer Gedanke kommt, sagen Sie systematisch »stopp« und denken gleich an etwas Positives.

2. Eine weitere Strategie besteht darin, dass Sie sich ganz bewusst in eine Körperhaltung begeben, die zu einer positiven Stimmungslage passt. Die Devise heißt: Tun Sie so, als wären Sie bereits in dem Gefühlszustand angelangt, den Sie anstreben. Lassen Sie dazu Ihre Gedanken in die Vergangenheit schweifen und erinnern Sie sich an ein für Sie sehr schönes Erlebnis. Stellen Sie sich dieses nun möglichst lebendig vor. Wie fühlten Sie sich damals? Wie war Ihre Körperhaltung, Ihre Mimik, Ihre Gestik? Nun versetzen Sie sich noch einmal in Ihre damalige Körperhaltung und bemühen sich, den Gesichtsausdruck, den Blick, die Atmung und die Gestik zu wiederholen. Nach einer kurzen Zeit verspüren Sie wieder dieses Gefühl.
Vielleicht denken Sie jetzt, dass man sich auf diese Weise doch nur etwas vormacht, indem man sich anders verhält, als man sich fühlt. Sie haben recht, zunächst wirkt es so, als spiele man sich selbst etwas vor. Doch mit der Zeit stellen sich Seele und Körper aufeinander ein, denn beide streben grundsätzlich danach, miteinander in Einklang zu kommen.

3. Fällt es Ihnen schwer, in Ihrer Vergangenheit zu wühlen und nach positiven Erinnerungen zu suchen, dann machen Sie folgende Übung: Setzen oder stellen Sie sich vor den Spiegel und überlegen Sie sich: Wie wirke ich? Nachdem Sie sich analysiert haben, stellen Sie sich die Frage: Wie will ich wirken? Wollen Sie die liebevolle Frau darstellen oder möchten Sie eine starke Frau sein? Vielleicht tendieren Sie auch eher zum Vamp? Wie auch immer … Nun stellen oder setzen Sie sich, je nach Vorstellung, hin und beobachten Sie Ihre veränderte Körperhaltung und Ihr Gefühl. Wollen Sie selbstbewusst rüberkommen, dann müssen Sie zuerst Ihre Fehlhaltung begreifen, um eine Änderung zu erzielen. Und nun heißt es nur noch: Üben Sie täglich einige Male mit Ihrer gewünschten Haltung. So lange, bis sie zur Selbstverständlichkeit wird.

4. Generell tendieren Frauen dazu, unterwürfige Haltungen einzunehmen. Ein leichtes Neigen des Kopfes führt schon dazu, dass wir uns unterwürfiger und schwächer fühlen. Um also auch im Alltag Präsenz und Aufmerksamkeit zu erzielen, sollten Sie auf Ihre Haltung achten. Laufen Sie mit gerader Kopfhaltung – das Kinn parallel zum Boden – durch den Alltag. Sitzen Sie gerade und krümmen Sie nicht den Rücken,

stellen Sie sich mit beiden Beinen fest auf den Boden und lassen Sie Ihre Arme locker hängen – pressen Sie die Oberarme nicht an den Oberkörper. Auch im Sitzen wirken Sie selbstsicherer, wenn Sie leicht Ihre Ellbogen nach außen drehen. Denken Sie daran: Übung macht den Meister!

5. Leben Sie mit dem Bewusstsein: Wer präsent ist, wird auch gefordert! Sie erhalten mehr Aufmerksamkeit und müssen mit den entsprechenden Reaktionen auch umgehen können. Lassen Sie sich daher nicht verunsichern. Unsicherheit können wir durch eine selbstsichere Körperhaltung eine Zeit lang überspielen. Denken Sie daran: Jeder gerät in Situationen, die ihn verunsichern. Auch selbstbewusste Menschen fühlen sich verwirrt, nur kaschieren sie dies durch eine souveräne Körpersprache. Wenn Sie sich also verhalten, als wären Sie voller Selbstvertrauen, dann fühlen Sie sich auch so. Wenn Sie sich bewegen wie jemand, der voller Energie und Begeisterung ist, dann werden Sie sich auch bald energiegeladen und begeistert vorkommen.

6. Und: Lachen oder lächeln Sie so viel wie möglich, auch wenn es zuweilen einige Überwindung kostet. Wer viel lacht, hat eine positive Ausstrahlung, kommt besser an, wird als intelligenter, kreativer und erfolgreicher eingeschätzt und fühlt sich selbst besser und glücklicher. Denn das Lachen fördert die Produktion von Endorphinen, den sogenannten Glückshormonen.

Äußere Strahlkraft

Durch den gezielten Einsatz Ihrer Körpersprache können Sie nicht nur auf Ihre eigenen Gefühle Einfluss ausüben, sondern auch auf die Ihrer Mitmenschen. Es ist ein grundlegendes Bedürfnis von Menschen, anerkannt und wichtig genommen zu werden. Über nonverbale Signale können Sie dieses Bedürfnis auf vielfältige Weise befriedigen. Denken Sie auch hier an die Wirkung eines Lächelns. Ein Lächeln ist gewissermaßen ein nonverbales Kompliment. Mit dem Kompliment in Form eines Lächelns können Sie eine psychologische Kettenreaktion auslösen. Menschen, die angelächelt werden, bekommen nachweislich bessere Laune, es sei denn, sie finden die Person, die sie anlächelt, grundsätzlich abstoßend. Wenn Sie eine Person anlachen, die Sie attraktiv finden, dann fühlt sich diese durch Ihr Lächeln bestätigt. Ihre Stimmung verbessert sich und sie verknüpft Sie unbewusst mit dem gerade erhaltenen Stimmungsaufheller – was wiederum Sie für diese Person sympathisch macht [a].

> **So heben Sie Ihre Stimmung:**
> Arbeiten Sie an einer positiven Einstellung! Schreiben Sie sich eine Minute lang Dinge, Situationen oder Erinnerungen auf, die Ihnen ein gutes Gefühl geben. Denken Sie daran: Das, was Sie denken und fühlen, strahlen Sie aus!

Auch mit Ihren Augen vermögen Sie einem anderen Menschen gegenüber Ihre Sympathie und Wertschätzung auszudrücken. Legen Sie dazu Ihre innere positive Haltung in den Ausdruck Ihrer Augen, lassen Sie Ihre Augen Interesse, Zuwendung und Freude widerspiegeln. Der Verkaufsexperte Harry Holzheu berichtet in seinem Buch »Natürliches Verkaufen« zum Beispiel über einen Politiker: »Er vermittelt in Blitzesschnelle das Gefühl einer langen Bekanntschaft… In Sekunden vermag er seine Augen erstrahlen zu lassen, er blickt dich so an, dass du einfach glauben musst, im Augenblick für ihn der wichtigste Mensch auf der Welt zu sein.« Wenn Sie einen solchen Ausdruck in Ihre Augen legen, dann stehen Ihnen bei Ihrem Gegenüber viele Türen offen! Erproben Sie auch folgende Tipps, um eine gute Ausstrahlung zu erhalten:

› Selbstsicherheit strahlen Sie durch einen sicheren Stand aus, bei dem beide Füße in Beckenbreite stehen.

› Halten Sie den Kopf gerade, so wirken Sie selbstsicher und neutral. Vorsicht mit dem Kinn: Recken Sie es auch nur ein winziges Stück zu weit nach oben, wirken Sie arrogant und unsympathisch.

› Verschränkte Arme können als Ablehnung aufgefasst werden. Auch wenn diese Haltung bequem ist, vermeiden Sie sie!

› Jeder lebt in seiner persönlichen »Raumblase«. Wahren Sie vorerst etwas Abstand zu einem Gegenüber, das Sie nicht gut kennen. Sie wirken sonst aufdringlich.

a Gewinnen Sie Ihr Gegenüber mit einem stummen Kompliment, mit einem Lächeln!

Die Phasen der Liebe und die Körpersprache

Ein Augenaufschlag, ein Lächeln, eine zufällige Berührung – schon sind Sie mitten im Flirt! Wer jetzt die Körpersprache des anderen zu deuten weiß, ist klar im Vorteil. Frisch verliebt, bestimmt Leidenschaft Ihr Leben. Um sie zu erhalten, sollten Sie auch in einer vertrauensvollen Beziehung stets auf die subtilen Signale Ihres Partners achten.

Flirt und Dating

Am Anfang einer Beziehung ist die Körpersprache das A und O. Wir achten auf Signale von Interesse oder Ablehnung, Sympathie oder Antipathie, auf Werbungs- und Potenzzeichen. Gleichzeitig wollen wir selbst Signale von Attraktivität aussenden, wollen vorteilhaft und betörend wirken.

Zu Beginn einer Beziehung kann die Körpersprache daher besonders viel preisgeben. Kein Wunder! Laut einer aktuellen Studie vom Institut für Demoskopie Allensbach sprechen wir zu 59 Prozent mit unserem Körper, 22 Prozent drücken wir mit Worten aus und 19 Prozent durch unsere Stimme, wenn wir mit einem potenziellen Partner kommunizieren.

Aber auch in der weiteren Entwicklung einer Beziehung spielt die Körpersprache eine wesentliche Rolle, und zwar in jeder einzelnen der fünf Phasen, die eine Partnerschaft meist durchläuft. Am Anfang, wenn zwei Menschen aufeinander aufmerksam werden, wie auch im zweiten Stadium der Annäherung prägen nonverbale Signale die Beziehung. Auch in der dritten und vierten Phase, wenn sich das Paar bei gemeinsamen Unternehmungen erst intellektuell und dann auch sexuell annähert, kommt der Körpersprache eine hohe Bedeutung zu. Zwar bleibt das körpersprachliche Verhalten in allen Phasen, einschließlich der fünften, in der sich die Bindung festigt, meist ähnlich, verändert sich aber teilweise in seiner Bedeutung.

Wenn Sie die Bedeutungsveränderung der nonverbalen Signale bewusst wahrnehmen und gezielt in Ihrer Partnerschaft einsetzen, können Sie diese stärken und verbessern.

Das Spiel mit der Anziehungskraft

Der spannendste Schritt der Kontaktaufnahme zwischen zwei Personen ist der Flirt. Man versteht darunter »ein ungezwungenes, spontanes Spiel mit der gegenseitigen Anziehungskraft«, das erst mit der Zeit Erwartungen mit sich bringen kann, aber nicht unbedingt muss. Einen Flirt können Sie eröffnen durch Blickkontakt, Smalltalk oder durch eine hilfreiche Handlung, wie zum Beispiel Tür aufhalten, etwas erklären oder etwas tragen helfen.

Haben wir einen potenziellen Flirtpartner entdeckt, ist dennoch die Annäherung auch mithilfe körpersprachlicher Signale oft nicht ganz leicht. Jede und jeder hat das schon erlebt. Viele Fragen stehen im Raum: Wie kann ich die Aufmerksamkeit der »Zielperson« auf mich lenken? Was kann ich tun, um aufzufallen? Und was ist, wenn ich vielleicht abgelehnt werde?

Die Angst, sich lächerlich zu machen oder Erwartungen nicht erfüllen zu können, ist eine der großen Hemmschwellen, die uns daran hindern, mit einem möglichen Partner in Kontakt zu treten. Doch wenn wir nicht aktiv werden, dann bleibt es bei reinen Vorstellungen. Die Herausforderung besteht darin, allen Mut zusammenzunehmen und die eigene Komfortzone zu verlassen. Zugleich gilt es jedoch auch im Auge zu behalten, wie der andere auf unseren Annäherungsversuch reagiert.

Einfach den Kopf verloren?

»Viel gelacht hatten wir beide, einige wenige Minuten lang fast ununterbrochen. Mein ansonsten mir ausreichend klar erscheinender Kopf war dabei abhandengekommen: »Kontrollverlust«, wie ich mir später attestierte – wie schön. Ja, sie gefiel mir ganz ohne Zweifel. Aber hatte ich etwas von ihr gewollt? Oder sie von mir? Wir von uns? In mich hineinfühlend wollte ich nichts von ihr. Oder doch? Okay, wahrscheinlich doch. Aber eigentlich nicht.« Möglicherweise haben Sie eine derartige Situation, wie hier beschrieben, bereits selbst schon erlebt. Plötzlich kennen Sie sich selbst nicht wieder, Gefühle haben von Ihnen Besitz ergriffen, über die Sie keine richtige Kontrolle mehr haben. Oder vielleicht haben Sie sogar den Flirt bewusst herbeigeführt, weil Sie sich nach einer Partnerschaft sehnen? Auf jeden Fall gilt es beim Flirten bestimmte Regeln zu beachten, bevor Sie loslegen.

Welche Frauen besonders verlockend wirken

Die Beurteilung der Attraktivität einer Frau korreliert mit der Anzahl der Flirtsignale, die sie aussendet. Psychologen der Texas State University haben herausgefunden, dass eine Frau von mindestens vier Männern angesprochen wird, wenn sie um die 35 Flirtsignale pro Stunde aussendet. Dies könnte eine Erklärung dafür sein, warum manche Frauen die tollsten Männer anlocken, während andere immer wieder allein nach Hause gehen.

Die vier Flirt-Grundregeln

Während eines Flirts tauschen die Beteiligten körpersprachlich typische Flirt- und Haltesignale aus.

Regel Nr. 1: Flirten Sie, ohne gleich an Mr. oder Mrs. Right zu denken!

Sehen Sie einen Flirt als Gelegenheit, um nette Männer oder Frauen kennenzulernen, ohne gleich auf den Partner fürs Leben zu hoffen. Ansonsten sind Ihre Ansprüche zu hoch und Enttäuschungen vorprogrammiert. Der US-Psychologe Peter Todd vom Max-Planck-Institut in Berlin hat eine amüsante »Liebesformel« aufgestellt: Wer im Lauf seines Lebens zwölf Liebespartner erprobe, könne ziemlich sicher sein, danach Glück bei der Partnerwahl zu haben. Diese Formel ist natürlich nicht rechtsverbindlich, aber sie besagt, dass wir wohl einige Erfahrung benötigen, um den oder die Richtige zu finden.

Regel Nr. 2: Beachten Sie stets die Unverbindlichkeit des Flirts!

»Der Flirt ist die Kunst, einer Frau in die Arme zu sinken, ohne ihr in die Hände zu fallen«, meinte einst der französische Schauspieler Sacha Guitry. Tatsächlich verpflichtet ein Flirt zu gar nichts.
Lächeln und flirten Sie an, wen Sie sympathisch finden. Ein Flirt kann Ihnen auch ganz andere Erfolge bringen, zum Beispiel ein nettes kollegiales Verhältnis oder einen neuen Kontakt in der Nachbarschaft. Wenn Sie keine Lust mehr am Flirt haben, dann beenden Sie ihn, aber gestehen Sie Ihrem Flirtpartner ebenfalls dieses Recht zu.

Regel Nr. 3: Je mehr Sie flirten, desto geübter werden Sie darin sein!

Die Schauspielerin Senta Berger hat es einmal auf den Punkt gebracht: »Flirt ist das Training mit dem Unrichtigen für den Richtigen.«
Je geübter Sie im Flirten sind, desto leichter wird es für Sie, und desto mehr Spaß haben Sie daran. Fangen Sie also gleich mit dem Üben an. Überall können Sie jemandem begegnen, mit dem es sich zu flirten lohnt: im Supermarkt, im Wartezimmer beim Arzt, im Schwimmbad, im Fitnesscenter oder in der Bibliothek.

Regel Nr. 4: Halten Sie sich nie eines Flirts für unwürdig!

Gehören Sie zu den Menschen, die sich erst einmal umschauen, wenn ihnen jemand freundlich zulächelt, weil Sie glauben, dass Sie gar nicht gemeint sind? Vielleicht weil Sie Ihrer Meinung nach zu dick oder zu alt sind oder langweilig aussehen? Mit dieser negativen Einstellung zu sich selbst verbauen Sie sich selbst Ihre günstigen Gelegenheiten für einen Flirt. Denn es gilt die Erfahrungsregel: Was man denkt, strahlt man auch aus. Und was man ausstrahlt, zieht man an. Negative Gedanken verursachen negative Reaktionen. Positive Gedanken lösen dagegen positive Reaktionen aus, das wurde eindeutig wissenschaftlich bewiesen. Versuchen Sie deshalb, positiv zu denken – sowohl über sich selbst wie auch über andere und schaffen Sie damit die Basis für einen erfolgreichen Flirt, der Ihnen Spaß macht.

Was verhilft zum Flirterfolg?

Natürlichkeit und ein gutes Körperbewusstsein sind wichtige Faktoren, um beim anderen Geschlecht zu punkten.

Natürlichkeit ist gefragt

Basis dafür sind eine positive Wahrnehmung der eigenen Person sowie der anderen Menschen. Viele möchten ihrem Flirtpartner so sehr gefallen, dass sie sich beim Flirten total verstellen. Deshalb lautet die Devise: Bleiben Sie authentisch. Sie wirken attraktiver, wenn Sie zu sich stehen. Machen Sie sich Ihre Einzigartigkeit bewusst, bleiben Sie sich selbst treu. Dann wirken selbst kleine Unsicherheiten noch individueller und attraktiver als ein antrainiertes und unpersönliches Verhalten. Nichts wäre nachteiliger, als sich eine Körpersprache anzugewöhnen, die nichts mit Ihrer Persönlichkeit zu tun hat. Perfektion ist eine Sache, Persönlichkeit eine andere.

Ein ansprechendes Äußeres

»Tragen Sie ein Kostüm, werden Sie behandelt wie ein Kostüm; tragen Sie eine Jeans, werden Sie behandelt wie eine Jeans«, sagen die Stylingberater. Und: »Die Anzahl der Ringe an der Hand einer Frau entscheidet, ob sie vor oder hinter den Tresen gehört.« Diese Sprüche sind ziemlich derb, doch sie beinhalten wohl auch ein Fünkchen Wahrheit: Ob es fair ist oder nicht – eine Person wird aufgrund des ersten Anblicks in eine Schublade eingeordnet. Sogleich sondiert das Unterbewusstsein des Gegenübers und wertet: Gepflegt oder nachlässig? Konservativ oder modisch? Individuell oder mit seinem Umfeld konform? Fühlt sich die Person wohl in ihrer zweiten Haut? Passt sie äußerlich zu mir?

Der erste Eindruck ist für Ihr Gegenüber die Messlatte für alle weiteren Wahrnehmungen. Überlegen Sie nun: Was passt zu Ihnen, und wie wollen Sie erscheinen? Dann begutachten Sie Ihr äußeres Erscheinungsbild. Träumen Sie von einem sportlichen, dynamischen, abwechslungsreichen Partner, dann sind Sie in pfiffiger, modischer Kleidung gut aufgehoben. Erhoffen Sie sich einen Manager, dann legen Sie Wert auf einen eleganten, klassischen Stil. Das Wichtigste ist jedoch, dass Ihre Persönlichkeit und Ihr Äußeres eine Harmonie bilden.

Prinzipiell gilt hinsichtlich des Themas Kleidung, dass ein auffälliges Outfit in leuchtenden, kontrastierenden Farben einladend wirkt und ideal ist, um die Aufmerksamkeit des anderen Geschlechts zu wecken. Bunte Farben lassen Gefühle sichtbar werden, während dunklere Farben dazu dienen, Emotionen zu verstecken. Außerdem zieht ein T-Shirt, das mit einem linearen oder geometrischen Muster verziert ist, mehr Interesse auf sich als ein einfarbiges.

Wie viel zählt Schönheit?

Die gute Nachricht vorweg: Frauen müssen nicht schön sein, um auf einen Mann anziehend zu wirken. Männer fühlen sich stärker von Signalen der sexuellen Verfügbarkeit angezogen als von körperlicher Attraktivität.

Die zweite Nachricht ist möglicherweise mit ein wenig Arbeit verbunden: Nach wie vor sind klassische Schönheitsideale noch aktuell. »Die tägliche Bilderflut schöner Menschen beeinflusst unser Bewusstsein und prägt ein stereotypes Schönheitsideal, das intolerant für jedwede Art von Individualität macht«, so die Psychologin Lisa Fischbach. Betrachten Sie jedoch die Realität: Wie wenige gleichen den künstlichen Supermodels, die von den Hochglanzmagazinen strahlen?

Sind Sie dennoch mit Ihrem Äußeren unzufrieden, dann ist ein bisschen Aktivität in Richtung »Selbstoptimierung« gefragt. Wer Wert auf ein gutes Aussehen legt, verschafft sich einen Vorsprung gegenüber der Konkurrenz. Betonen Sie bewusst Ihre Schokoladenseiten, zum Beispiel: wohlgeformte Lippen, glänzende Haare, schöne Beine … Das Wichtigste ist: Verstecken und kaschieren Sie nicht Ihre Vorzüge, sondern zeigen Sie sie! Am besten, Sie setzen sich einmal mit Freunden zusammen und klären Fragen wie: Wo sind meine Stärken? Was kann ich verbessern?

So stärken Sie Ihr Selbstbewusstsein

Das größte Problem vieler Menschen ist ihr negatives Selbstbild. Minderwertigkeitsgefühle werden erkennbar in Gedanken wie: »Die andere sieht viel besser aus«, »Keine/r will mich«, »Das kann ich nicht« oder »Ich angle mir immer die Falschen«. Andere scheinen immer hübscher, begehrter, selbstbewusster oder klüger zu sein. Doch mit solchen negativen Gedanken hinsichtlich unseres Selbstwerts stellen wir uns selbst Hindernisse auf und erreichen nicht das, was wir eigentlich wollen und können.

Hier einige Anregungen, was Sie für ein gesundes Selbstbewusstsein tun können:

› Entwickeln Sie gegen Ihre negative innere Stimme eine positive Gegenstimme, die gute Gefühle in Ihnen weckt. Will sich bei Ihnen möglicherweise gerade der Gedanke einschleichen: »Das schaffe ich nicht« oder »Mit mir will sich keiner unterhalten«, dann formen Sie ihn in einen positiven Satz um wie: »Ich habe viel gelernt und bin kompetent« oder »Ich kann sehr gut zuhören und interessierte Fragen stellen«.

› Sollte ein Flirtversuch scheitern, dann denken Sie bitte nicht: »Das lag bestimmt an mir«. Denken Sie vielmehr: »Gut, der Typ war gerade mit seinen Gedanken woanders. Das nächste Mal klappt es sicherlich besser.«

› Erhöhen Sie Ihre persönliche Leistungsfähigkeit – beispielsweise beim Sport. Hier sind auch kleine (Fort-)Schritte sichtbar. Wir nehmen diese wahr und unser Selbstbewusstsein wächst.

› Machen Sie sich Ihre eigenen Stärken bewusst. Lenken Sie Ihre Aufmerksamkeit auf Dinge, die Sie gut können oder die Sie an sich besonders mögen (siehe auch Kasten auf Seite 56.)

› Gehen Sie Menschen aus dem Weg, die Ihnen das Gefühl geben, minderwertig zu sein oder die Sie entmutigen. Wählen Sie Freunde, die Sie fördern, die in Ihnen Tatkraft und Selbstvertrauen wecken und die Sie bei Ihren Aktivitäten unterstützen.

So nutzen Sie Ihre Flirtchancen

Die Anfangsphase eines Flirts besteht mit wenigen Ausnahmen aus körpersprachlichen Signalen. Machen Sie sich daher mit den wichtigsten Signalen vertraut. Hierzu ein Fallbeispiel, das Sie durchaus auf andere potenzielle Flirtsituationen übertragen können: Angenommen, Sie warten an einer Bushaltestelle. Ein paar Meter entfernt von Ihnen steht ein Mann oder eine Frau. Diese Person gefällt Ihnen. Wie machen Sie ihr klar, dass Sie sie attraktiv finden? Wie wecken Sie ihr Interesse und sorgen dafür, dass Sie selbst auf sie anziehend wirken?

Erster Schritt: Interesse und Sympathie abwägen

Bevor es zur Kontaktaufnahme kommt, haben wir uns innerhalb von Sekundenbruchteilen ein erstes Bild von einem fremden Menschen gemacht. Wir schätzen sein Alter, begutachten die Figur, das Gesicht und die Kleidung und ziehen daraus einige Schlüsse wie: Sympathisch? Unsympathisch? Gesund? Oder nicht? Aufgeschlossen? Potenzieller Paarungspartner?

Diese Einschätzung machen wir ganz automatisch und unbewusst. Unsere Sinneswahrnehmungen werden direkt an unser Gehirn weitergeleitet. Dort werden sie vom sogenannten limbischen System auf der Basis der gespeicherten Bilder und Erfahrungen eingeordnet und bewertet. Anschließend werden sie als Information, verbunden mit der entsprechenden Emotion, zum Großhirn weitergeleitet und kommen in unser Bewusstsein. Erst dann würdigen wir die Person eines genaueren Blicks, sofern sie uns angenehm und freundlich erscheint.

Zweiter Schritt: den Blick schweifen lassen

Mit einem Blick fängt alles an. Entscheidend für den Blickkontakt ist das »Wie«. Denn Sie wollen ja zielstrebig und zugleich unauffällig an die Sache herangehen. Was sollten Sie also tun? Lassen Sie Ihren Blick in die Richtung Ihrer »Zielperson« schweifen und betrachten Sie Menschen, Tiere oder Gegenstände in ihrem Umfeld. Streifen Sie dabei immer wieder mit Ihrem Blick ihr Gesicht. Die Person wird Ihre Blicke im Augenwinkel wahrnehmen – und kann reagieren. Vorsicht: Starren Sie eine Person, die Sie interessiert, niemals an. Starren wird instinktiv immer als Bedrohung oder gar Aggression empfunden. Schauen Sie kurz in eine andere Richtung und dann wieder zu Ihrer Zielperson, um Bestätigung zu finden oder auch zu geben.

Wann reagiert ein Mann?
Männer müssen im Durchschnitt mindestens dreimal angesehen werden, bevor sie die Blicke einer Frau wahrnehmen. Das hat die Professorin für Verhaltensforschung Monica Moore von der Websters University in St. Louis herausgefunden.

Sollte Ihre Zielperson nicht reagieren, geben Sie nicht gleich auf. Vielleicht hat sie Sie einfach noch nicht wahrgenommen. Stellen oder setzen Sie sich nun so hin, dass Ihre Zielperson gar nicht anders kann, als Sie wahrzunehmen. Tun Sie so, als ob Sie etwas in Ihrem unmittelbaren Umfeld besonders interessiert.

Sobald Sie eine günstigere Position eingenommen haben, gehen Sie wieder vor wie oben beschrieben: Blick schweifen lassen usw. Geht Ihre Zielperson auch nach mehreren Versuchen nicht auf einen Blickkontakt ein, lassen Sie es gut sein, die nächste Gelegenheit für einen netten Flirt kommt bestimmt. Wenn doch, auf zu Schritt drei!

Dritter Schritt: den Blickkontakt halten

War Ihre Strategie erfolgreich und Ihre Zielperson sieht Sie an, dann begegnen Sie ihrem Blick, halten ihn zwei oder drei Sekunden lang fest und schauen dann weg. Dies genügt, um Ihr Interesse zu signalisieren. Während des ersten Blickkontakts wird sich Ihr Flirtpartner nun ebenfalls blitzschnell einen ersten Eindruck von Ihnen verschafft haben. Sind Sie ihm sympathisch, wird er wahrscheinlich weiter mit Ihnen flirten. Sieht er Sie wieder an, dann heißt es: Nicht wegsehen! Schauen Sie standhaft so lang zurück, bis Sie innerlich »einundzwanzig« gesagt haben, und wenden Sie erst dann den Blick ab (siehe auch Seite 23 ff.). Die beste Strategie beim gezielten Flirten besteht darin, Aufmerksamkeit zu wecken, ohne dabei übereifrig oder plump zu erscheinen.

Es gibt sie – die Liebe auf den ersten Blick

Auch wenn mancher es bezweifeln mag: Die Liebe auf den ersten Blick muss es geben. Bei einer Umfrage von TNS Emnid gaben knapp 50 Prozent der Befragten an, dass sie selbst schon einmal eine Liebe auf den ersten Blick erlebt hätten. Doch wie entsteht diese? Dazu gibt der Anthropologe David Givens folgende Erläuterung: »Liebe auf den ersten Blick ist nichts anderes als eine körperliche Reaktion, die bei Blickkontakt spezifische Veränderungen im Gehirn auslöst. Die körperliche

Mein Stärken-Buch

Eine ganz besondere Übung möchte ich Ihnen hier ans Herz legen: Besorgen Sie sich ein kleines Notizbuch und beantworten Sie schriftlich die beiden folgenden Fragen: Was kann ich gut? Und: Was gefällt mir besonders an mir? Halten Sie jeden Abend Ihre Alltagserfolge fest: Was ist Ihnen heute besonders gut gelungen? Welche Anerkennungen haben Sie bekommen: Komplimente, Lob, Bevorzugungen etc.? Schreiben Sie auf, welche guten Taten Ihnen in den letzten Wochen geglückt sind. Wo haben Sie besonders hilfsbereit, rücksichtsvoll, mutig, selbstlos, taktvoll gehandelt? Sie sehen, Sie dürfen den Kopf ruhig oben lassen. Ihr Buch wird Ihnen beweisen, dass Sie besonders sind! Wichtig: Arbeiten Sie regelmäßig mit Ihrem Buch.

Anziehung geht mit einer Art elterlicher Anziehung einher, die keinen sexuellen Ursprung hat, sondern in der Mutter-Kind-Bindung verwurzelt ist. Wir fühlen uns von der Person angezogen, die wir sehen, und spüren gleichzeitig eine emotionale Bindung zwischen ihr und uns.« Givens schreibt auch, dass bei der Liebe auf den ersten Blick bestimmte Hirnareale der Beteiligten betroffen sind, wobei ein so starker »Blitzschlag« ausgelöst wird, dass die Beteiligten in Liebe zueinander entbrennen, ohne dass sie ein einziges Wort miteinander gesprochen haben.

Vierter Schritt: ein Lächeln wagen

Neben dem Blickkontakt ist das Lächeln das A und O erfolgreichen Flirtens. Sie sind schon voll im Flirt drin, wenn Sie sich das nächste Mal, diesmal ein wenig länger als drei Sekunden, in die Augen schauen, auch wenn Sie eine Distanz von 20 Metern und mehr trennt. Jetzt machen Sie den vierten Schritt: Sie wagen ein kurzes Lächeln. Von einem lächelnden Gesicht fühlen wir uns angezogen, denn das Lächeln beeinflusst unser autonomes Nervensystem. Der Emotionsforscher Paul Ekman hat darauf hingewiesen, dass ein Gesichtsausdruck ansteckend ist. Denn man verzeichne nicht nur, dass der andere fröhlich ist – nein, man empfinde das Gleiche. Wenn Ihr Flirtpartner Ihr Lächeln also erwidert, dann stehen Ihre Chancen gut.

Denken Sie daran: Frauen lachen Männer an, die sie attraktiv finden. Männer finden Frauen attraktiv, die sie anlachen. Das bewiesen die Psychologen Debra Walsh und Jay Hewitt mit einem Test. 60 Prozent der Männer, die in einer Cocktail-Lounge von einer anziehenden Frau angelächelt wurden, folgten der stummen Aufforderung und sprachen die Frau an. Schaute die Frau niemanden an, so wagte es kein Mann, sie anzusprechen.

Fünfter Schritt: mit den Wimpern klimpern

Welche weiteren Körpersignale, außer einem Lächeln, zeigen Ihnen, dass Ihre Zielperson an Ihnen interessiert ist? Achten Sie einerseits auf die Körperhaltung: Orientiert sich die Person in Ihre Richtung und zeigt Ihnen häufiger ihr Profil oder Halbprofil? Haben Sie ihre Augenbrauen etwas gehoben und sie beobachtet Sie aus dem Augenwinkel?

Wenn Sie nahe genug sind, können Sie möglicherweise auch vergrößerte Pupillen und eine gerötete Gesichtshaut an der Person wahrnehmen. Außerdem ist das Klimpern mit den Wimpern ein bekanntes und beliebtes Flirtsignal. Dies zeigt an, dass das Erregungsniveau der blinzelnden Person erhöht ist. Studien haben bewiesen, dass nicht nur Frauen, sondern auch Männer öfter blinzeln, wenn sie jemanden sympathisch finden.

Für den nächsten Schritt in einem Flirt benötigen Sie durchaus etwas Selbstvertrauen und die Fähigkeit, sich geschickt in Szene zu setzen. Nützliche Hinweise, wie Sie Ihr Selbstbewusstsein stärken, finden Sie auf den Seiten 54 bis 56. Wollen Sie aus Ihrem Flirt mehr machen, können Sie im Abschnitt »In Kontakt treten« auf Seite 68 Weiteres erfahren.

1001 Flirtsignale

Mit den körpersprachlichen Flirtsignalen wie Blickkontakt und Lächeln können Sie also dem Objekt Ihrer Begierde am Anfang Ihr Interesse zeigen. Das Beste dabei ist: Sie laufen nicht einmal Gefahr, sich zu verquasseln oder sich bloßzustellen. Als flirtwillige Frau stehen Ihnen noch weitere wirksame Flirtsignale zur Verfügung. Bevor Sie diese kennenlernen, sollten Sie sich zwei Tatsachen bewusst machen:

Was Frauen wissen sollten

1. Ein Mann will immer als Sieger vom Platz gehen. Also sammelt er möglichst viele Signale, bis er sich ganz sicher ist, dass er von Ihnen keine Abfuhr bekommen wird. Um also unwiderstehlich zu sein, sollten Sie am besten viele dieser Signale aussenden.

2. Körpersprache ist stets die Sprache des ganzen Körpers. Wenn Sie ein Signal als Ablehnung interpretieren, dann muss das noch lang nicht heißen, dass er oder sie Sie nicht attraktiv findet. Das ablehnende Signal ist möglicherweise auf eine andere Situation bezogen. Vergewissern Sie sich erneut dieses Signals und beobachten Sie seine Körpersprache im Gesamtbild!

Frauen ergreifen die Initiative

Grundsätzlich lassen sich Flirtsignale in drei Kategorien einteilen: Aufforderungs- oder Ermutigungssignale, Ablehnungssignale und Hinhalte- oder Wartesignale. Zur ersten Gruppe zählen Annäherungssignale, die dem anderen erlauben, den nächsten Schritt zu tun sowie Werbesignale, die das sexuelle Interesse verstärken und die Beziehung in die nächste Phase führen sollen. Ablehnungssignale drücken Desinteresse aus und sollen Annäherungsversuche zurückweisen. Hinhaltesignale zielen darauf ab, zu warten und noch nicht in die nächste Phase überzugehen, wobei jedoch Interesse vorhanden ist.

Wussten Sie, dass beim Flirten das erste Signal fast immer von der Frau ausgeht? Zu Beginn einer Begegnung setzen Frauen zahlreiche Ermutigungssignale ein oder mischen Ermutigungs- mit Hinhaltesignalen, um sich möglichst alle Optionen offenzuhalten. Mit diesem »initial look« dieser Signale fängt der Spaß meist an.

Weibliche Flirtsignale

Welche weiteren körpersprachlichen Signale können Sie nun gezielt für einen Flirt einsetzen? Lassen Sie sich durch folgende Sammlung inspirieren:
› Schauen Sie Ihrem Gegenüber länger als üblich in die Augen.
› Wiederholen Sie den Blickkontakt.
› Wenden Sie Oberkörper und Beine dem angepeilten Flirtpartner zu.
› Neigen Sie den Kopf zur Seite und präsentieren Sie die erotische Halsstelle [a].
› Werfen Sie dezent und leicht schräg Ihren Kopf zurück, wobei das Kinn nach vorn geschoben und die Brauen leicht angehoben werden (Head Toss).

a Das Zeigen des Halses ist ein eindeutiges weibliches Flirtsignal.

b Wirft die Frau ihre Haare zurück oder spielt mit ihnen, will sie auf sich aufmerksam machen.

c Streicht sich eine Frau über ihren Hals, dann herrscht Interesse.

› Lassen Sie leichtes Erröten erkennen.
› Verhalten Sie sich auf spielerische Art und Weise.
› Spiegeln Sie unauffällig die Bewegungen Ihres Gegenübers.
› Streifen Sie flüchtig über die Augen und konzentrieren Sie sich verstärkt auf den Mund (dieses Flirtsignal macht sexuelles Interesse deutlich).
› Schlagen Sie die Beine so übereinander, dass sie in Richtung des Mannes weisen.
› Führen Sie lebhafte Gesten während des eigenen Sprechens aus.
› Ziehen Sie den Bauch ein, damit Ihre Oberweite zur Geltung kommt.
› Richten Sie die Handflächen nach oben, um Offenheit und Geben auszudrücken.
› Bewegen Sie sich, wenn Sie in einer Bar oder auf einer Party sind, leicht rhythmisch zur Hintergrundmusik.
› Spielen Sie mit Ihren Haaren und werfen Sie diese mit einer schnellen Handbewegung nach hinten (Hair Flip) [b].
› Führen Sie sogenannte autoerotische Gesten aus, wie zum Beispiel ein langsames Streichen über den Oberschenkel, Gesicht oder Hals [c].
› Lachen Sie überschwänglich über witzige Bemerkungen des Flirtpartners.
› Unterstützen Sie alle genannten Signale immer wieder durch viele Blickkontakte.
› Spitzen Sie Ihre Lippen (womit Sie einen Kussmund andeuten) und ziehen kurz die Augenbrauen hoch (mit diesem Signal geben Sie ihm eindeutig zu verstehen, dass er willkommen ist) [d, S. 60].

Voller Körpereinsatz

Um über eine größere Entfernung das Interesse einer anderen Person auf sich zu ziehen, ist die sogenannte Parade – das gezielte Sich-Bewegen eine Möglichkeit. Gehen Sie zum Beispiel zur Garderobe oder zur Toilette und spazieren Sie direkt an Ihrem Flirtpartner vorbei [e]. Er oder Sie sollte nun Ihr Zuschauer sein. Insbesondere wenn Sie in einer Gruppe unterwegs sind, ist es wichtig, dass Sie sich von den anderen Gruppenmitgliedern lösen, um eine Kontaktaufnahme zu erleichtern. Und wenn Sie sich durch die eigenen Haare streichen, sich Ihr Seidentuch um den Zeigefinger zwirbeln oder Ihren Pullover geradeziehen, können Sie durch diese Gesten die Aufmerksamkeit Ihres Gegenübers auf Ihren Körper lenken. Ebenso können Sie sinnliche Gegenstände zur Hand nehmen. Spielen Sie mit Ihrem Feuerzeug oder streicheln Sie genüsslich Ihr Weinglas.

Als selbstbewusste Frau können Sie sich Ihrem Flirtpartner auch dichter als üblich annähern – auch das ist ein wirksames Flirtsignal [f]. Sie kommen physisch »gefährlich nah« an die Person Ihres Interesses heran und genießen die Unsicherheit, die Sie damit bewirken. Er wird nervös werden und kann dabei eigentlich gar nicht sagen, warum er sich unbehaglich fühlt.

d   Kussmund und hochgezogene Augenbrauen verraten Flirtbereitschaft.

e   Aufmerksamkeit provoziert, wer am Flirtpartner grazil vorbeispaziert.

f   Ein Flüstern ins Ohr ist der Eintritt in die sogenannte intime Zone.

Wenn er kein Interesse zeigt

Zu den häufigsten Ablehnungssignalen, die auf Desinteresse eines Mannes schließen lassen, zählen vor allem das Geschlossenhalten der Beine, ein leicht abgewandtes und ausdrucksloses Gesicht, zusammengepresste Lippen oder verschränkte Arme mit den Händen unter den Achseln [g, S. 66]. Weitere Zeichen für Gleichgültigkeit können darin bestehen, dass er ständig an einem Gegenstand wie seiner Uhr herumspielt [f, S. 66] oder mit seinen Augen alles verfolgt, was auch nur entfernt an eine Frau erinnert. Wäre dieser Mann an Ihnen interessiert, gäbe es im Moment nur eine attraktive Frau, und das wären Sie! Woran kann es noch liegen, dass Ihr Flirtpartner häufig nicht interessiert ist?
› Ihre ausgesandten Signale sind bei Ihrem Gegenüber nicht »angekommen«, er hat sie nicht als eindeutige Flirtsignale verstanden. Lesen Sie Näheres dazu auch im Abschnitt »Special: Flirtsignale von Männern und Frauen« auf Seite 87 ff.
› Sie wirkten bei Ihrem Flirtversuch zu wenig offen oder waren zu schnell.
› Vielleicht ist der Mann auch zu schüchtern und bleibt deshalb stumm.
› Möglicherweise haben Sie etwas gemacht, was Ihr Gegenüber beim Flirten grundsätzlich stört, zum Beispiel gleichzeitig noch mit anderen Männern geflirtet. Siehe auch Seite 62.
In manchen Fällen müssen wir es akzeptieren, dass wir nicht dem bevorzugten Typ des anvisierten Flirtpartners entsprechen. Bleiben Sie nicht zu hartnäckig, denn sonst entsteht Abneigung. Warten Sie lieber auf die nächste Flirtgelegenheit.

Männliche Flirtsignale

Die meisten Männer wollen einen starken und selbstbewussten Eindruck machen. Mit den folgenden körpersprachlichen Signalen können Sie als Mann bei den Frauen punkten:
› Nehmen Sie eine aufrechte Körperhaltung ein.
› Nutzen Sie den Raum und stehen Sie etwas breiter! Durch die imitierte »Cowboy-Haltung« drücken Sie Stärke und Souveränität aus [a].
› Werfen Sie der Flirtpartnerin mit leicht geneigtem Kopf einen Seitenblick zu.

a Die angemessene Cowboy-Haltung drückt Männlichkeit, Stärke und Souveränität aus.

Heben Sie dabei leicht die Augenbrauen und lächeln Sie! (Dies soll sie als eine Einladung zum Gespräch auffassen.)

› Fahren Sie sich mit der Hand über Ihre Augenbrauen. Das soll bedeuten, dass Sie sich fragen: »Wer ist die Dame und wie kann ich sie gewinnen?«

› Schauen Sie kurz in die Runde und täuschen Sie vor, das Geschehen zu beobachten, bevor Sie in aller Ruhe Ihre Blicke wieder dem Körper der Dame widmen. Achtung: Selbstbewusste Frauen mögen die Betrachtung ihres Körpers. Weniger selbstbewusste Frauen allerdings verunsichern Sie damit.

› Fahren Sie sich mit hocherhobenem Arm durch die Haare, wobei der Kopf erhaben bleibt (ein typisches Dominanzsignal).

› Drehen Sie sich mit Ihrem Oberkörper in Richtung Ihrer Flirtpartnerin. (Dies zeigt Ihre Suche nach Nähe.)

› Oder nehmen Sie die legere, coole Haltung ein: Lehnen Sie sich an den Tresen, verschränken Sie die Beine um die Knöchel und stemmen Sie eine Hand in Ihre Hüfte oder stecken Sie diese lässig in Ihre Hosentasche!

› Lachen Sie viel – Frauen stehen auf humorvolle Männer!

Was Männer beim Flirten abtörnt

Wenn Sie zur gleichen Zeit auch mit anderen Männern flirten ...... 94 %

Wenn Sie ihm nicht deutlich Ihre Zuneigung zeigen .... 90 %

Wenn Sie ihn im Unklaren lassen, dass Sie es ernst meinen .... 84 %

Wenn Sie alles ihm allein überlassen .... 80 %

Wenn Sie zu dominant auftreten... 78 %

Wenn Sie ihm nicht helfen, ein Gespräch anzufangen oder fortzuführen .... 76 %

Wenn Sie zu überheblich sind ..... 64 %

Wenn Sie anfangen, aber nicht konsequent weitermachen .... 56 %

Wenn Sie sich unnatürlich verhalten, immer eine Rolle spielen .. 47 %

Wenn Sie andauernd über Ihre persönlichen Probleme reden ..... 36 %

Zur Sache, Schätzchen!

Stellen Sie sich nun vor, dass eine anziehende Frau Ihnen direkt gegenüber Platz nimmt. Sie sind von der Frau fasziniert. Wie verdeutlichen Sie Ihr großes Interesse?

› Erobern Sie die Dame mit Ihren Augen!

› Reagiert sie neutral bzw. positiv, dann wenden Sie Ihren Oberkörper in ihre Richtung. Stützen Sie dabei einen Arm am Oberschenkel ab. Ist Ihre Brust zum Objekt der Begierde gerichtet, bedeutet es: »Ich finde Sie äußerst anziehend« [a].

› Präsentieren Sie Ihre verwundbare Stelle, den Halsbereich [b]. Eine leicht schräge Kopfhaltung und das mehrmalige Heben einer Augenbraue symbolisieren sowohl Flirtaufforderung als auch Vertrauensbereitschaft.

› Legen Sie eine Hand flach auf den Tisch! Dies ist ein Kontaktangebot [c].

› Verschränken Sie Ihre Arme hinter Ihrem Kopf! Damit können Sie Ihre Flirtpartnerin beeindrucken.

a Ist der Oberkörper dezent zugewandt, heißt das: »Ich finde Sie äußerst anziehend.«

b Aufforderung zum Flirt und Vertrauensbereitschaft zeigt die geneigte Kopfhaltung an.

c Kontaktangebot – die Hand liegt locker und flach auf dem Tisch.

d Der erste Kontakt – die Berührung mit dem Schuh.

› Berühren Sie mit Ihrem Fuß die Schuhe Ihrer Flirtpartnerin (wenn Sie sehr mutig sind) [d, S. 63]. Dies bewirkt einen ersten Kontakt zwischen Ihnen.
› Verdeutlichen Sie beim Sitzen Ihre Aufgeschlossenheit durch eine offene und breitere Beinhaltung!
› Blähen Sie Ihren Oberkörper auf, um Kraft zu signalisieren! Sie zeigen ihr damit indirekt, dass Sie stark sind und sie beschützen können.
› Schieben Sie leicht das Kinn vor, um einen selbstsicheren Eindruck auf sie zu machen. Bitte nicht nach oben, sonst wirken Sie arrogant!

› Verwenden Sie sogenannte »Putzsignale«: Richten Sie Ihre Krawatte zurecht, bügeln Sie Ihr Hemd glatt, ziehen Sie an Ihrem Hosenbund. Diese Signale verdeutlichen indirekt »Ich putze mich für dich heraus«. Aber Achtung: Übertreiben Sie dabei nicht!
› Zeigen Sie Emotionen! Während Sie noch mit Ihrem Kumpel im Gespräch sind, lachen Sie herzhaft, berühren Sie ihn am Unterarm oder boxen ihn leicht an die Schulter. Werden Sie auch mal ernst und zeigen Sie Mitgefühl!
› Strecken Sie sichtbar Ihre Muskeln und dehnen Sie sich, um ihr zu imponieren!
› Lassen Sie sich Ihr sexuelles Interesse anmerken, indem Sie Ihren Blick über den Busen, die Hüfte oder die Beine Ihrer Flirtpartnerin streifen lassen!

Was Frauen beim Flirten abtörnt:
Wenn Sie gleichzeitig noch mit
anderen Frauen flirten . . . . 94 %
Wenn Sie einen Flirt anfangen,
aber dann nicht konsequent
weitermachen . . . . 90 %
Wenn Sie verklemmt sind . . . . 84 %
Wenn Sie gleich die Flinte ins Korn
werfen, wenn es nicht so läuft
wie geplant . . . . 83 %
Wenn Sie sie im Unklaren lassen,
ob Sie es ernst meinen . . . . 72 %
Wenn Sie sich unnatürlich verhalten
und immer eine Rolle spielen . . . . . 69 %
Wenn Sie zu arrogant sind . . . . 63 %
Wenn Sie zu aufdringlich sind . . . . 58 %
Wenn Sie ständig abgedroschene
Floskeln verwenden . . . . 56 %
Wenn Sie ihr keine Zeit lassen, sich
auf die Situation einzustellen . . . . . 51 %

Wenn sie Interesse zeigt

Wie erkennen Sie, ob Ihre Flirtpartnerin Sie interessant findet? Na klar, zuerst an ihrem Blick. Sie lächelt anhaltend, die Augen blicken aufmerksam und sind weit geöffnet. Strahlen ihre Augen, dann ist es ein weiterer Beweis von Interesse. Sie lässt sich nicht ablenken und hält Sie die ganze Zeit im Blickfeld. Dass sie in irgendeiner Weise »angebissen« hat, belegen auch folgende körperliche Zeichen:
› Sie neigt den Kopf leicht zur Seite oder wirft gekonnt ihr Haar nach hinten und zeigt ihren Nacken.
› Sie spielt mit ihren Haaren, berührt sich selbst oder ihre Kleidung oder ihren Schmuck.
› Sie neigt Ihnen ihren Oberkörper zu, während sie ihre Brust herausstreckt [a].

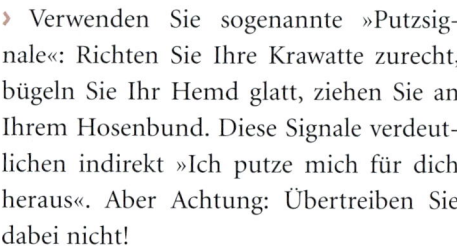

› Sie hebt häufiger ihre Arme und lässt ihre Achseln sehen [b].
› Sie hat ihren Mund leicht geöffnet und befeuchtet ihn ständig unauffällig und scheinbar zufällig.
› Sie wirkt lebendig und unterstreicht das Gesagte mit ihren Händen.
› Sie setzt eine starke Mimik ein und lacht häufig, wenn sie zuhört [c].

Wenn sie gleichgültig bleibt

Woran erkennen Sie, dass die Frau nicht interessiert ist? Achten Sie auf folgende körpersprachliche Signale:
› Sie erwidert Ihren Blickkontakt nicht. Sie weicht bewusst Ihren Blicken aus.
› Ein langsameres Schließen der Augen mit zusammengepressten Lippen signalisiert auch ein »Nein«.
› Sie blickt von oben herab, damit macht sie Abwehr oder Arroganz deutlich.
› Blickt sie von unten nach oben und hebt dabei nur eine Augenbraue, dann signalisiert sie ihre Skepsis [d, S. 66].
› Sie drückt durch einen stark schweifenden Blick und ein spannungsloses Gesicht Langeweile aus.
› Sie sitzt bzw. steht in einer verspannten Körperhaltung da und wirkt eher starr und unbewegt.
› Sie presst ihre Oberschenkel im Sitzen fest zusammen.
› Sie wendet sich im Gespräch deutlich

a Ein zugeneigter Oberkörper mit herausgestreckter Brust beweist Interesse.

b Das Heben der Arme, wobei die Achseln zu sehen sind, ist ein erotisches Signal.

c Wird das Gesagte mit Gesten und Lachen unterstrichen, bedeutet dies Engagement.

d Das Heben einer Augenbraue signalisiert Skepsis.

e Wer seinem Gegenüber die »kalte Schulter« zeigt, will eine Barriere aufbauen.

f Das Spielen mit Gegenständen verrät Desinteresse oder Nervosität.

g Zusammengepresste Lippen und verschränkte Arme bedeuten Ablehnung.

anderen zu oder baut durch ihre Arme oder ihre »kalte Schulter« eine Barriere auf [e].
› Sie schaut häufig auf die Uhr oder greift zum Mobiltelefon.

Wenn Ihre Flirtpartnerin nicht auf Ihre Signale reagiert, dann kann dies ganz unterschiedliche Ursachen haben. Möglicherweise haben Sie auch bei Ihrem Flirtversuch etwas gesagt oder getan, was sie nicht ausstehen kann. Zum Beispiel mögen 94 Prozent der Frauen keine Konkurrenz beim Flirten. Und sie schätzen es auch gar nicht, wenn sie erst umgarnt und dann »kaltgestellt« werden. Siehe hierzu auch den Kasten auf Seite 64.

Keine falschen Flirtsignale senden

Hier noch ein besondere Hinweis an Frauen: Manche weibliche Personen neigen dazu, aus Höflichkeit falsche Flirtsignale zu senden. Sie führen ein Gespräch weiter, obwohl es sie langweilt, oder sie lächeln, obwohl ein Mann sie überhaupt nicht interessiert. Dieses Verhalten bringt gar nichts. Viel besser ist es, wenn Sie durch eine deutliche Körpersprache gleich Ihr »Nein« signalisieren. Meiden Sie in diesem Fall den Blickkontakt und halten Sie einen größeren Abstand. Falls Sie doch an Ihrem Gegenüber Gefallen gefunden haben, so bedenken Sie, dass Männer möglichst rasch bestätigt bekommen wollen, dass ihr Flirtversuch in Ordnung ist. Sie wollen ermuntert werden weiterzumachen. Zögern Sie daher in diesem Fall nicht, dementsprechende Signale auszusenden.

Angenommen, die ersten Anbahnungsversuche mit Ihrem Flirtpartner sind ganz in Ihrem Sinn verlaufen und Sie haben vorwiegend positive Flirtsignale wahrgenommen. Was können Sie nun weiter unternehmen, um es nicht bei dem einmaligen Flirt mit dem freundlich-lächelnden Blickwechsel zu belassen?

Mut finden, ein Gespräch zu beginnen

Jetzt kommt Ihre große Stunde. Fassen Sie Mut! Sprechen Sie Ihr Gegenüber an, ohne lang zu zögern. Denn wenn Sie zu lang über die richtige Gesprächseröffnung nachdenken, dann verlieren Sie Ihre Spontaneität und beginnen zu zweifeln. Versagensangst macht sich breit und lähmt. Und flüchten Sie sich nicht in tausend Gründe, warum es sinnvoller wäre, die Zielperson nicht anzusprechen. Wer nichts wagt, der nichts gewinnt!

Für die meisten bedeutet die größte Hürde das Ansprechen – man könnte ja eine Abfuhr erhalten. Doch vergessen Sie nicht: Sie verschenken Ihre Chance, wenn Sie innerhalb Ihrer Komfortzone bleiben und sich nichts zutrauen. Was kann denn schon passieren? Gar nichts! Und von nichts kommt nichts!

Charmanter Anfang

Die Gesprächseröffnung sollte in jedem Fall positiv oder neutral sein. Negative oder anklagende Äußerungen erwecken schnell den Anschein, ein Miesepeter zu sein. Mit einer positiven Einleitung reduzieren Sie außerdem die Gefahr einer Zurückweisung.

In Kontakt treten

Gerade Männer trauen sich oft nicht, eine Frau anzusprechen. Doch inzwischen wissen Sie: Den Flirt beginnt in der Regel die Frau! Sie signalisiert durch Blicke und Lächeln ihre Flirtbereitschaft. Das haben der Biologe Timothy Perper und der Anthropologe David Givens nachgewiesen. Und der Mann spricht die Frau meist erst an, wenn er viele Flirtsignale empfangen hat.

Die Drei-Sekunden-Regel

Um die Angst vor dem Ansprechen zu überwinden, gibt es eine einfache aber sehr effektive Methode, die sogenannte Drei-Sekunden-Regel. Innerhalb der ersten drei Sekunden, nachdem Sie eine interessante Person wahrgenommen haben, sollten Sie sie ansprechen. Wichtig ist, dass es natürlich wirkt. Hände weg von Flirtphrasen, verlassen Sie sich auf Ihr Gefühl! Der erste Satz beziehungsweise die Gesprächseröffnung hat nur einen Zweck: Kontakt herzustellen. Alles Weitere ergibt sich.

Ziel sollte nur sein, mit der Flirtperson ins Gespräch zu kommen. Eröffnen Sie das Gespräch mit einem »Hallo!«, oder – wenn es passt und Sie mutig sind – mit einem Kompliment, einer Aussage zur aktuellen Situation oder etwas Humorvollem. Dann folgt eine kurze Pause, und zwar so lang, bis die Zielperson darauf reagiert oder durch ihre Körpersprache erkennen lässt, dass sie gesprächsbereit ist: Sie erwidert Ihren Blickkontakt, bleibt stehen und wendet sich Ihnen zu oder unterbricht ihre gerade durchgeführte Tätigkeit.

Flirtinteressierten Männern empfehlen Experten das sogenannte aktive Desinteresse. Sie sprechen die Frau an, signalisieren jedoch in den ersten paar Minuten der Interaktion kein Interesse als potenzieller Verehrer. Sie verhalten sich neutral gegenüber der Frau und scheinen zunächst resistent gegenüber ihren sexuellen Reizen zu sein. Die Frau sollte auf keinen Fall das Gefühl haben, angebaggert zu werden!

Direkte oder indirekte Gesprächsstrategie?

Bei der indirekten Gesprächseröffnung beginnen Sie das Gespräch mit einer ganz normalen Frage oder Feststellung. Hier riskieren Sie keine Abfuhr und gewinnen Zeit, um herauszufinden, ob beidseitiges Interesse besteht.

Um Auskunft bitten

Nehmen wir an, Sie wollen einen potenziellen Flirtpartner auf der Straße ansprechen, so bitten Sie ihn um eine Auskunft: »Entschuldigung, können Sie mir bitte sagen, wie ich zur xy-Straße komme?« Oder: »Entschuldigung… wissen Sie vielleicht, wo ich hier die Theaterkasse finden kann?« oder: »Kennen Sie eine Buchhandlung hier in der Nähe?«

Die Meinung austauschen

Eine weitere Variante könnte sein, dass Sie Ihre Zielperson nach ihrer Meinung fragen. Bei einem Konzertbesuch könnten Sie sagen: »Ich finde es toll, wie die Gruppe die

Menschenmasse mitreißt. Gefällt es Ihnen auch?« oder bei einer literarischen Veranstaltung: »Bestimmte Ansätze des Autoren finde ich sehr spannend, finden Sie nicht?« Oder wenn Sie irgendwo warten: »Bitte entschuldigen Sie, ich brauche kurz eine weibliche Meinung. Warum finden Frauen XY so attraktiv?«

Sie sehen schon, Sie können hier Ihrer Kreativität völlig freien Lauf lassen.

Mit Kompliment beginnen

Bei der direkten Gesprächseröffnung zeigen Sie von Anfang an persönliches Interesse: »Ihre Ausstrahlung gefällt mir. Ich möchte allzu gern wissen, wer Sie sind.« Verwenden Sie diese Strategie, dann ist es wichtig, dass Sie sich ganz auf die Person einstellen und deren besondere und vorhandene Vorzüge betonen. Sagen Sie also nicht: »Sie haben ein schönes Lachen«, sondern vielmehr: »Ihr strahlendes Lachen fasziniert mich.« Damit haben Sie sehr gute Chancen.

Anschluss suchen

Wenn Sie beispielsweise als Frau in einer Bar sind und Ihre Zielperson in einer Gruppe gekommen ist, dann gehen Sie einfach auf die Gruppe zu und sagen beispielsweise: »Ist heute euer Herrenabend oder darf man sich als Frau dazustellen?« Meist wird die Frau herzlich in die Runde aufgenommen.

Vermeiden Sie Phrasen!

Grundsätzlich gilt: Ein Flirtpartner ist zunächst einmal an Ihrem Auftreten interessiert. Die Wortwahl ist da in der Regel zweit-

Einfach nur »Hallo«!

Laut einer Umfrage der amerikanischen Zeitschrift »Parade« haben Männer mit einem einfachen »Hallo!« und einem freundlichen Lächeln in 71 Prozent der Fälle Erfolg, und Frauen verzeichnen sogar eine Erfolgsquote von 100 Prozent mit dieser kurzen Gesprächseröffnung.

rangig und nicht so entscheidend. Bleiben Sie natürlich und locker und verstellen Sie sich nicht. Das Gesagte muss nur charmant bei ihm oder ihr ankommen. Wählen Sie am besten einfache Worte. Vielleicht gelingt es Ihnen auch, ein wenig geistreich und originell zu sein. Frauen jedoch wollen in dieser Phase keine zu hochgeschraubten, intellektuellen Sätze hören. Verzichten Sie aber in jedem Fall auch auf Killerphrasen wie: »Hast du für deine Augen einen Waffenschein?« – »Du kommst mir so bekannt vor. Kann es sein, dass du die Frau aus meinen Träumen bist?« – »All diese Kurven – und ich ohne Bremsen!« – »Dir müssen ja die Füße wehtun, denn du gehst mir schon die ganze Zeit durch den Kopf«. Diese Sätze wirken aufgrund ihrer banalen Übertreibung vollkommen unglaubwürdig.

Das Gespräch üben

Am besten, Sie üben Ihre Gesprächseröffnung einmal, indem Sie sich verschiedene Situationen vorstellen und überlegen: »Was würde ich sagen, wenn …?« Achten Sie aber darauf, dass Ihre Worte im Ernstfall dann nicht zu gestelzt klingen.

Die vier Distanzzonen

Die Betrachtung der Distanz zwischen Ihnen und Ihrem Gegenüber ist in diesem Zusammenhang ein lohnendes Thema. Die Entfernung zwischen zwei Personen hängt ab von ihrem Interesse aneinander oder dem Grad ihrer Intimität. Verringert sich der Abstand um mehr als die Hälfte, und keiner von beiden zieht sich zurück, besteht die Chance eines näheren Kontakts. Eine Distanz von etwa einer Armlänge sollte jedoch bei einer noch fremden Person immer gewahrt werden [a].

Die Wissenschaft unterscheidet folgende Distanzzonen:

Die intime Zone

Zunächst gibt es die direkte intime Zone: Sie beträgt 0 bis 15 Zentimeter. Es ist die Zone, die vorwiegend der Intimpartner überschreiten darf. Die intime Distanz von 20 bis 60 Zentimetern darf von sehr nahestehenden Personen durchbrochen werden, also Eltern, Kinder oder Lebenspartner.

Die Du- und die Sie-Zone

Die sogenannte persönliche Distanz oder Du-Zone reicht bis zu 1,20 Meter. Hier dürfen enge Mitarbeiter, Freunde und Vertraute eindringen. In der sozialen Distanz dagegen oder Sie-Zone von 1,20 bis zu 3,60 Metern halten sich Bekannte oder Mitarbeiter auf.

Wenn Ihr angepeilter Flirtpartner nicht gerade ein heißblütiger Charakter ist, sollten Sie sich beim Kennenlernen vorsichtig in der Du-Zone aufhalten. Ein kühler Charakter fühlt sich zunächst in der Sie-Zone vermutlich sicherer.

Die öffentliche Zone

Mit einem Abstand über 3,60 Meter beginnt die öffentliche Distanz. Sie ist das Gebiet, das wir zur Sicherung von Nahrung und Unterhalt beanspruchen, dazu zählen das Stadtviertel, die umliegende Infrastruktur und die Arbeitsstätte.

Die 45-Grad-Position

Achten Sie auch auf den Winkel, in dem Sie zu einer Person stehen. Wollen Sie, dass diese sich wohlfühlt, dann sollten Sie sich nicht frontal vor sie hinstellen. Wählen Sie stattdessen lieber eine seitliche Stellung, am besten eine offene 45-Grad-Haltung [b]. Denn in der 45-Grad-Position können wir uns näher an die Person herantasten und sie fühlt sich dennoch nicht unter Druck gesetzt.

Die richtige Richtung

Nähern Sie sich als Mann nicht von hinten an eine Frau an. Das erweckt in ihr den Urinstinkt »Angst vor Angriffen von hinten«. Männer hingegen mögen es nicht, wenn Personen sich direkt von vorn auf sie zubewegen. Sie assoziieren es mit Aggression. Ausnahme: Es kommt eine Frau, schwingt ihre Hüften und trägt einen lasziven Blick im Gesicht – auf diese Weise weckt sie das sexuelle Interesse des Mannes.

Mit Smalltalk zum Erfolg

Erfolgreich ist die Gesprächseröffnung dann, wenn sich daraus die Möglichkeit für ein weiteres Gespräch ergibt. Smalltalk ist gefragt, ein unverbindliches Gespräch, welches nicht zu persönlich ist und nicht in die Tiefe geht. Ein guter Smalltalk ent-

wickelt sich stets weiter. Meist dreht es sich nur um die »kleinen Dinge«, die sich aus der gerade erlebten Situation ergeben. Ihre Karten stehen gut, wenn es Ihnen gelingt, das Gespräch auf eine persönliche und für beide Seiten interessante Ebene zu heben. Ein Beispiel: »Kennst du ein schönes Restaurant in der Nähe?« … »Was gefällt dir daran so gut?« … »Ah, du interessierst dich für …?«
So bekommen Sie die Gelegenheit, ein bisschen über Ihre Zielperson zu erfahren und gleichzeitig etwas von sich selbst preiszugeben.

Wie erhalten Sie die Telefonnummer des Flirtpartners?

War Ihre erste Kontaktaufnahme ein Erfolg, wäre das nächste Ziel, die Telefonnummer Ihres Flirtpartners zu erhalten. Doch wie gelingt Ihnen das? Flirtexperten empfehlen: Stellen Sie die Frage nach der Telefonnummer als direkte Aufforderung: »Bitte gib mir deine Nummer!« Eine zögerliche Frage im Stil von »Kannst du mir vielleicht mal…?« würde in der Mehrzahl der Fälle ein klares Nein provozieren. Unterstreichen Sie Ihre Bitte durch eine überzeugende Körpersprache: Zuerst strecken Sie die Hand nach vorn, die Handinnenflächen sind dabei leicht geöffnet, heben Sie die Augenbrauen, dann sagen Sie den entscheidenden Satz: »Bitte gib mir deine Telefonnummer, ich möchte dich wiedersehen.« Achten Sie darauf, dass Sie am Ende des Satzes mit der Stimme nach unten gehen. Denn nur wenn Körper, Worte und Stimme in Einklang sind, wirken Sie authentisch [C, S. 72]!

Welches Paar denkt nicht gern an sein erstes Date zurück – an den Tag, an dem der Grundstein für die Beziehung gelegt wurde? Vorsichtig kam man sich einen wichtigen Schritt näher. Um bei Ihrem ersten Date erfolgreich zu sein, können Sie sich Rat bei einem Profi der Flirtkunst holen: bei dem italienischen Philosophen, Juristen und Frauenheld: Giacomo Girolamo Casanova.

a Die Distanz einer Armlänge sollte bei einer noch fremden Person gewahrt werden.

b In der 45-Grad-Haltung können Sie sich näher an eine Person herantasten.

Überzeugen und verführen

Von Casanova können wir über die Verführung eine Menge lernen. Er wandte bei der Eroberung schöner Frauen Strategien an, die sich auch heute noch als äußerst erfolgreich erweisen. Dazu die Schauspielerin Catherine Flemming im »Hamburger Abendblatt«: »Casanova sollte jeder Mann studieren, weil es bis heute keinen Mann mehr gab, der wohl so aufmerksam für die Sehnsüchte einer Frau war. Wenn ein Mann so wach für die Träumereien und auch Ängste einer Frau ist, dann kann und darf er viele Frauen haben.«

Casanova brillierte mit einer hervorragenden Menschenkenntnis. Er schätzte eine Frau sofort richtig ein. Seine Beschlagenheit auf diesem Gebiet beruhte darauf, dass er sich im Vorfeld ein genaues Bild von der Frau machte. Er beobachtete die Angebetete, recherchierte und holte sich Informationen bei Dritten ein.

Machen Sie sich ein Bild

Es ist also sehr empfehlenswert, sich zunächst einmal gut vorzubereiten, indem Sie vorab überlegen: Was ist er für ein Typ Mann oder was ist sie für eine Frau? Welche Interessen könnte er oder sie haben? Worüber kann er oder sie lachen? Was könnte ihm oder ihr gefallen?

Stellen Sie räumliche Nähe her

Hatte Casanova ein Auge auf eine Frau geworfen, so tat er alles, um möglichst oft in ihrer Nähe zu sein. Er war ein Netzwerker, kannte Gott und die Welt und verstand es, die sozialen Kontakte gezielt zu nutzen. Stets war er bemüht, von einflussreichen Freunden Empfehlungsbriefe zu erhalten. Zudem verkehrte er mit gesellschaftlich angesehenen Personen, um so sein eigenes Ansehen zu steigern. Casanova nutzte Personen aus dem Umkreis der Angebeteten, um ihr nahe zu sein. Er ließ sich auf ein Fest einladen, wenn seine Zielperson auch anwesend war. So konnte er sie unauffällig beobachten und wurde ihr zugleich vertrauter.

C Mit dieser Geste bekommen Sie die Handynummer Ihrer Flirtpartnerin!

Knüpfen Sie viele Kontakte

Heute würde die Strategie heißen: Knüpfen Sie so viele Kontakte wie möglich! Suchen Sie sich einen Bekannten, einen Freund oder einen Kollegen oder eine Freundin, der/die Ihnen für die Anbahnung einer Begegnung hilfreich sein könnte. Denn, Hand aufs Herz: Wie viele fremde Frauen oder Männer lernt man kennen, wenn man am Wochenende allein loszieht? Die Erfolgsquote geht meistens gegen null. Häufig stellen Freunde und Bekannte einander vor oder sorgen dafür, dass man miteinander ins Gespräch kommt! Die einzige Ausnahme bilden natürlich die wenigen Naturtalente und professionellen Aufreißer …

Schmale Taille, breite Schultern
Unterstreichen Sie beim Liebeswerben Ihre natürlichen Geschlechtsmerkmale. Betonen Sie Ihre männlichen Schultern oder Ihre weibliche Taille. Studien haben ergeben, dass es trotz der bekannten Attraktivität von Busen, Po und Schenkeln die Taille ist, die neben dem Gesicht am meisten auffällt. Eine schmale Taille wirkt auf Männer sehr anziehend. Umgekehrt fällt Frauen bei Männern neben Gesicht und Augen vor allem die keilförmige Figur eines Mannes ins Auge. Frauen bevorzugen Männer mit breiten Schultern, denn dies symbolisiert Stärke.

Wählen Sie eine schöne Lokalität fürs erste Date

War die Kontaktaufnahme erfolgreich und Sie planen das erste Date zu zweit, so bereiten Sie auch dieses sehr sorgfältig vor. Handeln Sie mit Feingefühl. Sorgen Sie für eine angenehme Situation und wählen Sie vor allem den Treffpunkt geschickt aus. Machen Sie die Verabredung zu etwas Besonderem: Überraschen Sie Ihre Zielperson mit der Örtlichkeit Ihrer Einladung. Das weckt die Neugierde und lässt eine gespannte Erwartungshaltung entstehen.

Viele Flirtwillige denken beim Thema Örtlichkeit wohl zuerst an ein Treffen im Café, eventuell mit anschließendem Kinobesuch und vielleicht einem Spaziergang. Das ist eine gute Möglichkeit, um sich etwas besser kennenzulernen. Wenn Sie lieber ein gemeinsames Diner vorsehen, dann achten Sie bei der Restaurantwahl darauf, dass Sie Romantik und Atmosphäre sicherstellen können. Planen Sie den Restaurantbesuch in einem Lokal mit großzügigen Räumlichkeiten. Psychologen haben herausgefunden, dass die Gegenwart von Fremden in kleineren Räumen eher zu einem Fremdeleffekt führt. Ein größerer Raum fühlt sich einfach besser an, vermutlich weil er im Notfall mehr Fluchtmöglichkeiten bietet.

Und was halten Sie gegebenenfalls von etwas Außergewöhnlichem? Sollte Ihr Flirtpartner ein Sportfreak sein, könnten Sie gemeinsam zu einer Sportveranstaltung gehen. Wesentlich ist, dass keine Langeweile aufkommt und Sie die Möglichkeit haben, mehr über Ihr Gegenüber zu erfahren. Falls Sie sich etwas ratlos fühlen, so können Sie sich im Internet unter »Tipps für das erste Date« anregen lassen.

Setzen Sie sich geschickt in Szene

Casanova legte großen Wert darauf, als attraktiver potenzieller Partner wahrgenommen zu werden. Ein gutes Aussehen und ein klangvoller Titel waren ihm wichtig. Er demonstrierte durch die sorgfältig ausgewählte Kleidung Zugehörigkeit zu einer elitären Gesellschaftsschicht und entsprechend wurde ihm automatisch soziale Macht und Einfluss unterstellt.

Sie sollen nicht »blenden«, aber es gehört zum guten Ton, dass Sie frisch geduscht und mit gepflegter Kleidung zu Ihrer Verabredung gehen. Sie vermitteln Ihrem Gegenüber damit, dass Sie sich für ihn die Mühe machen, sich sorgfältig herzurichten. Und zugleich sprechen Sie zwei wichtige Sinne Ihres Gegenübers positiv an: den Seh- und den Geruchssinn. Beim ersten Date sollten Sie so gut wie möglich aussehen, sich dabei aber immer wohl in Ihrer Haut fühlen. Je nach Anlass sollte die Kleidung gewählt werden: Wenn Sie sich zu einem Ausflug treffen, werden Sie sich anders kleiden, als wenn Sie zu einem Diner im Nobelrestaurant verabredet sind. Da die Kleidung zur Örtlichkeit passen sollte, geben Sie Ihrem Gegenüber einen Tipp, wenn Sie eine Überraschung planen.

Kleiner Hinweis an Männer

Frauen prüfen genau, ob ein vorgeführter Status echt oder nur vorgetäuscht ist. Dazu beobachten sie bis ins Detail, wie der Mann gekleidet ist und welche Accessoires er trägt. Sie schauen, ob der Mann sich in einem eleganten Restaurant natürlich bewegt oder sich unwohl fühlt, und wie es um seine Tischmanieren bestellt ist. Achten Sie auch auf Ihre Schuhe. Manche Frauen verknüpfen mit den Schuhen der Männer bestimmte Charaktereigenschaften. Ihrer Ansicht nach sind für Männer mit neuen und sauberen Schuhen auch Hygiene und Reinlichkeit sehr wichtig.

Kleiner Hinweis an Frauen

Übrigens mögen es die meisten Männer nicht, wenn eine Frau zu aufgetakelt zum Rendezvous kommt. Also kleiden Sie sich dem Anlass entsprechend und geben Sie sich ganz natürlich.

Seien Sie aufmerksam und großzügig

Beim ersten Date sollten Sie nur Augen für Ihren Flirtpartner oder Ihre Flirtpartnerin haben. Schalten Sie Ihr Handy aus. Nichts kommt schlechter an, als wenn Sie sich zwischenzeitlich mit anderen Dingen beschäftigen. Dies lässt Ihr Gegenüber sofort auf mangelndes Interesse schließen. Auch der ständige Blick auf die Uhr zeigt eher Langeweile als Interesse an und wirkt abwertend.

Sicher erwartet niemand von Ihnen, dass Sie Ihr Date gleich in ein teures Nobel-Restaurant einladen. Dennoch ist es immer eine schöne Geste, sich großzügig zu zeigen. Je nach Geldbeutel reicht auch eine Einladung in ein nettes Café oder eine günstige Pizzeria. Wer sogar beim Eisbecher auf getrennte Rechnungen besteht, wirkt ziemlich kleinlich. Das Gleiche gilt, wenn Sie groß betonen, welche Unkosten die Einladung Ihnen verursacht hat. Viele Frauen sind dann schlagartig ernüchtert.

Vermitteln Sie lieber den Eindruck, dass das alles ein glücklicher Zufall war. Dann fragen sich viele Frauen, ob es bei Ihnen noch mehr glückliche Zufälle gibt.

Bauen Sie Sympathie auf

Sympathie zu erzeugen, erreichte Casanova durch geschickte Komplimente, kleine Geschenke (Frauen fühlen sich dadurch verpflichtet etwas zurückzugeben, möglicherweise Ihre Liebe?) sowie durch das Herstellen von Ähnlichkeit. Er kannte die Regel, dass Menschen sich am ehesten mögen, wenn sie Ähnlichkeiten miteinander haben. Gibt es vergleichbare Charaktereigenschaften, Einstellungen, Abstammungen oder eine gemeinsame Weltsicht? Die wahrgenommene Übereinstimmung zwischen zwei Personen ist ein wichtiger Sympathiefaktor. Nutzen auch Sie diese Erfolgsstrategie!

Bauen Sie bewusst Sympathie auf. Das lässt Vertrauen entstehen. Tasten Sie sich im Gespräch vorsichtig aneinander heran. Finden Sie heraus, ob Sie über ähnliche Dinge lachen können.

Stellen Sie Gemeinsamkeiten her und heben Sie diese im Gespräch immer wieder hervor. Sprechen Sie oft von »wir«, beispielsweise gleiches Hobby, gemeinsamer Bekannter, gleicher Urlaubsort. Vorteilhaft ist es auch, wenn man eine »gemeinsame Front« herstellen kann; »wir beide« gegenüber »den anderen«.

Ebenso nützlich ist es, wenn man mit seinem Gesprächspartner »Geheimnisse« teilt. Dabei kann es sich beispielsweise um eine ungewöhnliche Leidenschaft handeln, über die man nicht mit jedem sprechen möchte. Auch kleinere Schwächen kann man durchaus eingestehen, die im optimalen Fall so harmlos sind, dass sie einen noch sympathischer machen.

Beachten Sie die Fifty-fifty-Regel

Führen Sie das Gespräch möglichst ausgeglichen. Es wird sicher nicht zum Erfolg beitragen, wenn Sie sich den ganzen Abend selbst darstellen und nicht auf Ihren Gesprächspartner eingehen. Sie sollten weder einen Monolog halten noch Ihr Gegenüber »verhören«. Dazu Peter Hollinger, Geschäftsführer der Ersten Deutschen Flirt- und Kontaktschule in München: »Es gilt die Fifty-fifty-Regel: Je ausgeglichener der Gesprächsanteil, desto höher die Wahrscheinlichkeit, dass beide zusammenkommen.« Sprechen Sie beim ersten Date über die freudigen und schönen Dinge im Leben. Setzen Sie auf optimistische Aussagen, auf positive Worte, und unterstützen Sie diese durch bejahende – öffnende und unterstützende – Gesten. Wichtig ist, dass

Wer bezahlt?
Beim ersten Date sollte der Mann die Rechnung bezahlen. Viele Frauen sehen diese (altmodische) Rollenverteilung auch heute noch als gültig an. Später kann immer noch abwechselnd bezahlt oder getrennte Rechnungen angewiesen werden. Beachten Sie als Mann die psychologische Wirkung: Wer sich generös zeigt, wirkt einfach anziehender.

Eigenlob ist erlaubt!
Understatement hin oder her! Ein wenig Eigenlob schadet überhaupt nicht, ganz im Gegenteil! Sie dürfen sich ruhig auf die Schultern klopfen. Kleinere Übertreibungen sind erlaubt, was Leistungen, Talente oder Stärken angeht. Die Selbstdarstellung sollte natürlich nicht in Angeberei ausarten.

die Unterhaltung bei beiden Gesprächspartnern für gute Laune sorgt. Vergessen Sie Ihren Humor nicht. Diesen beweisen Sie am besten, wenn Sie über sich selbst lachen können. Auch Anekdoten über kleine Missgeschicke (die nicht allzu peinlich oder anzüglich sind) kommen gut an. Witze, schlagfertige Antworten, Fragen und Aussagen über unsere Lebensideale und Vorlieben gehören zum gegenseitigen Abtasten dazu. Sprechen Sie mit Ihrem Flirtpartner weder über Probleme bei der Arbeit noch über Themen, die die Stimmung verderben könnten. Erfahrungsgemäß sind die Themen Finanzen, Politik oder Religion für das erste Date nicht zu empfehlen. Lästern Sie nicht über andere und prahlen Sie auch nicht über Ihre sexuellen Erfahrungen. In dieser Phase kommt es mehr darauf an, Gemeinsames herauszufinden, als Widerspruch zu evozieren. Sollte Ihr Gegenüber auf eine seiner Leidenschaften zu sprechen kommen, die Ihnen prompt überhaupt nicht liegt, dann sagen Sie nicht: »Damit kann ich nun gar nichts anfangen«. Erkundigen Sie sich in diesem Fall lieber, was für den anderen daran so interessant ist. Einen sehr schlechten Eindruck macht es, die Rede auf den eigenen Ex-Freund oder die Ex-Freundin zu bringen. Wenn Sie dies tun, könnte Ihr Flirtpartner annehmen, dass Sie noch an Ihrem vorherigen Partner hängen und sich nur zur Ablenkung verabredet haben. Schenken Sie stattdessen Ihrem Gegenüber Ihre volle Aufmerksamkeit.

Haben Sie Mut zur Pause. Wer Gesprächspausen akzeptiert und zulässt, der entspannt auch seinen Gesprächspartner und gibt ihm die Chance, von sich zu erzählen. Ein gutes Schweigen kann auch eine positive Stimmung erzeugen.

Lassen Sie Ihren Körper (mit-)sprechen

Halten Sie mit Ihrem Gegenüber Augenkontakt. Wenn Ihr Flirtpartner erzählt, dann setzen Sie einen Blick der Neugierde auf, nicken Sie ein wenig mit dem Kopf und öffnen Sie etwas Ihren Mund beziehungsweise legen Sie die Lippen leicht aufeinander [a]. Das animiert Ihr Gegenüber zum Weitersprechen, und er oder sie fühlt sich bestätigt. Grundsätzlich gilt: Wenn Sie für Ihren Flirtpartner Sympathie empfinden, dann schauen Sie ihn häufig an. Das bringt ihn zu der Überzeugung, dass Sie ihn mögen, also mag er Sie als Reaktion auch. Um eine gute Beziehung zu Ihrem Gegenüber aufzubauen, sollten Sie 60 bis 70 Prozent der Zeit Blickkontakt halten. Beobachtungen haben gezeigt, dass extrovertierte, kontaktfreudige Persönlichkeiten ihr Gegenüber öfter ansehen als introvertierte, stillere Persönlichkeiten. Außerdem schauen Frauen ihre Gesprächspartner häufiger an als Männer. Treffen Sie auf einen schüchternen Gesprächspartner, der versucht, Ihrem Augenkontakt auszuweichen, dann vermeiden Sie nicht Ihrerseits ebenfalls den Blickkontakt. Ihr Gegenüber möchte durchaus von Ihnen wahrgenommen werden. Suchen Sie also des Öfteren seinen Blick (siehe auch Seite 23 ff.).

Spiegeln Sie die Gesten Ihres Flirtpartners

Sympathie können Sie auch gezielt durch körpersprachliches Spiegeln aufbauen. Ist Ihnen schon einmal aufgefallen, dass verliebte Paare sich in ihrer Körpersprache sehr ähneln und häufig gleiche Gesten ausführen? Diese Gesten machen sie unbewusst und zeigen damit, dass sie auf einer »Welle« schwimmen. Nutzen Sie dieses Verhalten. Wenn Sie beim Essen sitzen, dann nehmen Sie in etwa dieselbe Haltung ein wie Ihr Gegenüber. Greift er zum Weinglas, dann tun Sie es auch. Lehnt sich Ihr Flirtpartner genüsslich zurück, dann tun Sie es auch. Beugt er/sie sich interessiert vor und verringert damit die Distanz zu Ihnen, dann beugen Sie sich ebenfalls vor. Umgekehrt wird eine offene Haltung Ihrerseits zumeist auch Offenheit bei Ihrem Gegenüber hervorrufen [b, S. 78].

Wenn Sie für eine gewisse Zeit Ihre eigene Körperhaltung Ihrem Flirtpartner immer wieder angleichen (spiegeln), signalisieren Sie ihm damit, dass Sie sich im Gleichklang mit ihm befinden. Äffen Sie jedoch Ihr Gegenüber nicht nach! Kratzt er sich am Kopf oder wischt sie sich eine Strähne aus dem Gesicht, dann machen Sie es nicht nach, das versteht sich von selbst.

Warum ist Spiegeln so wirkungsvoll? Der Effekt ist darauf zurückzuführen, dass wir dazu neigen, andere Menschen eher zu mögen und als sympathisch einzuschätzen, wenn sie so sind wie wir selbst, wenn wir also mit ihnen übereinstimmen. »Kommunikation gelingt am besten mit solchen Menschen, die wir als unseresgleichen einschätzen, die die Welt auf dieselbe Weise betrachten wie wir und die die gleichen Vorlieben und Abneigungen haben«, so der Managercoach und Organisationsberater Michael Rimsa.

Wenn wir nun einen anderen Menschen spiegeln, bedeutet das, dem anderen einen Spiegel vorzuhalten, sodass alles, was er

a Blickkontakt, leichtes Nicken und leicht geöffnete Lippen animieren zum Weitersprechen.

sieht, hört oder fühlt, mit seinem eigenen Wissen und seiner Erfahrung übereinstimmt und seine Gefühle richtig oder »wahr« sind. Eine solche Widerspiegelung wird auch als »Pacing« (englisch: Schritt halten) bezeichnet und führt zwischen zwei oder mehreren Personen zu einem vertrauensvollen Verhältnis.

Erzeugen Sie Harmonie beim Sprechen

Passen Sie sich Ihrem Gegenüber im Gespräch auch beim Sprechtempo und -rhythmus sowie in der Lautstärke an. Das wirkt gleich sympathischer. Der Ton macht den Charakter. Die Stimme weckt Sympathien, begeistert, verführt, verzaubert, überzeugt. Frauen sollten auf eine zu hohe, piepsige Stimme verzichten, da diese zu mädchenhaft klingt, eine zu tiefe Stimme wirkt dagegen maskulin. Eine mittlere harmonische Stimmlage kommt immer am besten an. Es ist ein Klischee, dass vor allem tiefe Männerstimmen Frauen betören. In entsprechenden Situationen auch höhere Tonlagen zu verwenden, kann für Männer vorteilhaft sein. Verzichten Sie jedoch auf die häufigen »ähm« oder andere Pausenfüller. Männer wie Frauen empfinden dies als unattraktiv.

Führen Sie spielerische Gesten aus

Das Imitieren eines Kussmundes, bei dem die Lippen leicht zusammengepresst nach vorn geschoben werden und die Unterlippe etwas über die Oberlippe gerät, ist eine besonders beliebte Flirtgeste [C]. Eindeutige Flirtbereitschaft zeigt auch das Spielen mit den Haaren, das Gleiten der Zunge über die geöffneten Lippen sowie das Präsentieren des Halses an. Dabei wird der Kopf in eine leichte Schräglage gebracht und die empfindliche Halsschlagader zur Schau gestellt. Es bedeutet: »Ich vertraue dir und zeige dir meine sensible Stelle«. Da der Hals eine erotische Stelle ist, gehört diese Geste zu den elementaren Signalen.

b Spiegeln Sie angemessen die Haltung und Gestik Ihres Gegenübers!

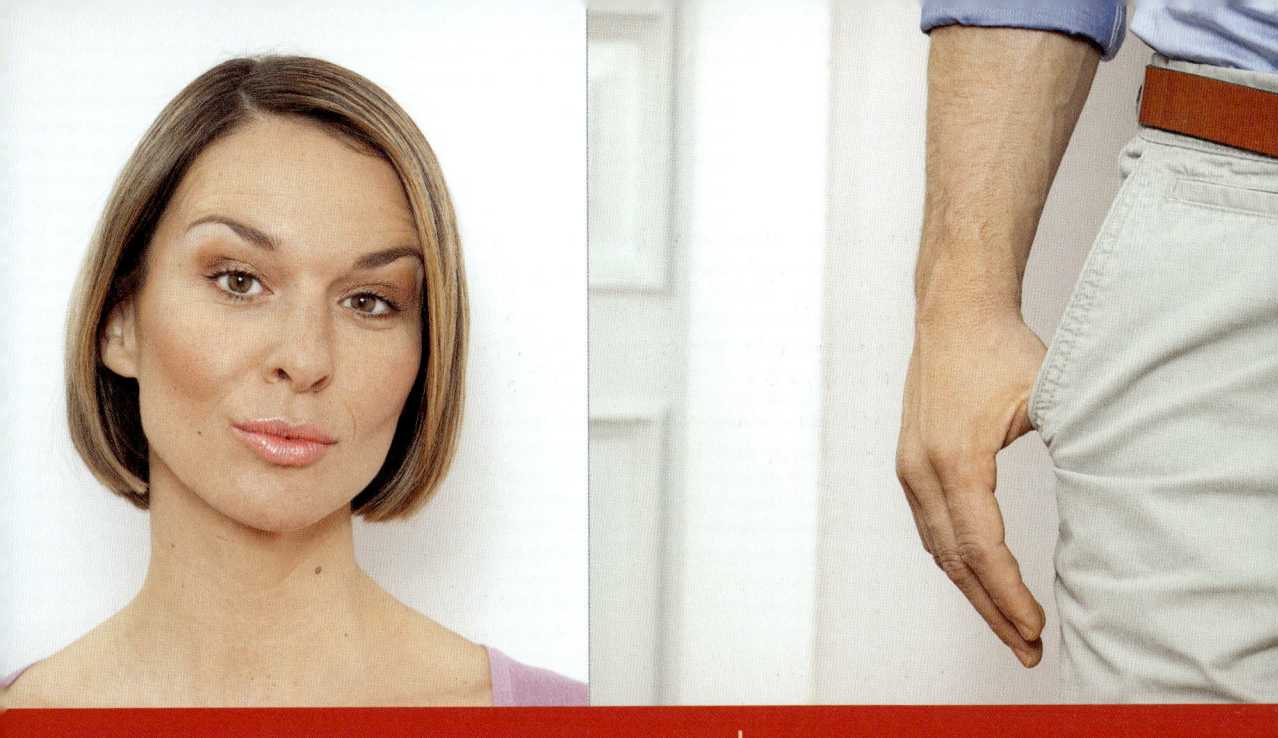

c Beliebte Flirtgeste: das Imitieren eines Kussmundes.

d Diese Haltung signalisiert: »Ich bin cool, lässig und kann abwarten.«

Ein bedeutendes Flirtsignal bei Männern ist das Verschränken beider Arme hinter dem Kopf. Dieses Verhalten kann als ein Sich-größer-Machen interpretiert werden. Oder wenn ein Mann ab und an einen Daumen in den Gürtel, in die Hosentasche oder Hosenbund einhakt [d], soll das der inneren Haltung Ausdruck verleihen: »Ich bin cool, lässig und kann abwarten.«

Entschuldigte Berührungen

Durch eine Berührung dringen wir in die Intimzone des anderen ein (siehe auch Seite 70). Beim ersten Date kommt es bei der Begrüßung zum ersten »Ein-Druck« – durch den hierzulande üblichen Händedruck. Extrovertierte Menschen neigen dazu, ihren Gesprächspartner hin und wieder zu berühren. Mögen sich zwei Menschen besonders, wandert gelegentlich auch die Hand zum Unterarm des Gegenübers. Solche Berührungen sind durchaus gestattet, zum Beispiel am Arm, an der Schulter oder am Rücken. Sie heißen dementsprechend auch »entschuldigte Berührungen« [e, S. 80]. Es handelt sich dabei um eine ungefährliche und nicht sexuelle Art der Berührung, die dem anderen das eigene Interesse zeigt und ihm Gelegenheit zur Reaktion gibt. Diese muss aber nicht zwangsläufig erfolgen. Zu beachten ist, dass introvertierte Menschen es oft nicht mögen, beim ersten Kontakt immer wieder berührt zu werden. Außerdem sollten Sie natürlich immer die Distanzzone respektieren (siehe Seite 70). Weicht Ihr Gegenüber körperlich zurück, dann ist das ein klares Zeichen dafür, dass Sie diese überschritten haben. Beim ersten Date empfiehlt es sich, während des Händedrucks tief in die Handfläche des anderen zu greifen, den Druck angemessen auszuführen und mit der freien Hand leicht den Unterarm Ihres Gegenübers zu berühren. Männer können auch an den Ellbogen der Frau fassen, um indirekt das Signal zu übermitteln: »Ich stütze dich.«

Was tun, wenn Ihr Flirtpartner schüchtern ist?

Wenn Sie Ihrem Flirtpartner durch eine Berührung zeigen wollen, dass Sie ihn mögen, und dieser reagiert mit Unbeweglichkeit oder Erstarren, dann kann dies nicht unbedingt aus Gleichgültigkeit, sondern vielleicht nur aus Schüchternheit geschehen. An welchen körpersprachlichen Merkmalen ist diese zu erkennen? Dazu sagt David Givens: »Schüchternheit ist auf einen übertriebenen Fluchttrieb zurückzuführen. Sie zeigt sich in ausweichenden Blicken, einem trockenen Mund, einer leisen Stimme, zusammengepressten Lippen, starkem Schwitzen, reduzierten Gesten, Berührungen des eigenen Körpers, verschränkten Armen sowie in eng an den Körper gezogenen Oberarmen.« Givens weist außerdem darauf hin, dass schüchterne Menschen aufgrund ihrer unbeholfenen Körpersprache häufig unabsichtlich unfreundlich wirken. Würde es ihnen nur gelingen zu entspannen, könnten sie eine sympathischere und freundlichere Ausstrahlung haben.

Um weitere Zeichen von Unsicherheit oder Nervosität handelt es sich, wenn eine Person einen schnellen Lidschlag hat, den Bauchbereich mit einer Hand verdeckt [g] oder an ihrem Ringfinger – dem Gefühlsfinger reibt [f] oder auch Zeigefinger und Daumen aneinanderreibt [h]. Je länger Sie mit einem schüchternen Menschen sprechen, desto mehr wird er sich Ihnen gegenüber öffnen und Sie werden positive nonverbale Signale wie ein Kopfnicken oder -neigen sowie offene Handflächen wahrnehmen.

Noch ein wichtiger Punkt, den Sie im Hinterkopf behalten sollten: Berühren Frauen Männer am Unterarm, dann ist das ein Signal von Sympathie [e]. Daraufhin haben dann auch Männer die Möglichkeit, die Frau zu berühren.

e Leichte Berührungen erzeugen Nähe.

Was drückt die Bein- und Fußhaltung aus?

Sitzen Sie neben Ihrem Flirtpartner oder ihm gegenüber und bemerken, dass beide Füße sicheren Kontakt zum Boden haben, lässt sich daraus auf Selbstsicherheit und Wohlbefinden schließen. Ihr Gegenüber hat es sich in tadelloser Form bequem gemacht und ist für ein langes Gespräch bereit. Weit von sich gestreckte Beine zeigen, dass Ihr Gesprächspartner hier seine Ruhe gefunden hat und nicht gleich wieder aufstehen will. Beine, die weit nach vorn bis ins Territorium des Gegenübers ausgestreckt sind, wirken vereinnahmend. Wer mit geöffneten Beinen oder einem übergeschlagenen Bein sitzt, signalisiert Entspannung und Vertrauen [k, S. 83]. Selbstverständlich macht ein Rock eine breite Sitzposition unmöglich. Achten Sie auf die Füße. Wenn sie unter den Stuhl gezogen sind und vollen Kontakt zum Boden haben, drücken sie einen Fluchtgedanken aus [i, S. 83]. Der/die Betreffende könnte jederzeit aufspringen und weglaufen. Auch bei übergeschlagenen Beinen interessieren uns vor allem die Füße. Die Aufmerksamkeit liegt stets dort, wohin die Fußspitzen zeigen (siehe auch Seite 36).

Stehen Sie mit Ihrem Flirtpartner an einem Tresen, dann können Sie einige Informationen aus seinem Stehverhalten gewinnen. In der natürlichen Stehposition haben

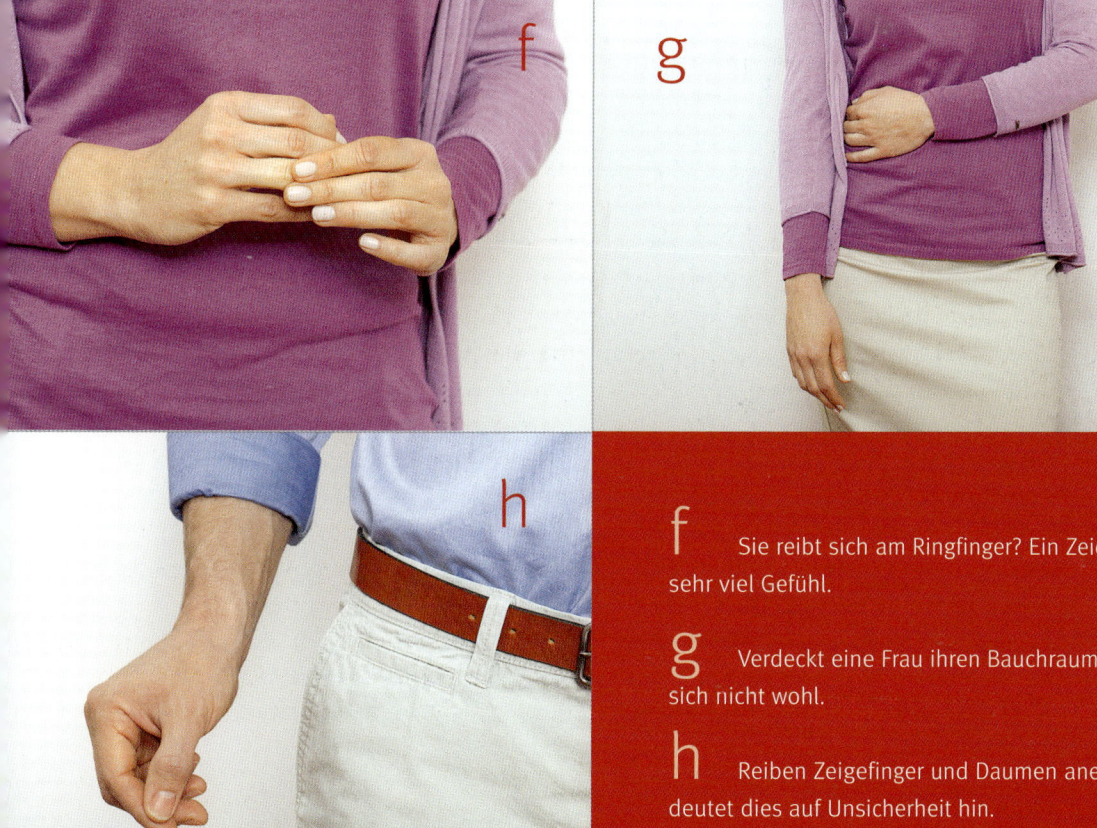

f Sie reibt sich am Ringfinger? Ein Zeichen von sehr viel Gefühl.

g Verdeckt eine Frau ihren Bauchraum, fühlt sie sich nicht wohl.

h Reiben Zeigefinger und Daumen aneinander, deutet dies auf Unsicherheit hin.

> **Check: Wie kommen Sie an?**
>
> Sie sind mitten im ersten Date. Wie erkennen Sie, ob Sie bei Ihrem Gegenüber gut ankommen? Hier gibt es einen einfachen Trick:
>
> Erinnern Sie sich noch an die Distanzzonen? Beobachten Sie, wie Ihr Flirtpartner reagiert, wenn Sie sich während des Gesprächs spielerisch in sein persönliches Territorium begeben.

	Ja	Nein
Schieben Sie Ihr Glas oder Ihre Kaffeetasse in die Nähe des Flirtpartners. Lässt er irgendeine Rückzugsreaktion erkennen?	☐	☐
Akzeptiert Ihr Flirtpartner es, dass Sie Ihre Hand in seine Richtung ausstrecken – beispielsweise indem Sie Ihre Hand auf der Sofalehne liegen lassen? Dabei findet noch keine Berührung statt.	☐	☐
Legen Sie einen Salzstreuer oder einen anderen Gegenstand Kante an Kante an einen Gegenstand Ihres Flirtpartners. Greift er danach?	☐	☐
Streifen Sie Ihr Gegenüber am Ärmel oder berühren Sie ihn leicht mit dem Finger. Zuckt er zurück?	☐	☐

beide Füße in beckenbreitem Abstand nebeneinander vollständigen Bodenkontakt. Man kann Ruhe und Ausgeglichenheit, Gelöstheit und Offenheit daraus ablesen. Sind die Beine dagegen etwas weiter geöffnet, sodass der Eindruck von Breitbeinigkeit entsteht, zeugt dies von Dominanz. Wird zusätzlich ein Fuß nach vorn ausgedreht, weicht die Offenheit und macht Bestimmtheit und Überlegenheit Platz [l]. Gerade Männer neigen dazu, diese Cowboy-Haltung einzunehmen.

Wenn sich die Füße im Stand berühren, so darf man schon rein anatomisch gesehen von einer gewissen Instabilität ausgehen [m]. Es liegt nahe, dass die Person unsicher ist und möglicherweise weniger Standfestigkeit besitzt. Werden beide Beine beim Stand überkreuzt, wobei ein Fuß sich hinter dem anderen einhakt, so kann dies als ein Zeichen von Selbstzufriedenheit eingeschätzt werden [n].

Wie sollten Sie sich verabschieden?

Da Sie ja Ihre neue Bekanntschaft vermutlich möglichst bald wiedersehen möchten, ist auch bei der Verabschiedung ein hohes Maß an Feingefühl erforderlich. Verzichten Sie deshalb am Schluss auf zudringliche Anmachversuche. Es empfiehlt sich sogar, bei der Verabschiedung nicht gleich nach weiteren Treffen zu fragen. Vermeiden Sie am besten den Eindruck, dass Sie um ein weiteres Rendezvous betteln. Verkneifen Sie sich einen Abschiedskuss, wenn Ihr Gegenüber noch keine ausreichende Be-

reitschaft signalisiert hat. Ein Küsschen auf die Wangen genügt oder für Mutige ein »Hauchkuss« – dabei deuten Sie den Hauch eines Kusses an, wobei Sie ganz sanft die Lippen Ihres Flirtpartners berühren oder es auch nur andeuten.

Überzeugen Sie durch Ihre Persönlichkeit

Wenn Ihr erstes Date erfolgreich verlaufen ist, werden sich weitere Treffen anschließen, dabei intensiviert sich der Kontakt zu Ihrer Bekanntschaft immer mehr. Wie können Sie nun Ihren Flirtpartner ganz für sich gewinnen?

Der Erfolgsfaktor heißt: Überzeugen Sie durch Ihre Persönlichkeit. Jeder Mensch entwickelt im Lauf des Lebens seinen ganz eigenen Humor, seine eigene Sichtweise der Dinge, seine Ideen und Ziele. Genau das gilt es in der neuen Beziehung deutlich zu machen. Es gilt, dem anderen mit der Persönlichkeit zu begegnen, die uns einzigartig macht.

Durch Authentizität beeindrucken

Sie werden den anderen nur dann von sich überzeugen, wenn Sie authentisch sind, wenn Einstellungen, Worte und Körpersprache miteinander übereinstimmen. Authentizität gilt im allgemeinen Sprachgebrauch als Synonym für Glaubwürdigkeit, Echtheit, Zuverlässigkeit und Stimmigkeit. Authentisch ist ein Mensch, der sich so gibt, wie er wirklich ist, und dabei offen und ehrlich zu sich und seiner Persönlichkeit steht. Um authentisch zu sein, gibt es nur einen Weg: Sie müssen sich selbst so annehmen, wie Sie sind, und Sie müssen auch sich selbst vertrauen. Denn wer mit sich selbst im Reinen ist, der hat gute Karten. Er erfüllt damit eine wichtige Voraussetzung, um von anderen als sympathisch empfunden zu werden: Er wirkt echt auf seine Mitmenschen. Wer sich offen und ehrlich gibt, erlaubt seinem Gegenüber einen Einblick in sein wahres Ich. Eine solche Haltung verlangt selbstverständlich Mut, lässt aber einen Menschen sehr glaubwürdig erscheinen. Haben wir das Gefühl, jemandem vertrauen zu können, finden wir diese Person automatisch liebenswert und wir öffnen uns gleichermaßen. Damit ist die Basis für eine ehrliche Beziehung geschaffen.

Durch Charme betören

Mit Charme gewinnen Sie! Charme ist eine liebenswürdige Wesensart und ein bewährtes Wundermittel nicht nur in der Partnerschaft, sondern auch im Beruf und in vielen Alltagssituationen. Behandeln Sie andere zuvorkommend, freundlich, so, als wären sie etwas Besonderes, ohne es zu übertreiben. Mit Charme ziehen Sie die Aufmerksamkeit auf sich und wirken anziehend. Wer Charme besitzt, hat meistens Erfolg. Bestes Beispiel: Barack Obama. Er gewann die Herzen seiner Landsleute im Sturm, indem er bei ihnen starke Gefühle auslöste, Optimismus und Selbstbewusstsein. Seine Mimik, Gestik, Körperhaltung und nicht zuletzt seine Rhetorik waren die Erfolgsfaktoren. Auch Casanova war ein geistreicher Charmeur. Sein Kapital waren Belesenheit und ein brillanter Geist, dazu die unerlässliche Kunst der Konversation. Charme ist eine Mischung aus bewussten und unbewussten, individuell ganz verschiedenen Verhaltensweisen. Jeder Mensch hat das Potenzial, seine individuelle Spielart zu lernen. Bei jeder Form ist es aber wichtig, natürlich und authentisch zu bleiben. Dagegen kann inszenierter beziehungsweise übertriebener Charme unsympathisch wirken, weil Hintergedanken dabei vermutet werden.

Durch Empathie gewinnen

Einfühlungsvermögen – Empathie – ist eine Grundvoraussetzung, um andere verstehen zu können. Empathie heißt, die Emotionen des anderen wahrzunehmen, sich in seine Lage zu versetzen und mitzufühlen. Empathisch zu sein bedeutet aber auch, sich seiner eigenen Empfindungen bewusst zu werden und angemessen zu reagieren. Um Gefühle wahrzunehmen, ist die genaue Beobachtung der körpersprachlichen Signale unerlässlich. Wir sind dann empathisch, wenn wir mehr sehen, als Worte uns sagen.

Durch Humor begeistern

Humorvolle Menschen sind zufriedene Menschen. Humor erhöht die eigene Attraktivität, hat einen positiven Effekt auf Beziehungen und hilft Ihnen, schwierige Situationen leichter zu bewältigen. Humor bewirkt, dass Ihr Gegenüber Sie sympathisch findet. Bringen Sie Ihren Partner zum Lachen. Wenn Sie selbst über sich lachen können, beweisen Sie Charakterstärke und signalisieren damit: Ich bin toll, aber nicht der Nabel der Welt.

Mit Bildung punkten

Wie erhält man inneren Reichtum? Dieser lässt sich unter anderem in Form von Bildung erweitern. Entdecken Sie deshalb neue Wissensgebiete für sich oder eignen Sie sich besondere Fertigkeiten an. Den Weg zum Wissen können Sie mit drei relativ einfachen Schritten bewältigen, erstens durch die Analyse, welches Wissen die Umgebung in einer speziellen Situation erwartet; zweitens durch das Erkennen der eigenen Wissenslücken und drittens durch das Schließen dieser Lücken oder auch durch die bewusste Inkaufnahme dieser Lücken. (Wer weiß, dass er von Literatur keine Ahnung hat, sollte beim Stehempfang zu diesem Thema schweigen). Dies raten Michael O. R. Kröher und Christian Rickens in ihrem Beitrag »Was Manager wissen müssen« im »manager magazin«.

Wenn Sie Ihr Wissen weitergeben wollen, dann schildern Sie es so, dass Ihr Gegenüber es nachvollziehen und verstehen kann. Und versuchen Sie nicht mit Fachjargons zu brillieren! Fragen Sie Ihr Gegenüber auch nach seiner Meinung, und ob er oder sie die Dinge womöglich ähnlich sieht.

Durch Neugier faszinieren

Bleiben Sie neugierig. Irving Biedermann, ein amerikanischer Neurowissenschaftler, fand heraus, warum manche Menschen besonders neugierig und wissensdurstig sind: Das Begreifen und Verstehen neuer Zusammenhänge macht high, da im Moment der Einsicht im Gehirn körpereigene Opiate freigesetzt werden. Dadurch entsteht ein Hochgefühl und das motiviert die Menschen wiederum, immer wieder nach neuem Wissen zu suchen. Neugier ist der Initiator für Neues, weckt Kraft und macht begehrenswert und attraktiv.

So verführen Sie mit Stil

Gefühle lassen sich nicht planen. Wir entscheiden uns nicht bewusst dafür, uns in jemanden zu verlieben – das geschieht einfach. Doch mit folgenden erprobten Maßnahmen lassen sich romantische Gefühle durchaus verstärken:

1. Schenken Sie Ihrem Partner/Ihrer Partnerin stets besondere Aufmerksamkeit und Beachtung. Lassen Sie immer Ihre große Wertschätzung sichtbar werden, speziell auch über Ihre Körpersprache.

2. Sprechen Sie als Mann mit Ihrer Partnerin über Ihre Gefühle und Gedanken, das tun viele Männer üblicherweise nicht.

3. Verwöhnen Sie sich gegenseitig mit Komplimenten und kleinen, persönlichen Geschenken, z. B. einem Liebesgedicht.

4. Finden Sie in Gesprächen die geheimen Sehnsüchte des anderen heraus und helfen Sie, diese zu erfüllen.

5. Berühren Sie Ihren Partner und steigern Sie so die Spannung und Intimität. Anfangs mag es ein kurzes Anlehnen oder eine leichte Berührung im Vorbeigehen sein, bei späteren Treffen kann es ein Zurechtzupfen der Kleidung sein, eine längere Berührung der Hände, eine Umarmung.

6. Überraschen Sie Ihre Partnerin oder Ihren Partner mit einem köstlichen Menü, gutem Wein und Kerzenschein. Ein romantisches Essen sorgt dafür, dass man sich Gang für Gang verliebt. Bestimmten Lebensmitteln, den sogenannten Aphrodisiaka, wird eine positive Wirkung auf das Liebesleben nachgesagt. Dazu zählen Champagner, Austern, Granatäpfel, Schokolade oder Erdbeeren. Auch wenn die anregende Wirkung nicht immer bewiesen ist, sorgt die sich selbst erfüllende Prophezeiung doch für so manches Wunder.

7. Verführen Sie Ihren Partner mit einem tollen Äußeren, sinnlicher leiser Musik, zarten Berührungen … mit allem, was Sie noch näher zusammenbringt.

Einsatz bringt Erfolg

Einer Umfrage der Online Partnervermittlung Elitepartner zufolge sind 60 Prozent der Männer viel mehr an Frauen interessiert, um die sie erst einmal kämpfen müssen. Umgekehrt macht sich die Hälfte aller Frauen absichtlich rar, damit sich der Mann beim Kennenlernen mehr anstrengen muss. Funkt es zwischen den beiden Geschlechtern, dann wünschen sich Männer, dass die Initiative von den Frauen ausgeht. 93 Prozent der befragten Männer finden es gut, wenn die Frau um ein Wiedersehen bittet. Dies traut sich aber nur ein Drittel der Frauen. Hinsichtlich eines Anrufs nach dem ersten Date denken Frauen und Männer jedoch ziemlich ähnlich. 80 Prozent der Männer rufen bei Interesse an einem weiteren Kontakt schnell wieder an, während 75 Prozent der Frauen erst einmal abwarten, bis das Telefon klingelt.

Special: Flirtsignale von Frauen und Männern

Warum oft Missverständnisse entstehen

Frauen und Männer flirten auf unterschiedliche Art. Aufgrund dieser Tatsache sind Missverständnisse vorprogrammiert. Häufig ist das Flirtverhalten von Frauen undurchsichtiger. Fehlinterpretationen der Körpersprache und der Worte sind häufig die Folge, sodass Männer und Frauen nicht zusammenkommen, obwohl sie eigentlich gut zusammenpassen würden.

Männer achten auf Details

Gerade beim Spiel von Flirt und Annäherung achten Männer auf einzelne Details und das erste Signal der Annäherung hält sie schon fest. Der Grund: Im Laufe der Evolution mussten sie schnell reagieren, um nicht das Opfer von Angreifern zu werden. Im Augenblick der Gefahr reichte ihnen ein Schatten oder eine unerwartete Bewegung, um sofort ihr Alarmsystem einzuschalten. Entsprechend genügt ihnen heute schon eine Andeutung, um ihre Aufmerksamkeit in eine bestimmte Richtung zu lenken. Sie reagieren bereits auf einzelne weibliche Reize wie lange Haare, ein hübscher Mund, tiefer Ausschnitt, ein wohlgeformter Po oder ein kurzer Mini. Meine lieben Damen, betonen Sie stilvoll Ihre Vorzüge. Zeigen Sie Ihre schönen langen Beine, heben Sie Ihren Busen hervor oder schminken Sie Ihre Lippen. Bieten Sie damit den Männern Details, die sie nach dem Ganzen verlangen lassen.

Frauen schauen aufs Gesamtbild

Frauen hingegen achten auf das Gesamtbild eines Mannes. Die ganze Erscheinung muss ihnen gefallen. Damit haben es Männer auch schwerer, sofort von einer Frau als interessanter Flirtpartner erkannt zu werden. Abgesehen vom äußeren Erscheinungsbild eines Mannes schauen Frauen auch auf sein Verhalten. Wie reagiert er auf das Umfeld, scheint er respektvoll zu sein und wie verhält er sich in der Gruppe? Hier kommen seine Wesenszüge zum Vorschein und der Grad seiner Selbstsicherheit wird erkennbar. Wer beispielsweise in einer Gruppe eine Führungsrolle übernehmen kann, ist damit aus biologischer Sicht auch besser geeignet, für die Frau und ihre Kinder zu sorgen als ein schwächerer Partner.

Männer verstehen Flirtsignale häufig nicht

Über die Hälfte der Männer traut sich nicht, eine Frau anzusprechen, das zeigen Umfragen (siehe auch Seite 57). Der Grund ist häufig, dass sie die indirekten Flirtsignale einer Frau nicht erkennen. Frauen streifen sich durch die Haare, streichen mit der Zunge über ihre Lippen, lachen auffallend laut, zupfen ihren Pullover zurecht. Doch was denkt ein Mann in einer Bar, wenn die Frau vis-à-vis ihre Haare zurückwirft? Was denkt er sich bei einem nach vorn geschobenen Schmollmund? Viele Männer interpretieren solche Flirtsignale nicht als eindeutige Flirteinladung und bleiben inaktiv. Stark einladendes Verhalten einer Frau irritiert

Special: Flirtsignale von Frauen und Männern

sie wiederum. Untersuchungen von Coreen Farris von der Indiana University in Boomington belegen, dass Männer die Neigung haben, in die Freundlichkeit und das Lächeln einer Frau sexuelles Interesse hineinzuinterpretieren. Dies ist darauf zurückzuführen, dass Sex für Männer eine viel größere Rolle spielt als für Frauen – was auch nicht verwunderlich ist, haben doch Männer 10- bis 20-mal mehr Testosteron als Frauen.

Frauen verbinden Attraktivität mit Freundlichkeit
Eine Untersuchung amerikanischer Wissenschaftler zeigte, dass sich Frauen in der Beurteilung der Eigenschaften eines Mannes viel stärker von dessen Attraktivität beeinflussen lassen als umgekehrt Die Wissenschaftler untersuchten, wie sich Männer und Frauen nach einer fünfminütigen Begegnung gegenseitig beurteilten. Wenn ein Mann auf eine Frau in physischer Hinsicht anziehend wirkte, bewertete die Frau seine sexuellen Eigenschaften positiver und fand ihn gleichzeitig auch netter, freundlicher und zugänglicher im Gespräch. Frauen unterstellen also einem attraktiven Mann viele positive, nichtsexuelle Qualitäten. Dagegen beurteilen Männer die körperliche Attraktivität einer Frau unabhängiger von ihren übrigen Eigenschaften.

Männer ignorieren oft ablehnende Signale
Dass Männer Flirtsignale von Frauen nicht verstehen oder manchmal nicht wahrnehmen wollen, hat eine Studie der Psychologin Christiane Tramitz bestätigt. Ihre Forschungen zeigten, dass Frauen Zeichen von Rückzug oder Abwehr feinfühliger als Männer registrieren. In welchem Maße ein Mann zum Anmacher wird, hängt nach Ansicht der Forscherin von seinem Erfahrungsschatz ab. Routinierte Flirter verfügen oft über eine Vielzahl von Erfolgserlebnissen und haben ein höheres Selbstwertgefühl. Sie ignorieren es gern, wenn das Objekt ihrer Begierde Signale sendet, die nicht mit ihren Erwartungen in Einklang stehen. Männer neigen dazu, Ermutigungssignale in ihrer Phantasie aufzubauschen und anzunehmen, dass Ablehnungssignale bloß Hinhaltesignale sind.

Frauen senden oft subtile und irreführende Signale
Dass Frauen subtil flirten, hat seine Ursache in der Evolution. Wenn sich eine Frau bei der Wahl ihres Partners falsch entschied, wirkte sich dies auf ihr Leben wesentlich nachteiliger aus als auf das des Mannes. Denn wurde sie verlassen, musste sie ihre Kinder allein aufziehen und konnte dabei auch keine große Unterstützung erwarten. Also musste sie bei der Partnerwahl wesentlich umsichtiger und sorgfältiger vorgehen als ein Mann. Dennoch flirteten die Frauen fleißig, weil sie aus einer möglichst großen Auswahl den besten Partner für sich herausfinden wollten. Ihr Interesse zeigten sie so lang nicht, bis der potenzielle Partner eine ausgiebige Prüfung bestanden hatte. Frauen senden auch irreführende Werbesignale.

Damit wollen sie prüfen, ob sie es tatsächlich mit einer lohnenden Zielperson zu tun haben. Sie neigen dazu, Männer in den ersten Minuten des Kennenlernens mit Werbesignalen zu überhäufen. Die vielen kleinen Gesten und Andeutungen der Frauen verwirren die Männer jedoch. Männer nennen Frauen deshalb oft komplizierte Wesen.

Männer sprechen sachlich
Missverständnisse zwischen Männern und Frauen entstehen unter anderem auch häufig durch die unterschiedliche Kommunikation, und zwar sowohl verbal wie nonverbal. »Männliche Kommunikation ist eher auf der Mitteilungsebene und weibliche Kommunikation auf der Beziehungsebene orientiert«, so der Personaltrainer Jürgen Peters. Grundlegende Merkmale männlicher Kommunikation sind Sachlichkeit, Belehrungen und Dominanz sowie das inhaltliche Betonen von Initiative und Handlungsbedarf.

Frauen sprechen mit Gefühl
In der weiblichen Kommunikation spielt dagegen das Knüpfen von Beziehungen eine wesentlich wichtigere Rolle als bei Männern. Gefühle werden angesprochen und inhaltliche Härten durch weiche Formulierungen abgeschwächt.

Männer machen ausladende Gesten
Männer bewegen sich mehr und machen ausladendere Gesten als Frauen. Die Gestik von Frauen ist eher körpernah. Sie bevorzugen zum Beispiel kleinere Armbewegungen aus dem Ellbogen und den Handgelenken heraus, während Männer mehr Armbewegungen aus der Schulter ausführen.

Frauen bevorzugen unterwürfige Gesten
In den ersten Minuten eines Gesprächs verhalten sich Frauen häufig submissiv (unterwürfig) und gleichen ihre Körpersprache der des Mannes an (Beschwichtigungsverhalten), so die Beobachtungen von Verhaltensforscherin Christiane Tramitz. Weitere submissive Gesten der Frauen sind das Präsentieren des Nackens, jede Art von Selbstberührung im Bereich von Gesicht, Haaren und Armen; Schulterzucken; das Herumzupfen oder Glattstreichen der Kleidung und das nach-vorne-Neigen des Oberkörpers. Auch autoerotische Gesten führen Frauen wesentlich häufiger aus als Männer.

Männer finden fremde Berührungen angenehm
Beim Thema Berührungen gibt es ebenfalls deutliche Unterschiede zwischen Männern und Frauen. Männer haben wenig Hemmungen, fremde Frauen – beispielsweise an der Schulter –

Special: Flirtsignale von Frauen und Männern

anzufassen oder sich bei ihnen unterzuhaken. Und Berührungen, selbst von fremden Frauen, empfinden Männer in der Regel als angenehm. Ausnahmen sind die Berührungen des Gesichts sowie des unteren Körper- und Beinbereichs.

Frauen wehren fremde Berührungen ab
Frauen versuchen es zu umgehen, fremde Männer, selbst in unverbindlicher Weise, zu berühren (außer sie sind an einem näheren Kontakt interessiert und setzen ihre Berührungen gezielt ein). Außerdem reagieren Frauen auf Fremdberührungen meist abwehrend.

Männer erscheinen emotionsloser
Deutlich fallen auch die Unterschiede in Sachen Mimik aus. Der Grund dafür ist, dass das Gehirn von Männern und Frauen unterschiedlich programmiert ist, wenn es darum geht, Emotionen durch Mimik und Körpersprache auszudrücken. Männer zeigen wenig Gesichtsausdruck, um Stärke und Gelassenheit zu demonstrieren. Daher verwundert es nicht, dass Männer seltener ein Lächeln erwidern als Frauen und oft deutlich emotionsloser erscheinen. »Männer beherrschen noch nicht einmal ein Drittel der Gesichtsausdrücke, die Frauen zur Verfügung stehen«, so Allan und Barbara Pease. Vor allem in der Öffentlichkeit unterdrücken Männer alle Regungen, weil sie im Lauf der Evolution Emotionen zurückhalten mussten, um nicht zur Beute für Angreifer zu werden und um Selbstbeherrschung zu demonstrieren.

Frauen erwidern öfter ein Lächeln
Frauen haben eine deutlich größere Fähigkeit, sich über ihre Mimik auszudrücken als Männer. Sie können zwei Drittel mehr Gesichtsausdrücke einsetzen und zeigen so wesentlich mehr Emotionen. Darüber hinaus erwidern sie viel öfter ein Lächeln.

Männer flirten ungeduldiger
Bei ihren Flirtversuchen sind Männer manchmal zu ungeduldig und direkt. Dann machen die Frauen einen Rückzieher und richten Hindernisse auf, sie verschränken die Arme, zeigen die »kalte Schulter«, verweigern den Blickkontakt, verwenden ein Lachen, das schnell abfällt.

Frauen flirten vorsichtiger
Aus Furcht vor möglicher Zurückweisung flirten Frauen vorsichtiger und sehen eine direkte Ansprache als plumpe Anmache an. Doch genau diese Vorsicht verunsichert wiederum ihr Gegenüber. Daher ein Rat an die Frauen: Auch wenn Sie auf das Gesamtbild eines Mannes achten – nehmen Sie die Zwischentöne wahr, wenn er Sie anspricht. Schauen und hören Sie auf viele Signale, sei es in seinen Worten, aber auch in seiner Körpersprache.

Paar werden

Es ist um Sie geschehen: Sie sind bis über beide Ohren verliebt. Die ersten Wochen und Monate mit einem neuen Partner sind eine aufregende Zeit – völlig unabhängig davon, wie alt Sie sind oder wie viel Erfahrung Sie hinsichtlich Beziehungen schon haben. »Die Verliebtheit ist die Etappe, in der sich eine Person in dein Gehirn einschleicht und du sie einfach nicht mehr rausbekommst. Dein Gehirn nimmt nur die positiven Eigenschaften der Person wahr und übersieht die negativen geflissentlich«, so beschreibt die Anthropologin Helen Fisher diese Phase.

»Love is in the air«

Die Anzeichen der Verliebtheit nimmt jeder wahr. Sie sind zerstreut, unkonzentriert, seufzen oder stottern. Wenn Sie frisch verliebt und in Hochstimmung sind, wird dies auch über Ihre Körpersprache deutlich. Zu den Schmetterlingen im Bauch, zu Herzklopfen und zitternden Knien gesellen sich noch nonverbale verräterische Signale wie Blicke, Mimik, Unruhe oder Körperhaltung. Außerdem können verliebte Paare ihre Hände kaum von ihrem neuen Partner lassen. Die körperliche Anziehungskraft ist in dieser Phase einer Beziehung am größten. Und auch nach außen hin wollen Verliebte deutlich machen: »Schaut her, wir sind ein Paar!«

Alles durch die rosa Brille

Beim Anblick unseres geliebten Partners oder unserer geliebten Partnerin verändern sich unsere Augen. Sie fangen an zu glänzen und zu strahlen. Die Blicke von Verliebten treffen sich immer wieder, ziehen sich magisch an. Wir können den anderen nicht aus den Augen lassen. Der Blickkontakt wird intensiver und wir versinken in den Augen des anderen. Und auch unsere erweiterten Pupillen verraten augenblicklich, in welchem Gefühlszustand wir uns befinden. Verliebte Paare sehen sich während eines Gesprächs etwa 75 Prozent der Zeit an und wenden ihren Blick deutlich langsamer ab, sobald ein Dritter hinzukommt, wie der amerikanische Psychologe Zick Rubin feststellte. Zum Vergleich: In einer normalen Unterhaltung sehen wir uns nur etwa 30 bis 60 Prozent der Zeit an. Wenn nun beispielsweise eine Frau einem Mann mehr als 75 Prozent der Zeit in die Augen schaut, kann sie damit sein Gehirn überlisten. Denn der intensive Blickkontakt wird den Mann daran erinnern, dass er das letzte Mal, als ihn jemand so lang angeschaut hatte, verliebt war.

Bei Verliebten ist die Mimik meist strahlend und freundlich. Am liebsten würde der eine Partner dem anderen nur noch ins Gesicht starren, um jede noch so kleine Mimik aufzunehmen. Man ist im wahrsten Sinne gebannt vom anderen. Mit vielen Signalen verrät Ihr Körper dem Partner: »Ich liebe dich«: mit dem weichen Blick, mit Ihrem geneigten Kopf, mit den Handflächen und Fußspitzen, die in seine Richtung zeigen. Ein sanftes oder offenes Lächeln sowie viel gemeinsames Lachen verraten Zustimmung, Glück und Freude. Eine Einladung zu »mehr« ist es, wenn eine Frau leicht die Lippen spitzt und eine Augenbraue hochzieht. Bei einem stark erregten Menschen schwellen die Lippen leicht an und röten sich, ebenso wie die Haut. Wer verliebt ist, findet beim anderen alles faszinierend – die berühmte »rosa Brille«, durch die man den anderen nun sieht: seine verlockenden Lippen, die feinen Strähnen seiner Haare, die Beschaffenheit seiner Haut und Hände. Einige Menschen werden ernster, andere hingegen geben sich aktiver, gestikulieren intensiver und lachen viel, um die Aufmerksamkeit des anderen auf sich zu ziehen. Die gesamten Bewegungen verlaufen vorwiegend von unten nach oben: erhobener Körper, nach oben gerichtete Mundwinkel, gehobene Augenbrauen, Bewegungen der Arme von unten nach oben, die Handinnenflächen werden gezeigt. Die Bewegungen werden geschmeidiger, die Körperhaltung wird straffer, aufrechter und man geht mehr aus sich heraus. Diese veränderten Körperbewegungen sind auch ein Anzeichen für Verliebtheit, das den Verliebten selbst oft gar nicht auffällt, anderen dafür aber umso mehr.

Lippen – zum Küssen sind sie da

Don't talk, just kiss! Der Kuss ist ein universaler Ausdruck von Zuneigung und Liebe. Bei Liebespaaren signalisiert der erste Kuss von Mund zu Mund den Beginn einer intimen Beziehung. Wie küsst Ihr Partner? An einem Kuss erkennen Sie seine wahren Absichten und Bedürfnisse:

Wangenkuss

Ein relativ unverbindlicher Kuss, eine harmlose und zwanglose Art der Berührung ist der Wangenkuss – er kann als vorsichtige Annäherung gedeutet werden oder als liebevolle Geste. Wesentlich ist, was dahintersteht, beispielsweise Aufmerksamkeit, Präsenz oder Mitgefühl. Tipp: Küssen Sie Ihren Partner so oft wie möglich auf die Wange. Das bedeutet: »Ich kann die Hände nicht von dir lassen« oder »Ich bin immer für deine Gefühle da«.

Mundkuss

Ähnliche Bedeutung kann ein flüchtiger Mundkuss haben. Dagegen hat ein intensiver Mundkuss schon einen stark erotischen Aspekt und der Zungen-Kuss verstärkt diesen Aspekt noch.

Mutkuss

Der Mutkuss ist ein schnelles Küssen auf den Mund, dem sogleich ein rasches Zurückweichen folgt [a]. Dieser Kuss signalisiert nicht nur Unsicherheit, sondern gleichzeitig auch Mut, sich dem anderen zu nähern. Es könnte zugleich aber ein Zeichen von: »Ich will Distanz halten!« sein.

Basic-Instinct-Kuss

Dieser nach dem berühmten Film mit Sharon Stone benannte Kuss ist ein Kuss

a Der Mutkuss signalisiert entweder Annäherung oder: »Ich will Distanz halten.«

b Der Dornenvögelkuss zeigt: »Ich liebe dich, wie du bist, ich bin dein Beschützer.«

c Der Fingerkuss ist der Ausdruck von Innigkeit, Dankbarkeit und Zuneigung.

d Der Egoistenkuss zeigt Begehren an, doch die gemeinsame Leidenschaft fehlt.

mit offenem Mund, wobei die Zungen einander erforschen. Wer so küsst, möchte Innigkeit und Intimität aufbauen. Dieser Kuss zeugt mehr als jeder andere von Begehren und Leidenschaft.

Vampirkuss

Der Kuss der Unsterblichkeit ist der Vampirkuss – mit diesem Kuss möchte der Küssende eine Ihrer verwundbarsten Stellen liebkosen – Ihren Halsbereich. Dazu biegt er Ihren Hals liebevoll nach hinten oder schiebt Ihre Haare beiseite, um die »verwundbare Stelle« freizulegen. Er lässt seine Lippen geöffnet, während er mit ihnen über Ihre Haut am Hals gleitet, damit Sie seinen Atem spüren. Eventuell beißt er zugleich leicht zu. Dies ist ein Zeichen für Begehren und sexuelles Verlangen und hat eine enorme Wirkung: Vampir- oder Halsküsse sind wahre Erotikbeschleuniger. Wussten Sie übrigens, dass über 90 Prozent der Frauen ihren Hals als erogene Zone bezeichnen? Grund dafür ist, dass die Haut dort dünn und sehr sensibel ist. Zugleich ist das Zeigen des Halses ein submissives Zeichen und sagt so viel wie: »Ich unterwerfe mich dir und biete dir meine Kehle an«.

Zuneigungskuss

Mit geschlossenen Lippen und Augen wird beim Zuneigungskuss geküsst, während sich der Körper eng an den des Partners lehnt. Dieser Kuss signalisiert tiefe und ehrliche Zuneigung. Wer sich dabei ankuschelt, offenbart ein sinnliches und liebevolles Wesen.

Dornenvögelkuss

Ein liebevoller Kuss auf die Stirn wird als Dornenvögelkuss bezeichnet. Er zeugt weniger von Begierde als vielmehr von Respekt [b, S. 93]. Auf den ersten Blick erinnert dieser Stirnkuss eher an einen Kuss vom Großvater als an brennende Leidenschaft. Aber unter Kussexperten hat er eine starke symbolische Kraft. Denn die Sexualität der Frauen ist unlösbar mit den vergleichsweise altmodischen Tugenden Respekt und Achtung verbunden. Für Frauen fängt der Sex im Kopf an und dieser will sich umsorgt fühlen. Wenn Sie beim Stirnkuss auch noch liebevoll das Gesicht der Partnerin in beide Hände nehmen, die Augen zumachen und den Kuss zu einem meditativen Akt werden lassen, dann senden Sie damit das Signal: »Ich liebe dich, wie du bist, ich bin dein Beschützer.« Geben Sie Stirnküsse möglichst oft, insbesondere wenn Sie im Alltag eine zärtliche Pause einlegen wollen.

Fingerkuss

In seiner alten Form ist der Fingerkuss als Handkuss aus der Mode gekommen (in Österreich gilt er noch als offizielle Begrüßungsform für Damen). Doch für Liebhaber ist das Küssen der einzelnen Finger ein absolutes Muss [c]. Denn es ist zugleich sinnlich und elegant, eine Mischung, die auf Frauen unwiderstehlich wirkt. In einer intakten langjährigen Partnerschaft verläuft diese Kussart unbewusst: Es ist der Ausdruck von Innigkeit, Dankbarkeit und Zuneigung.

Egoistenkuss

Beim Egoistenkuss schaut der Mann seiner Partnerin tief in die Augen, schlingt seine Hände mit gespreizten Fingern fest um ihren Körper, drückt sie an sich und ihrer beider Lippen berühren sich voller Begehren – bei einem von beiden ist das Gehirn nur auf die eine Sache ausgerichtet. Das mag vielleicht leidenschaftlich aussehen – tatsächlich aber entbehrt es jeglicher gemeinsamen Leidenschaft, sobald einer der Partner nicht dazu bereit ist [d].
Sollte Ihnen diese Art von Umarmung nicht zusagen, so wehren Sie diesen Kuss ab. Sexualität ist ein sensibles Pflänzchen und darf nicht verletzt werden.

Die Sucht nach Küssen – auch chemisch bedingt

Ist Ihnen schon bekannt, dass Küssen süchtig macht? Liebhaber und Dichter haben es immer gewusst, doch inzwischen haben Wissenschaftler die Romantiker in diesem Glauben bestärkt und nachgewiesen, dass hier neben Amor Chemikalien am Werk sind. In der Pubertät bilden sich am Rand der Lippen und im Mundinneren besondere Talgdrüsen. Diese Drüsen erzeugen halb chemische Stoffe, die bei der Berührung zweier Menschen übertragen werden. Dies regt die sexuellen Wünsche an. Je mehr man sich küsst, desto mehr sinnliche halb chemische Stoffe werden freigesetzt, was sowohl den Wunsch nach mehr Küssen weckt als auch die Anziehungskraft des küssenden Partners steigert.

Augen auf oder zu beim Küssen?
Übrigens unterscheiden sich Männer und Frauen auch beim Küssen erheblich. 97 Prozent der Frauen, aber nur ein Drittel der Männer schließen beim Küssen die Augen. Anscheinend empfinden Frauen einen Kuss intensiver, wenn sie nicht durch äußere Einflüsse abgelenkt werden. Bei Männern erhöht der Anblick der Geliebten offenbar die erotische Empfindung. Allgemein gelten die Küsser, die ihre Augen beim Küssen schließen, als Romantiker, und diejenigen, die während des Kusses ihre Partnerin anschauen, als Realisten. Küsst ihr Partner mit offenen oder geschlossenen Augen?

Berührungen – Zeichen für Zärtlichkeit

Verliebte wollen berühren und berührt werden! Sie mögen alle Formen von Liebkosungen wie sanftes Streicheln, Reiben oder Drücken. Sie wollen den Körper des Partners entdecken, sei es mit den Händen, mit der Nase, mit dem Mund oder der Zunge. Liebkosungen besitzen stets sexuelle Färbungen und werden nur von denjenigen Partnern geduldet, zu denen engere Beziehungen bestehen. Berührungen und Hautkontakt sind für den Menschen lebenswichtig. Instinktiv streicheln wir in einer speziellen Frequenz (40-mal pro Minute), egal ob Katze, Kind oder Partner. Die Berührungsreize werden von Millionen Rezeptoren in unserer Haut über ein Nervengeflecht ins limbische System geleitet, dem Zentrum der Emotionen im Gehirn. Dort wird das Wohlfühlhormon Oxytocin freigesetzt und das Stresshormon Kortisol abgebaut. Studien beweisen, dass unser Immunsystem durch Berührungen nachhaltig gestärkt wird.

Frauen lassen sich meist öfter berühren als Männer, da Frauen für Berührungen empfänglicher sind. Frauen halten Berührungen für ein wichtiges Indiz für Liebe und Zuneigung, während Berührungen für manche Männer oft nicht mehr sind als ein Mittel zum Zweck.

Sind wir verliebt, berühren wir so oft wie möglich unseren Partner, uns selbst oder gelegentlich irgendwelche Objekte.

Das Berühren von Gegenständen kann verräterisch sein. An der Art, wie eine Frau im Restaurant ihr Weinglas liebkost oder die Finger an seinem Stiel entlanggleiten lässt, kann man sehen, welche Absichten sie mit ihrem Begleiter hat. Wenn ein Mann quer über den Tisch greift, sich die Autoschlüssel der Frau nimmt und damit zu spielen beginnt, zeigt dies, dass er gern einen Teil von ihr oder sie ganz besitzen würde.

Hand in Hand – wir gehören zusammen

Die bewusste Berührung zweier fremder Hände ist meistens eine wohlwollende, freundliche Geste und zeugt von Vertrauen oder Liebe. Bei frisch verliebten Paaren beginnt die Annäherung mit dem Händchenhalten [a]. Wer behutsam vorgehen will, der kann damit beginnen, die Finger des anderen vorsichtig zu berühren und die Reaktion abzuwarten. Erfolgt keine abwehrende Reaktion, so können Sie davon ausgehen, dass Ihre Gefühle erwidert werden. Nun kann der nächste Schritt folgen: Fassen Sie die Hand Ihres Flirtpartners und achten Sie wiederum auf die Reaktion. Folgt eine

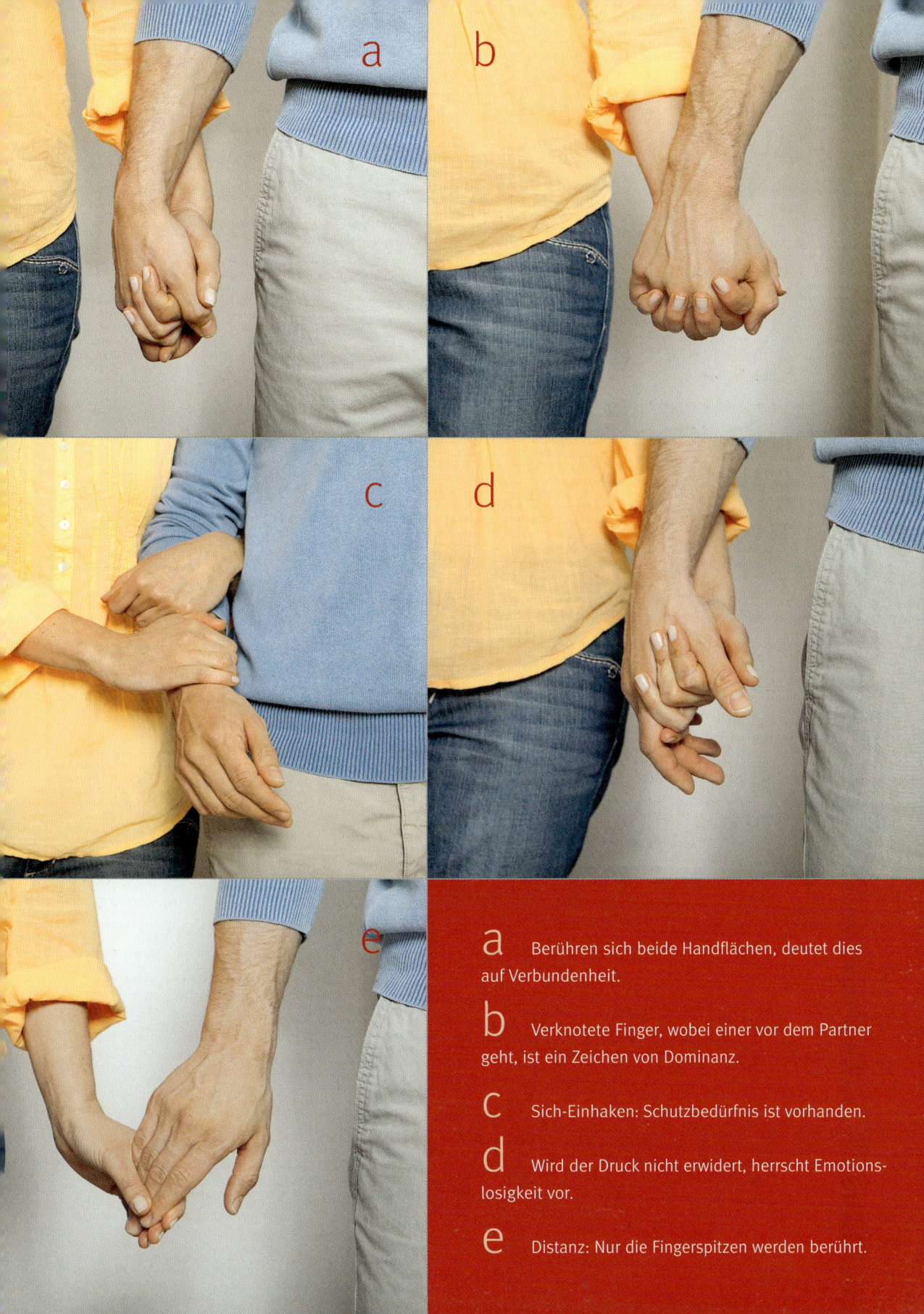

Erwiderung und Ihr Gegenüber umschließt Ihre Hand – auch wenn nur eine sanfte Reaktion vorhanden ist – dann liegen die Karten klar auf dem Tisch.

Umfasst ein Pärchen, ohne ein Wort darüber zu verlieren, einander die Hände, so ist klar erkennbar, dass es sich bei dem händchenhaltenden Paar um ein Liebespaar handelt. Händchen zu halten bedeutet: »Wir gehören zusammen!« Es signalisiert Verbundenheit und Liebe. Der Kontakt zweier Hände bewirkt ein wohlig warmes Gefühl der Zufriedenheit, vergleichbar mit einem Kuss. Händchenhalten ist ein nonverbales Signal, das auch nach vielen Beziehungsjahren noch Wunder wirken kann. Deshalb: Ergreifen Sie die Initiative – und die Hand Ihres Partners!

Wie Paare Händchen halten

Wie ein Paar Händchen hält, lässt auf die Art seiner Beziehung schließen:

› Vergräbt ein Partner die Hände tief in der Hand des anderen und beide Handflächen berühren sich, beweist er ein starkes Gefühl der Verbundenheit und Intimität und zeigt der Außenwelt damit: »Dieser Mensch gehört (zu) mir!«

› Sind die Hände beider Partner ineinander verknotet, ist meist Harmonie vorhanden [b, S. 97].

› Manchen Frauen haken sich lieber bei ihrem Partner unter, als seine Hand zu ergreifen. Damit folgen sie ihrem unbewussten Schutzbedürfnis [c, S. 97]. Wenn eine Frau zusätzlich mit der anderen Hand seinen Arm hält, kommt ein gewisser Besitzanspruch zum Schutzbedürfnis hinzu.

› Umklammert ein Partner die Hand des anderen und dieser erwidert den Druck nicht, sondern lässt die Hand leblos in der anderen liegen, drückt dies Emotionslosigkeit und Distanz aus [d, S. 97].

› Wer nur die Fingerspitzen der oder des Liebsten berührt, geht eindeutig auf Abstand und will dem anderen weniger von sich selbst preisgeben [e, S. 97].

› Bei Frauen, die die Hand des Partners nicht ganz ergreifen, kann dies jedoch auch ein Zeichen von Schüchternheit und Unsicherheit sein.

› Gehen beide auf gleicher Höhe, zeugt dies von Gleichberechtigung in der Beziehung. Geht jedoch einer von beiden ein Stück vor dem anderen, scheint diese Person die dominantere zu sein und in der Partnerschaft die »Führung« zu haben.

› Das Gleiche ist zu beobachten, wenn Paare die Hände nicht ineinander verschränken, sondern sich nur an den Händen halten. Derjenige, dessen Handrücken dabei nach vorn zeigt, gibt in dieser Beziehung in der Regel den Ton an.

Warum uns diese Geste guttut

Händchenhalten ist eine so einfache Geste, deren Wirkung leider oft unterschätzt wird. Je länger eine Beziehung dauert, desto eher droht dieses Symbol der Zuneigung zu verschwinden. Der bloße Akt des Händchenhaltens hat aber erstaunliche Auswirkungen auf unser körperliches und seelisches Wohlbefinden. Amerikanische Wissenschaftler fanden heraus, dass Händchenhalten eine beruhigende Wirkung hat. Frauen von glücklich verheirateten Paaren wurden durch leichte Elektroschocks unter Stress gesetzt. Hielten die Ehemänner während dieser Prozedur den Frauen die Hand, war die Hirnaktivität in Regionen, die mit der Verarbeitung von Schmerzen und negativen Gefühlen zusammenhängen, deutlich geringer, als wenn ihre Hand nicht gehalten wurde. Ein Grund mehr, auch noch lang nach der ersten Phase der Verliebtheit öfter die Hand des Partners zu halten und die Verbundenheit zu zeigen.

Was die Umarmung verrät

Auch mit der Umarmung können wir Verbundenheit demonstrieren. Häufig bestimmt dabei der männliche Partner die Art: Umarmt er sie um die Hüfte und legt seine Hand auf ihren Po, strahlen beide eine große Intimität aus. Legt der Mann den Arm um die Schulter seiner Begleiterin, macht er mit dieser Geste seinen Beschützerinstinkt deutlich und zeigt, dass er sie von Kopf bis Fuß vor allen Gefahren bewahren will. Will er seinen Besitzanspruch deutlich machen, legt er seinen Arm um ihre Taille und zieht sie an sich.

Verliebtheit wird zu Liebe

Verliebtheit ist ein vorübergehendes Gefühl, das meist zwischen drei und zwölf Monaten anhält. Vielfach wird Verliebtheit mit Liebe gleichgesetzt. Doch in Wirklichkeit sorgt die Natur mit diesem Trick dafür, dass eine Frau und ein Mann lang genug ein Paar bleiben, um Nachwuchs zu zeugen und aufzuziehen. Während der Verliebtheitsphase fühlen sich zwei Personen vor allem durch die körperliche Anziehungskraft verbunden. Erst wenn sie sich näher kennengelernt haben, kann die Verliebtheit in Liebe übergehen.

Wahre Liebe ist realer, intensiver, emotionaler, schöner, vertrauter. Sie bedeutet auch Aufrichtigkeit, echtes Interesse am anderen, Rücksichtnahme und die Bereitschaft, eigene Interessen für die Gemeinschaft hintanzustellen. Liebe ist ein starkes Gefühl von Vertrauen und Verbundenheit. Echte Liebe heißt, den anderen so anzunehmen, wie er ist, mit seinen Stärken und auch Schwächen und sich von möglichen Idealbildern zu verabschieden. Denn es ist durchaus möglich, dass wir uns leidenschaftlich in jemanden verlieben, der in Wirklichkeit ein vollkommen anderer Mensch ist, als wir glauben. Unsere Vorstellungen schaffen diesen Menschen. Wir erzeugen ein Ideal. Das ist oft problematisch. Liebe versuchen wir in Worten auszudrücken, aber sie impliziert weit mehr als nur Worte. Unsere Gefühle können wir verbal ausdrücken, in der Hoffnung, dass der andere sie nachempfinden kann. Aber zu lieben macht zugleich Angst. Denn Liebe erreicht die tiefsten Gebiete unserer Seele oder unserer Gefühle, die wir nicht kontrollieren können.

Paare müssen lernen, ihre Gefühle auszusprechen. Kann ein Paar seine Empfindungen allmählich ehrlich ausdrücken, kann es ihm gelingen, Hindernisse jeglicher Art zu beseitigen.

Liebe und Sex sind nicht wirklich trennbar, von einigen sehr wenigen Ausnahmen abgesehen. Sex hat in einer Beziehung eine maßgebende Bedeutung. Die Natur hat uns so geschaffen, dass wir uns nicht auf abstrakte Ideen von Loyalität und Liebe verlassen, sondern dass jeder die Fähigkeit besitzt zu intensiver körperlicher Hingabe. Mehr dazu finden Sie ab Seite 145.

Nähe zeigen und erfahren

Alle Menschen haben das elementare Bedürfnis nach körperlicher Nähe. Die Nähe zu den Menschen, die wir lieben, speist unsere Lebensfreude. Zärtlichkeit und intensive Gespräche bewirken das Gefühl von Geborgenheit und Vertrauen.

Nähe kann auf unterschiedliche Arten entstehen: körperlich (mit oder ohne Sexualität), emotional, auf einer geistigen Ebene oder im gemeinsamen Handeln. Die Intimität in einer Partnerschaft wächst, je mehr Nähe zwischen zwei Partnern systematisch erzeugt wird. Dann können beide auch ihre tiefsten Gefühle und ihre verletzlichen Seiten in die Beziehung einbringen. In einem Verhältnis, das sich durch eine solche Intimität auszeichnet, fühlen sich die Partner wohl und eng verbunden.

Eine erfüllte Paarbeziehung braucht als Basis sowohl die körperliche als auch die emotionale Nähe.

Gemeinsames Kuscheln

Wir genießen Berührungen und die körperliche Nähe zu Menschen, denen wir uns nahe fühlen. Da jedoch immer mehr Menschen als Single leben, fehlt es vielen an Körperkontakt mit einem Partner. Vor allem Singlemänner vermissen Körperlichkeiten. Nach einer Umfrage der Online-Partnervermittlung ElitePartner fehlten 56 Prozent der befragten Männer vor allem Zärtlichkeiten und Sex, bei den Frauen waren es 49 Prozent. Am zweithäufigsten gaben Singlefrauen an, dass sie sich einen Partner zwecks gemeinsamer Freizeitgestaltung wünschten (39 Prozent). Dagegen stand bei Männern an zweiter Stelle in der Rangliste der Wunsch, eine Person lieben zu können (41 Prozent).

Um das menschliche Grundbedürfnis nach Berührung und Körperkontakt auch in Phasen der Einsamkeit stillen zu können, gibt es daher in größeren Städten inzwischen spezielle Kuschelgruppen, in denen Menschen ihre Bedürfnisse nach Berührung und Körperkontakt stillen können. Hierbei öffnen sich Säle voller Wolldecken und Matratzen, in denen sich die Großstädter zum gemeinsamen Kuscheln treffen können. Berührungen sind hier nicht an äußere Attraktivität gebunden und dürfen nicht zielgerichtet, also nicht sexuell sein. Die wichtigste Kuschelregel lautet: Was tut mir gut, wo sind meine Grenzen?

Wie Sie Ihre Sehnsucht nach Vertrautheit stillen

Wenn wir verliebt sind, wollen wir dem Partner immer nahe sein. Wie drückt sich diese Sehnsucht in der Körpersprache aus? Frauen überlassen sich ihrer Weiblichkeit und begeben sich in die Hände der Männer. Aber auch ein Mann hat den Mut, sich fallen zu lassen und in den Armen der Frau zu liegen, die ihm sanft übers Haar streicht und ihm dabei das Gefühl von Geborgenheit gibt [a]. Ein erwartungsloses Geben und Nehmen, das unendlich beschenkt.

Die gesuchte Nähe findet ihren Ausdruck in Umarmungen, Streicheln, vielen leidenschaftlichen Küssen und Sex. Genießen

Sie die Nähe zu Ihrem Partner, sooft Sie können. Gönnen Sie sich kleine Glücksmomente in einer entspannten, störungsfreien Atmosphäre:

1. Kuscheln Sie oft mit Ihrem Partner, hören Sie auf seinen Herzschlag, seinen Atem. Passen Sie sich seinem Atemrhythmus an, bewegen Sie sich zusammen. Wer beim Küssen sanft kuschelt, offenbart ein sinnliches, liebevolles Wesen. Er liebt ohne Hemmungen, ist sexuell selbstbewusst und hat als Säugling viel Aufmerksamkeit erhalten. Liebhaber, die den Partner sehr eng an sich drücken, sind oft eher unsicher. Klammert sich ein Mann an die Partnerin, hat er Angst davor, seine weiche Seite zu zeigen und versucht den Eindruck zu erwecken, dass er befiehlt. Gleichzeitig fürchtet er, dass das nicht zutreffen könnte.

2. Gehen Sie früh ins Bett und schmiegen Sie sich in die Arme Ihres Partners. Nehmen Sie ein gut duftendes Massageöl und massieren Sie jeden Millimeter von Ihrem Liebsten. Und beobachten Sie, welche Stellen ihm besonders gefallen.

3. Legen Sie sich »Streichelwerkzeuge« zurecht, wie eine Feder, ein Tuch, warme Steine oder eine feine Bürste. Streicheln Sie sich abwechselnd – immer nach Wunsch des Partners. Konzentrieren Sie sich auch auf nicht erogene Zonen, die sonst oft vernachlässigt werden, wie Ohren, Hände, Füße, Rücken, Taille, Nacken.

4. Lesen Sie sich im Bett gegenseitig erotische Literatur, Kurzgeschichten oder Gedichte vor. Der andere Partner darf jeweils dabei die Augen schließen.

a   Sich als Mann fallen zu lassen und in den Armen der Frau zu liegen, ist ein sinnlicher Akt.

> **Wie viel Nähe ist erwünscht?**
> Jede willkommene Berührung erzeugt Nähe. Achten Sie jedoch auch darauf, ob Ihr Partner seine Muskeln unter Ihrer Berührung leicht zusammenzieht und unter Umständen auch noch seinen Blick von Ihnen abwendet. Respektieren Sie, dass ihm in diesem Moment die Nähe nicht mehr angenehm ist.

5. Lassen Sie ein heißes Bad ein, geben Sie einen wohltuenden Badezusatz ins Wasser und zünden Sie ein paar Kerzen an. Genießen Sie gemeinsam mit Ihrem Partner die entspannende Wirkung des warmen Wassers. Halten Sie sich gegenseitig im Arm, hören Sie sich stimmungsvolle Musik an und trinken Sie Ihr Lieblingsgetränk.

6. Gehen Sie doch mal wieder mit Ihrem Partner zum Schwimmen. Lassen Sie sich gemeinsam durchs Wasser treiben, berühren und umarmen Sie sich.

Wie die Schlafhaltung – so die Liebe

Wie die Nähe zwischen zwei Partnern beschaffen ist, kann man gut an ihrer Schlafhaltung erkennen. Denn hier ist unsere bewusste Körpersprache ausgeschaltet.

Löffelchenhaltung

Die innigste aller Schlafpositionen ist die Löffelchenhaltung – die typische Schlafstellung frisch verliebter Paare [a]. Sich eng an den Partner zu schmiegen oder von diesem fest im Arm gehalten zu werden, bewirkt ein Gefühl von sehr großer Nähe. Die Vertrautheit bei diesem Paar ist groß.

Beschützerhaltung

Hier liegt einer der Partner – meist der Mann – auf dem Rücken, während sich seine Partnerin, halb auf der Seite, halb auf der Brust liegend, an ihn schmiegt und mit ihrem Arm seinen Oberkörper umfasst [b]. Häufig schieben die Partner in dieser Haltung auch die Beine ineinander. Diese Schlafstellung zeigt ein intensives Gefühl der Zusammengehörigkeit sowie ein starkes Bedürfnis nach Schutz und Geborgenheit.

Fesselverbindung

Beide Partner liegen leicht weggedreht voneinander auf dem Bauch und berühren sich nur an den Fesseln – meist legt die Frau ihren Fuß um seinen Unterschenkel. Hier herrscht eine gute Freundschaft, eine praktische Beziehung, nicht zu viel, aber auch nicht zu wenig Nähe.

Frontalumarmung

Beide Partner umarmen sich frontal und drücken sich aneinander. Hier befindet sich das Paar wohl noch in der absoluten Verliebtheitsphase, und die Hormone verhindern, dass der eingeschlafene Arm, der Atem und die Hitze stören.

Popo-Haltung

Die Popo-Haltung verrät zum einen Intimität und zum anderen Unabhängigkeit der Partner [c]. Diese Schlafstellung findet sich oft bei Paaren, die schon längere Zeit zusammenleben und ein steigendes Bea Die Löffelchenhaltung: typische Schlafstellung verliebter Paare.

b Die Beschützerhaltung zeigt ein intensives Gefühl der Zusammengehörigkeit.

c Die Popo-Haltung verrät Intimität und Unabhängigkeit der Partner.

d Die Distanzhaltung kann Eigenständigkeit, aber auch Probleme signalisieren.

dürfnis nach Freiraum haben. Meist handelt es sich bei den Partnern um starke Persönlichkeiten, die mit beiden Beinen im Leben stehen, aber sich trotzdem gegenseitig wichtig nehmen.

Distanzhaltung

Die beiden Partner kehren sich meist den Rücken zu [d, S. 103]. Dieser Abstand kann ein Zeichen dafür sein, dass beide Partner ihr eigenes Leben führen oder in ihrer Beziehung Probleme miteinander haben. Es kann auch sein, dass einer oder beide Partner unter Stress stehen und in dieser Schlafstellung Entspannung suchen.

Welche Eigenschaften stecken hinter den Schlafstellungen?

In Studien wurde nachgewiesen, dass es eine Korrelation von Schlafhaltung und Persönlichkeitseigenschaften gibt. Kein Wunder, Körper und Gedanken sind eine Einheit und spiegeln unsere Verfassung auch im Schlaf wider. Jeder Mensch wählt eine bevorzugte Schlafposition, doch während der Nacht dreht und wendet man sich sehr oft. Beobachten Sie einmal die Schlafposition Ihres Partners. Das verrät Ihnen seine innere Haltung:

› Die gerundete Seitenlage:
Liegt Ihr Partner seitlich und hat Kopf und die Beine nur leicht angewinkelt, hat er wohl einen gesunden Menschenverstand, ist ausgeglichen und fair im Handeln. Zieht er den Kopf stärker nach unten und winkelt die Beine stark nach oben an, ist er wohl kreativ, gefühlsbetont und kann intuitiv agieren. Für beide Schlaftypen ist ein Mittelpunkt im Leben wichtig, sie suchen Halt und sind verletzlich. Deshalb nehmen sie die »Fötus«-Schlafhaltung ein und schützen ihren verwundbaren Bauchraum. Etwa 59 Prozent aller Menschen nehmen die gerundete Seitenlage ein.

› Die halbrunde Seitenlage:
Kopf und Beine sind nicht so stark angezogen und ein Teil des Vorderkörpers berührt die Matratze. Diese halbrunde Haltung symbolisiert inneres Gleichgewicht, Offenheit für die Umwelt und die Fähigkeit, sich selbst gut zu schützen.

› Die Bauch-Schlaflage:
Ihr Partner liegt auf dem Bauch, Arme und Beine sind ausgestreckt oder teilweise angewinkelt. Menschen, die auf dem Bauch schlafen, sind perfektionistisch, ein wenig eigennützig, sehr ordentlich und korrekt. Etwa 13 Prozent der Menschen schlafen auf dem Bauch.

Emotionale Nähe geben und zulassen

Emotionale Nähe entsteht, wenn sich zwei Menschen füreinander öffnen und den anderen ganz nahe an sich heranlassen. Sie ist die Basis für eine gute Paarbeziehung. Folgende körpersprachliche Signale verdeutlichen eine intensive emotionale Nähe:
Stirn an Stirn und ein tiefer Blick signalisieren Vertrauen und Treue. Enge Umarmungen in der Öffentlichkeit weisen auf eine starke persönliche Verbundenheit hin. Wenn Sie als Frau Ihre offene Handfläche flach auf den Brustkorb Ihres Partners legen [a], zeigen Sie ihm, dass Ihre Gefühle echt sind und Sie ihm sehr nahestehen. Wenn Sie bei einem Spaziergang mit Ihrem Partner im Gleichschritt gehen und sich jeder dem Gangrhythmus des anderen

anpasst, wird Ihre innere Verbundenheit deutlich. Wenn Sie sich gegenseitig spiegeln, sind Sie stets auf einer Wellenlänge. Untersuchungen zum Phänomen der Haltungsangleichung beweisen, dass zwei Menschen umso ähnlichere Körperhaltungen einnehmen oder Gesten ausführen, je enger die emotionale Beziehung zwischen beiden ist. Und dies gilt in beide Richtungen: Zwei Personen nehmen nicht nur eine ähnliche Position ein, wenn sie eine besondere Übereinstimmung verspüren, sondern sie empfinden auch mehr Übereinstimmung mit dem anderen, wenn sie dieselbe Haltung innehaben.

Furcht vor Nähe erkennen

Haben Sie manchmal das Gefühl, Sie müssten auf Distanz zu Ihrem Partner gehen? Ziehen Sie sich nach Zeiten intensiver Nähe zu Ihrem Partner plötzlich und unerwartet zurück und tauchen ebenso unvermittelt wieder auf, als wäre nichts gewesen? Haben Sie gestern noch von Liebe gesprochen und stellen heute Ihre eigenen Gefühle infrage? Dann fürchten Sie sich wohl vor emotionaler Nähe. Dies ist in der Psychologie ein bekanntes Phänomen. Menschen, die Schwierigkeiten haben, emotionale Nähe zuzulassen, fühlen sich durch zu viel Nähe eingeengt und in ihrer individuellen Freiheit eingeschränkt. Wenn Sie in einer solchen Situation sind und Ihre Beziehung nicht einfach aufgeben wollen, dann setzen Sie sich einmal ausführlich mit folgenden Fragen auseinander:
› Lieben Sie Ihren derzeitigen Partner/Ihre Partnerin wirklich?
› Wollen Sie mit ihm/ihr eine Partnerschaft führen, die durch echte Nähe gekennzeichnet ist?
› Oder suchen Sie nur einen Menschen, der Ihre derzeitigen Wünsche beziehungsweise Sehnsüchte befriedigt?
› Weiß Ihr Partner von Ihrem Problem?
› Würde er daran mitarbeiten, das Problem in den Griff zu bekommen?
› Macht ihm die geringe emotionale Nähe möglicherweise gar keine Schwierigkeiten?
› Sind Sie selbst bereit, sich einzusetzen und Geduld zu haben?
› Gestehen Sie sich ein, vielleicht selbst zu der derzeitigen Situation beigetragen zu haben, oder sehen Sie bei Ihrem Partner die Alleinschuld?

a Eine Hand auf der Brust ist ein echter Gefühlsbeweis.

Wichtig ist es, die Näheprobleme nicht als einen Makel anzusehen, sondern als eine Beschränkung der normalen Bindungsfähigkeit, die mit Geduld und gegebenenfalls mit professioneller Hilfe behoben werden kann. Seien Sie aktiv bereit, an diesem Problem zu arbeiten und etwas zu ändern. Weichen Sie nicht aus, wenn Ihr Partner versucht, das Thema anzusprechen. Bitten Sie ihn um Verständnis und Geduld und suchen Sie zusammen nach einer Lösung (siehe auch Seite 136 ff.).

Doch nur eine Affäre?

Zu Beginn einer Beziehung steht oft die Frage: Ist der Partner wirklich ernsthaft an einer Beziehung interessiert? Oder ist es für ihn nur eine »kleine« Affäre? Folgende Anzeichen lassen Sie klarer sehen:

› Ihr Partner möchte am liebsten die ganze Zeit mit Ihnen verbringen. Ist das nicht möglich, lässt er Sie wissen, dass er an Sie denkt und schickt Ihnen gefühlsbetonte SMS, Mails oder ruft Sie an.
› In seinem prall gefüllten Terminkalender hält er immer ein Plätzchen für Sie frei und nimmt sich Zeit für Lunch, Dinner oder ein Glas Rotwein.
› Er macht Sie mit seinen Freunden bekannt und stellt Sie seiner Familie vor.
› Achten Sie immer wieder auf seine Körpersprache, denn nonverbale Signale sagen mehr als tausend Worte.
› In Gesprächen hört er Ihnen zu, stellt Fragen und geht auf Ihre Erzählungen ein.
› Ihr Partner erkundigt sich nach Ihrem »Tag«, fragt gezielt nach dem schwierigen Meeting, Ihren Knieschmerzen, dem Treffen mit Ihrer Freundin.
› Er schaut keiner anderen Frau hinterher, er konzentriert sich vielmehr voll und ganz auf Sie und zeigt seine Gefühle für Sie in der Öffentlichkeit.
› Er kümmert sich um Sie, schätzt Ihre Eigenschaften und Marotten und geht Kompromisse ein.
› Er schließt Sie voll in seine Planungen ein und hat eine gemeinsame Zukunft mit Ihnen ins Auge gefasst.

Der Gipfel des Glücks

Die Liebes- oder Ehebeziehung wird auch heute noch von den meisten Menschen angestrebt und als Idealzustand im Kontext jeder Liebe und Partnerschaft angesehen. Das hat eine an der Universität Zürich durchgeführte Studie bewiesen. Obwohl dabei herauskam, dass die Monate vor der Hochzeit und das erste Ehejahr zu der glücklichsten Zeit im Leben gehören und danach die Glückskurve in der Regel sinkt, zeigte die Studie dennoch, dass verheiratete Personen »grundsätzlich deutlich glücklicher« sind als Singles, und dass sich eine Langzeitliebe für die meisten lohnt. Personen jedoch, die sich schon am Hochzeitsmorgen nicht für die allerglücklichsten Menschen der Welt halten, sollten den Ehebund überhaupt erst gar nicht schließen, so das Fazit der Forscher. Denn es hätte sich gezeigt, dass spätere Scheidungspaare bereits Monate vor der Hochzeit den Gipfel ihres Glücks schon hinter sich haben.

Freiheit aufgeben, Beziehung wagen

Das eigene Glück hat in der heutigen Zeit für viele Menschen oberste Priorität. Sie wollen ihre Single-Enklave nur sehr ungern aufgeben, die freigehalten wird für Arbeit, gute Freunde, intensive Freizeitgestaltung und ab und an erotische Episoden. Trotz der gut gefüllten Zeit suchen doch viele von ihnen nach »Mr. Right« oder »Mrs. Right«, der/die sie versteht, unterstützt und liebt. Sie sehnen sich nach emotionaler Nähe und Sexualität und danach, die wichtigste Person im Leben eines anderen Menschen zu sein.

Eine Paarbeziehung ist für die meisten Menschen ein wichtiger Bestandteil für ein erfülltes Leben. Partnerschaft ist aber zugleich ein Abenteuer mit Höhen und Tiefen, denn eine Beziehung umfasst erheblich mehr als ein bisschen Verliebtheit und erotische Abenteuer. Viele Singles sind zwar bereit, sich auf einen Menschen einzulassen – aber nur, soweit ihre Freiheit dadurch nicht eingeschränkt wird. Doch die wahre Freiheit erfährt ein Mensch in der bedingungslosen Liebe, die vieles umfasst: Austausch von Liebe und Emotionen, Besprechung alltäglicher Gegebenheiten, das gemeinsame Planen und Realisieren von unterschiedlichsten Vorstellungen, die Gründung einer eigenen Familie und last, not least die Erotik.

Eine Beziehung ist die Chance, sich selbst zu erfahren: die eigenen Begrenzungen, die Eifersucht, die Angewohnheiten. Die Liebe des Partners ist der Raum, in dem man sich verändern, entwickeln und in seiner Persönlichkeit wachsen kann.

Die Kunst besteht darin, auch gemeinsam wieder den Weg aus einem eventuellen Tal der Tränen zu finden. Viele schaffen dies nicht, und daher wird nicht umsonst die Hälfte aller Ehen wieder geschieden.

Liebe geben und annehmen

Eine erfolgreiche und glückliche Beziehung basiert auf gegenseitigem Vertrauen und der Liebe beider Partner zueinander. Hinsichtlich der Form einer Beziehung gibt es ganz unterschiedliche Varianten, die von Fernbeziehungen bis zu offenen Verhältnissen mit wechselnden Partnern reichen. Sehr beliebt ist heute übrigens auch das Modell des »Teilzeitsingles« – eine Lebensform, die sich bei Menschen über 40 Jahren großer Beliebtheit erfreut. Zwei Wohnungen, kein schmutziges Geschirr, aber eine Garantie auf gemeinsame Wochenenden, Feiertage und Urlaube sowie eine Stütze in schwierigen Zeiten.

»Liebe ist der Wunsch, etwas zu geben, nicht zu erhalten«, schrieb Bertolt Brecht. Das stimmt. Bedingungslos muss es erfolgen. Doch niemand kann nur geben, er muss auch bekommen, sonst brennt er aus. Eine Beziehung ist ein bedingungsloses »Tauschgeschäft«. Ausgetauscht werden vor allem Liebe, Aufmerksamkeit und Sex. Wenn die Beziehung dauerhaft sein soll, müssen die Beziehungskonten ausgeglichen sein. Soll und Haben werden in einer Partnerschaft immer wieder unbewusst verrechnet. Gefühlsmäßig spürt jeder, ob die Bilanz stimmt. Die Formel für eine glückliche Beziehung lautet: Jeder gibt dem anderen etwas mehr zurück, als er selbst bekommt, so der Psychologe Dietmar G Luchmann. Das fördere den Austausch von Liebesbeweisen und sei vor allem auch in Distanzbeziehungen wichtig. Und auch beim Sex spielt die Dynamik von Geben und Nehmen eine wichtige Rolle, denn wo Erotik keine Bedeutung mehr hat, verkümmert häufig die Liebe.

Bindungsangst überwinden

Manche Menschen fürchten, ihrer Selbstständigkeit und ihrer Freiheit beraubt zu werden, wenn sie eine enge Bindung eingehen. Manche scheuen auch die zu erwartenden Verpflichtungen und Verantwortlichkeiten oder sind unsicher, ob sie diese zu tragen in der Lage sind.

Was können Sie tun, wenn Sie Angst vor einer engen Bindung haben? Beantworten Sie die folgenden vier Schritte allein, besser noch, besprechen und diskutieren Sie die Fragen mit engen Freunden oder Verwandten. Und sprechen Sie vor allem mit Ihrem Partner über Ihre Ängste! Überlegen Sie gemeinsam eine konkrete Strategie und arbeiten Sie sich Schritt für Schritt nach vorn. Halten Sie Ihre Antworten am besten schriftlich fest!

Schritt 1

Finden Sie heraus, welche Einstellungen oder Befürchtungen Sie in Bezug auf eine Partnerschaft haben, denn die Bindungsangst ist die Folge unserer Einstellungen, die wir aufgrund unserer Erfahrungen zu Beziehungen entwickelt haben. Was müssen Sie Ihrer Meinung nach in einer Partnerschaft tun? Was befürchten Sie aufgeben zu müssen? Was müssten Sie – Ihrer Meinung nach – gegen Ihren Willen in einer Partnerschaft tun? Hilfreich kann es sein, wenn Sie sich einmal die Beziehung Ihrer Eltern vor Augen führen und überlegen, wie Ihre eigenen Erfahrungen in der Beziehung zu Ihren Eltern aussehen.

Schritt 2

Setzen Sie sich ausführlich mit folgenden Fragen auseinander: Ist die Bedrohung, die Sie in einer Beziehung erwarten, wirklich eine Bedrohung? Wird Ihr Partner ein Problem damit haben, wenn Sie ihm gelegentlich einen Wunsch nicht erfüllen? Ist es tatsächlich Ihre Schuld, wenn Sie Ihre Meinung äußern und Ihr Partner reagiert gekränkt darauf? Hat Ihr Partner tatsächlich bestimmte Erwartungen an Sie oder vermuten Sie dies nur?

Schritt 3

Bemühen Sie sich um ein stärkeres Selbstwertgefühl. Sie haben das Recht, Erwartungen/Wünsche zu benennen und Grenzen zu setzen. Das ist absolut normal und gilt auch in der Partnerschaft.

Schritt 4

Legen Sie Ihren Fokus auf die Vorteile einer Partnerschaft und überlegen Sie: Was gewinne ich durch die Beziehung auf geistiger Ebene? Was auf der materiellen Ebene? Welche Bedürfnisse und Wünsche kann ich zu zweit ausleben? Was muss ich tun, um meine Eigenständigkeit zu bewahren? Wie schaffen wir eins zu bleiben und zwei zu sein? Was könnte ich tun, falls mich die Angst übermannt?

Special: Internationale Körpersprache

Nonverbale Signale fremder Kulturen
Wie man die Grammatikregeln oder Vokabeln einer fremden Sprache beherrschen muss, um in ihr zu kommunizieren, so ist es nötig, sich die körpersprachlichen Signale anderer Nationen anzueignen, damit man eine interkulturelle Kommunikation führen kann, ohne nonverbal ins Fettnäpfchen zu treten. Denn Mimik, Gestik und Haltung sind eng an eine bestimmte Kultur und die entsprechenden gesellschaftlichen Normen gebunden. Zwar gibt es unzählige Studien, die belegen, dass emotionale Gesichtsausdrücke universell entschlüsselbar sind – verständlich müssen sie deswegen aber noch lang nicht sein. Basis- und Universalemotionen wie Angst, Furcht, Glück, Trauer, Überraschung, Ärger, Ekel und Abscheu werden fast überall auf der Welt auf die gleiche Weise zum Ausdruck gebracht. Wird zum Beispiel die Stirn gerunzelt, wird das in den meisten Fällen als Zeichen für Skepsis oder Ärger verstanden. Dennoch kann es ganz von den jeweiligen gesellschaftlichen Konventionen abhängen, wann zum Beispiel wer in welcher Situation lacht oder gegebenenfalls auch nicht.

Warum nicht lächeln in Japan?
Die Tatsache, dass Japaner nicht lächeln, könnte jeden Europäer zu der Schlussfolgerung veranlassen, dass die Bewohner des asiatischen Inselstaats schlicht und ergreifend nichts zu lachen bzw. zu lächeln haben, also nicht glücklich, sondern eher missmutig und humorlos sind. Die wahre Erklärung für die stets neutrale japanische Mimik ist jedoch eine andere, wenn auch eine ebenso simple. Es schickt sich nicht, Emotionen zu zeigen, zu denen so etwas wie Freude natürlich dazugehört. Die ist nach wie vor nicht üblich im Land der aufgehenden Sonne und wird in der Regel vermieden. Japanische Männer lachen nicht in der Öffentlichkeit und Frauen zeigen nicht ihre Zähne, wenn sie lachen. Was also in westlichen Kulturen zum selbstverständlichsten mimischen Repertoire zählt, setzt sich im Fernen Osten nur langsam durch, wird aber mittlerweile toleriert. Weil die Vorzüge des Lächelns – die Bildung von Glückshormonen, die sich positiv auf den Körper auswirken – inzwischen erkannt und vor allem anerkannt werden, ist man in Japan nun sogar bestrebt, Lächeln zu trainieren.

Internationaler Flirt möglich?
Doch wenn sich schon bei einem so einfachen Signal wie dem Lächeln die »Nationen spalten« – wie wahrscheinlich sind dann erst nonverbale Versprecher, wenn noch eine weitere Hürde dazukommt, wie die unterschiedliche Körpersprache von Männern und Frauen? Selbst auf gleichem Staatsgebiet fällt es den Vertretern beider Geschlechter oft nicht leicht, die Signale des Gegenübers richtig zu verstehen, geschweige denn zu deuten. Vor dem Hintergrund unterschiedlicher Herkunft wird ein kleiner Flirt erst recht zu einer großen Herausforderung. Umso besser, wenn Mann – und Frau – von vornherein die wichtigsten mimischen und gestischen Unterschiede kennen, um bestimmte Signale richtig einzuordnen.

Special: Internationale Körpersprache

Begrüßungsgesten aus aller Welt

Allein die richtige oder falsche Begrüßung kann für den weiteren Verlauf einer grenzüberschreitenden Kontaktaufnahme von entscheidender Bedeutung sein. Während nämlich ein klassischer Handschlag im westlichen Kulturkreis – bei Deutschen und Amerikanern übrigens gern fester, bei Franzosen lieber softer und in Kombination mit Wangenküsschen – als gängiges Willkommensritual gilt, stellt sich zum Beispiel in Asien der Begrüßungsstandard sehr unterschiedlich dar. So werden bei der sogenannten Namaste-Begrüßung – wie in Indien und vielen Teilen Asiens üblich – beide Handflächen in Herznähe zusammengepresst, und der Kopf wird leicht nach vorn gebeugt. Ganz ähnlich wird auch im mittleren Osten und in Lateinamerika häufig eine Hand auf die andere gelegt. Eine Mischung aus beidem entspricht dagegen in etwa der typisch japanischen Begrüßung, zu der sowohl eine leichte Verbeugung als auch ein Handschlag gehört. Um hier nicht einen nonverbalen Fauxpas zu begehen, kommt es vor allem auf die richtige Distanz zum Gegenüber an. Ein Abstand von einer ausgestreckten Armlänge ist Pflicht. Die Verbeugung sollte außerdem der Beziehung beider Personen zueinander entsprechen. Dabei gibt es eigentlich nur eine Regel zu beachten: Wer in der Hierarchie, etwa hinsichtlich des Alters, der gesellschaftlichen Stellung usw. niedriger steht, sollte sich tiefer verbeugen und sich nicht aufrichten, bevor der »Ranghöhere« es tut. Generell liegt man bei den meisten Gelegenheiten mit einer mitteltiefen Verbeugung richtig. Deshalb sollten Flirtwillige aus dem Westen bei der Erstkontaktaufnahme mit Asiaten einen größeren Abstand einhalten und sich auf alle Fälle den »Knochenbrecher-Händedruck« abgewöhnen.

Über einen Handkuss nach alter Schule dürfen Frauen sich übrigens auch heute noch in Mitteleuropa und Lateinamerika freuen, in Marokko ist es gar üblich, sich gegenseitig die Hände zu küssen. Eine solche Begrüßung als »billige Anmache« zu verstehen, wäre dem männlichen Begrüßungspartner in diesen Fällen gegenüber also ungerecht.

Blickkontakt erlaubt?

Das japanische »Lächelproblem« zeigt deutlich, dass auch eine mimische Geste, die selbstverständlich zum eigenen Körpersprachschatz zählt, in Gegenwart eines fremdländischen Gesprächspartners unangebracht sein kann. Ein nicht zu unterschätzendes Konfliktpotenzial birgt beispielsweise die Frage des richtigen Blickkontakts, auch zwischen Mann und Frau. In Nordeuropa und Nordamerika gilt ein direkter Augenkontakt als Zeichen von Offenheit, Aufrichtigkeit, Integrität und – im Flirtfall – durchaus auch als Zeichen von Interesse. Auch arabische Kulturen pflegen einen intensiven Blickkontakt – signalisieren damit aber nicht unbedingt ein Interesse, den Kontakt zu ihrem Gegenüber zu intensivieren. Vielmehr wollen die Vertreter dieser Kulturen – aufgrund der Überzeugung, dass »Augen nicht lügen können«, – mit ihrem Blick die wahren Absichten des anderen erforschen. Eine mimische Eigenheit, die allerdings noch in anderer Hinsicht missverstanden werden kann. Wer in der arabischen Kultur seine innersten Gefühle nicht preisgeben möchte, behält aus diesem Grund auch seinen Blick für sich und schaut in einer solchen Situation häufig auf andere Menschen und nicht auf sein Gegenüber. Ein Verhalten, das leicht als Desinteresse gedeutet werden könnte, das aber mehr von Schüchternheit bzw. Zurückhaltung zeugt. Von einem nicht direkten Blickkontakt auf mangelndes Interesse von Seiten des Gesprächs- bzw. Flirtpartners auszugehen, wäre übrigens auch in Japan eine falsche Schlussfolgerung. Der Grund: Hier wird direkter Blickkontakt schnell als Verletzung der Intimsphäre und immer als unhöflich empfunden. Selbst zwischen Japanern, die in ihrem Büro eng nebeneinandersitzen, gilt es als unausgesprochener Code, sich nicht in die Augen zu sehen und so die Privatsphäre des anderen zu respektieren, sogar bei der Begrüßungsverbeugung sehen Japaner aneinander vorbei. Lassen Sie sich also nicht irritieren, wenn bei Ihrem Eroberungsspiel zunächst die Blicke fehlen.

Nicken, schütteln oder hin und her bewegen?

Auch wer auf der Suche nach einem klaren »Ja« oder »Nein« ist, sollte sich auf internationalem Terrain idealerweise auch nonverbal mehrsprachig bewegen. Zwar wird ein Nicken als Zeichen der Zustimmung weltweit als solches verstanden, es gibt aber auch Sonderfälle, in denen – wie bei den Indern, Pakistani oder Bulgaren – ein Hin- und Herwiegen des Kopfes das Gleiche bedeutet. Ebenso vielschichtig verhält es sich in puncto Ablehnung. Neben dem universell verständlichen Kopfschütteln existieren noch einige weitere Signale der Verneinung, die vermutlich nicht unmittelbar als solche verstanden würden. Das südländisch-arabische Zurückwerfen des Kopfes, das griechische Hochziehen der Augenbrauen oder die japanische Variante, mit der Hand zu fächeln, sind hier nur einige Beispiele.

Gestik global: eindeutig zweideutig

Sind in puncto internationale Mimik nicht ganz so viele Fettnäpfchen aufgestellt, ist die Gefahr, mit einer scheinbar harmlosen Geste grenzübergreifend komplett missverstanden zu werden, deutlich größer. Zwar existieren sehr viele Gesten, die wir tagtäglich und ganz selbstverständlich gebrauchen, auch in anderen Nationen. Sehr häufig hat jedoch ein und dieselbe Geste in einem fremden Kulturkreis eine völlig andere Bedeutung als bei uns. Automatisch davon auszugehen, dass ein gleiches Körpersignal auch überall gleich zu deuten ist, kann also mitunter zu peinlichen Missverständnissen führen.

Welche Art von Berührungen sind angebracht?

Allein die Frage der Berührungsintensität kann schon zum nonverbalen Stolperstein werden. Ist es beispielsweise in südamerikanischen Gefilden durchaus üblich, seinen Gesprächspart-

Special: Internationale Körpersprache

ner rund 180-mal in der Stunde zu berühren, würde ein solches Verhalten in Nordeuropa höchstwahrscheinlich als sehr aufdringlich, wenn nicht gar als Belästigung empfunden werden. Ein Südamerikaner könnte umgekehrt bei einem »typisch nordeuropäischen« Gespräch mit geringer Berührungsintensität den Eindruck bekommen, er wäre seinem Gegenüber unsympathisch. Im Westen haben Frauen bei einem Flirt immer die Möglichkeit, einen potenziellen Flirtpartner zu berühren. Ja, das sollten Sie sogar tun. Damit signalisieren Sie Interesse. Doch berühren Sie zunächst nur vorsichtig den Handrücken, Unterarm, Oberschenkel und arbeiten Sie sich langsam in die Körpermitte vor. Hier ein wichtiger Hinweis für Männer: Frauen am Anfang einer Begegnung gleich zu berühren, wäre zu viel des Guten. Warten Sie bestätigende Flirtsignale ab, und dann berühren Sie Unterarm und Handrücken. So manche Frauen reagieren sensibel, wenn Sie sie gleich am Oberschenkel berühren.

Das gestische »O«

Ähnlich missverständlich sind viele geläufige Gesten. Ein mit Daumen und Zeigefinger geformtes »O« gilt zum Beispiel in Nordamerika und Europa als positives und zustimmendes Zeichen. Japaner symbolisieren auf diese Weise Geld. Zeigt ein Europäer einer Japanerin ein geformtes »O«, dann könnte dies zweierlei heißen: »Nimm mich. Ich habe Geld« oder »Ich nehme dich. Du hast wohl Geld«. In Frankreich, Belgien und Tunesien erkennt man in dieser Handbewegung die Form einer Null und versteht darunter eine Geste, die etwas als wertlos einordnet. In Malta, Tunesien, Griechenland, der Türkei, Russland, Teilen Südamerikas sowie im Nahen Osten zählt das gestische »O« gar als äußerst obszöne und beleidigende Geste. Verwenden Sie diese Geste nur, wenn Sie den Flirtpartner loswerden wollen. Doch bedenken Sie auch mögliche Konsequenzen. Auch der nach oben zeigende Daumen, der in Deutschland wie fast überall als Zeichen der Anerkennung gilt, wird nicht unbedingt überall auf der Welt positiv verstanden und zum Beispiel in Australien und Nigeria als eher unsachliche Aufforderung gedeutet zu verschwinden. Ebenso wie das sogenannte »Victory-Zeichen«, bei dem Zeige- und Mittelfinger V-förmig nach oben gestreckt werden und das als Symbol für »Sieg« oder »Frieden« gilt. In Großbritannien und Australien gibt diese Geste jemandem auf sehr unhöfliche Weise zu verstehen, dass seine Gegenwart nicht mehr erwünscht ist.

Am besten: Zurückhaltung

Bleibt also die Frage: Mit welcher Körpersprache geht man in puncto internationaler Kommunikation – womöglich auch noch mit einem Gesprächspartner des anderen Geschlechts – auf Nummer sicher, ohne vorher das nonverbale Vokabular jeder Nation auswendig zu lernen? Am ratsamsten erscheint hier die Strategie der sparsamen Gestik und Mimik. Denn: Je zurückhaltender die eigene Körpersprache ausfällt, desto weniger kann sie missverstanden werden. Ansonsten bleibt nur, sich auf den Instinkt zu verlassen.

Als Paar zusammenleben

Was ist das Geheimnis glücklicher Paare? Warum gelingt es einigen Menschen, in einer erfüllten Partnerschaft zu leben und anderen nicht? Haben die einen einfach das Glück, auf die »große Liebe« gestoßen zu sein, die auch einen mühevollen Alltag übersteht? Während die anderen ständig auf der Suche nach dem Richtigen oder der Richtigen sind und daher immer wieder neue Beziehungen eingehen?

Warum erscheint am Anfang alles wunderbar und aufregend? Warum bricht plötzlich der Alltag in die Beziehung ein und bringt Zweifel, schwierige Kompromisse und viele Fragen mit sich?

Um das Leben zu zweit zu bewältigen, um auf der einen Seite die Liebe zu erhalten und auf der anderen alle Krisen zu meistern, sind so mancherlei Voraussetzungen und Fähigkeiten nötig.

Sich einander mitteilen

An oberster Stelle steht hier die Kommunikation, und zwar sowohl die verbale als auch die körpersprachliche. Durch die direkte Kommunikation können wir dem Partner mitteilen, dass man ihn mag, dass man ihn vermisst, dass er heute besonders gut gekleidet ist, dass man sich in seiner/ihrer Nähe wohlfühlt. Die nonverbale Kommunikation drückt sich durch Gesten der Zuneigung, des Verständnisses, der Toleranz oder des Vertrauens aus.

Paare, die diese wichtigen Gesten beherrschen und sie auch im Trubel des Alltags nicht vergessen, schaffen es immer wieder aufs Neue, emotionale Nähe zu erzeugen und auszutauschen. Auf diese Weise gelingt es ihnen, ihre Beziehung zu erhalten, zu verstärken und auch zu vertiefen.

Vertrauen schenken und gewinnen

Liebe ist die stärkste Zuneigung, die ein Mensch für einen anderen Menschen zu empfinden fähig ist. Wer liebt, schenkt Vertrauen. Und Vertrauen ist ein wichtiger Grundstein für eine glückliche Beziehung. Ohne Vertrauen gibt es keine wahre Liebe.

Zuverlässigkeit ausstrahlen

Liebe verlangt Offenheit und damit auch die Bereitschaft, verletzbar zu sein. Nur Ehrlichkeit gibt der Liebe Wachstumschancen. Liebe ist sehr komplex, beinhaltet sie doch auch den Ballast und die Hoffnungen früherer Erfahrungen. Unsere ersten Erfahrungen damit, ob wir Menschen vertrauen können, machen wir in der Kindheit, üblicherweise mit unseren Eltern. Hier lernen wir, ob Menschen da sind, wenn wir sie brauchen, oder ob sie uns allein lassen. Ob sie sich an Absprachen halten oder nicht. Ob sie ehrlich sind oder uns anlügen. Ob sie unsere Bedürfnisse anerkennen oder nur an sich denken. Ob sie uns lieben oder ablehnen. Erfahrungen, die wir in der Kindheit und Jugend machen, übertragen wir auf alle weiteren Beziehungen.

Damit Vertrauen innerhalb einer Partnerschaft aufgebaut wird, ist von beiden Seiten entsprechender Einsatz nötig. Jeder Partner trägt dafür Verantwortung, und jeder muss in diesem Punkt seinen Teil für das Gelingen der Beziehung beitragen.

Das stärkste Band einer dauerhaften Beziehung ist Zuverlässigkeit. Diese beruht vor allem auf zwei zentralen Punkten: verlässliche Aussagen und das Einhalten von Versprechen. Sie sollten der zuverlässigste Mensch für Ihren Partner sein. Seien Sie ehrlich zu Ihrem Partner – und vermitteln Sie ihm dies vor allem auch durch Ihre Körpersprache.

Ehrlichkeit vermitteln, auch nonverbal

Das, was Sie fühlen, zeigen Sie durch Ihre Körpersprache – bewusst oder unbewusst – und dann erst sagen Sie es mit Worten. Auf diese Weise vermitteln Sie Kongruenz, das heißt die nonverbale Aussage deckt sich mit der verbalen Aussage.

In jedem Menschen entsteht zuerst das Gefühl, dann entsteht der Gedanke, danach die Bewegung und zum Schluss erst das Wort. Alles andere ist nicht ehrlich! Wollen Sie Ihrem Partner fürsorglich beistehen, dann entsteht in Ihrem Körper zuerst das Gefühl Fürsorge, dann der Ausdruck – waagrechte Stirnfalten, Erfassen der Hand

Nachsicht ist gefragt
Wenn sich ein Paar schon etwas länger kennt, dann fällt den Partnern meist das viel mehr auf, was der andere unterlässt als das, was er vielleicht macht. Verzichten Sie auf ständige Kritik. Statt Ihrem Partner vorzuwerfen, dass er etwas getan oder nicht getan hat, ist es wesentlich besser, wenn Sie nützliche Vorschläge und konstruktive Lösungen anbieten – doch ohne sie aufzudrängen!

des Partners oder eine Umarmung, ein Streicheln über die Wange [a] – und dann werden Sie einen Satz formulieren wie beispielsweise: »Wir schaffen es gemeinsam.« Sind Sie voller Zorn, dann kommt zuerst das Gefühl in Ihnen hoch, dann der Ausdruck – fokussierender Blick, Ballen der Fäuste, auf den Tisch hauen oder ähnliches – und dann erst werden Sie brüllen: »Ich bin zornig!«

Wollen Sie Ihrem Partner Ihre Liebe gestehen, dann wirkt es authentisch, wenn zuerst das Gefühl in Ihrem Körper entsteht, dann Ihr Gesichtsausdruck weich wird, die Hände sich öffnen oder Ihr Herz berühren und dann folgen die berühmten drei Worte. Kommen zuerst die Wörter und dann die Gestik, wirkt es unglaubwürdig und unehrlich. Denken Sie hierbei nur an schlechte Schauspieler oder Politiker – Sie merken es sofort, wenn Gesten einstudiert wirken. Wenn Sie etwas aufrichtig fühlen, dann spricht Ihr Körper automatisch und stimmt dadurch mit Ihrem Gefühl überein. Haben Sie also Vertrauen zu Ihrem Gefühl!

Aufmerksam bleiben

Es klingt banal und wurde in diesem Buch schon oft erwähnt, aber schenken Sie Ihrem Partner die volle Aufmerksamkeit! Wie oft ertappen wir uns dabei, dass wir in den Fernseher starren oder Zeitung lesen, während der Partner spricht. Auch Sie erwarten Beachtung. Versetzen Sie sich in Ihren Partner, achten Sie nicht nur auf den Inhalt seiner Worte, sondern hören Sie auch die Zwischentöne. Durch einen intensiven Blickkontakt, Zuwendung des

a Eine sanfte Berührung ist ein Zeichen von Verbundenheit, Gemeinsamkeit und Einheit.

Falls es mal kriselt
Schreiben Sie immer wieder (gerade auch in schwierigeren Situationen) mindestens drei Eigenschaften auf, die Ihren Partner ganz besonders auszeichnen und lenken Sie so den Blick auf die schönen Seiten Ihrer Beziehung.

Oberkörpers und leichtes Nicken zeigen Sie ihm, dass Sie sich auf ihn konzentrieren. Wollen Sie, dass Ihr Partner Ihnen zuhört, dann gelten die gleichen Spielregeln für ihn. Um verstärkte Aufmerksamkeit zu erhalten, nehmen Sie Ihre Hände zu Hilfe. Tests haben ergeben, dass Menschen, die ihre Aussagen mit Handgesten untermalen, als glaubwürdiger, zuverlässiger und kompetenter eingeschätzt werden, und dass ihnen mehr Aufmerksamkeit und Wohlwollen entgegengebracht wird.

Versprechen einhalten

Eine vertrauensvolle Partnerschaft benötigt auch die Glaubwürdigkeit. Sie fängt schon bei Kleinigkeiten an. Wenn Sie zum Beispiel sagen, dass Sie heute das Geschirr spülen, dann tun Sie es auch! Wenn Sie zusagen, dass Sie die Hemden aus der Reinigung holen, dann stellen Sie dies sicher. Und wenn Ihr Partner Sie während Ihrer Arbeitszeit anruft, um Ihnen etwas Wichtiges mitzuteilen, und Sie können gerade nicht ans Telefon gehen, dann rufen Sie ihn sobald wie möglich zurück.
Wenn Sie Ihrem Partner Ihre Zuverlässigkeit immer wieder beweisen, wird er unbewusst wahrnehmen, dass Ihr Wort gilt, dass Sie glaubwürdig sind, dass Sie Ihre Versprechen, und seien sie auch noch so gering, einhalten. Er weiß, dass er sich auf Sie verlassen kann. So kann sich eine immer größere Vertrauensbasis bilden.

Ein Team bilden

Treffen Sie keine einsamen Entscheidungen. Wer den Partner bei wichtigen Lebensfragen übergeht, verletzt ihn. Gute Paare bilden ein Team, das an einem Strang zieht. Das heißt aber nicht, dass man die Eigenverantwortung abgibt. Wer Dinge in die Hand nimmt und Probleme und Aufgaben auch selbstständig bewältigen kann, der fühlt sich nicht eingeschränkt.
Verzichten Sie unter allen Umständen auf vertrauensstörende Aussagen oder Gesten. Spitze Bemerkungen, Hinterherspionieren, Ausgrenzen – damit fangen vertrauensschädigende Mechanismen in einer Partnerschaft an, die dem Mobbing im Beruf ähnlich sind. Ein »Dickerchen« kann lieb gemeint sein, aber es schwingt doch ein negativer Unterton dabei mit. Konzentrieren Sie sich auf die Vorzüge Ihres Partners und weniger auf das, was Sie möglicherweise als störend empfinden. Denken Sie daran, welche tolerante Einstellung Sie sich selbst wünschen.

Gesten der Anerkennung und Bewunderung

Bleiben Sie achtsam statt achtlos. Zeigen Sie sich gegenseitig, dass Sie sich schätzen und respektieren. Führen Sie sich auch ohne Worte Ihre Einstellung: »So wie du bist, bist du mir recht« vor Augen. Bewahren Sie sich den liebenden Blick für Ihren Partner, fassen Sie seine Hand, streichen Sie ihm über die Wange, vergessen Sie nicht den Begrüßungskuss oder auch den spontanen Kuss, umarmen Sie ihn, haken Sie sich ein. Wenn Sie diese vertrauensbildenden Gesten in Ihrem Alltag gezielt einsetzen, wird Ihre Partnerschaft davon sehr profitieren und sich immer mehr festigen. Führen Sie folgende Gesten so oft wie möglich aus:

Entgegenkommende Gesten

Legen Sie Ihre freie Hand auf die Oberseite der »Begrüßungshand« Ihres Gegenübers (wird als sehr wertschätzend verstanden). Beugen Sie im Gespräch den Oberkörper leicht nach vorn. Lächeln Sie und neigen Ihren Kopf beim Zuhören leicht zur Seite. Wenn Ihr Partner Ihnen etwas erzählt, nicken Sie und halten Sie Blickkontakt mit Ihrem Gegenüber. Sitzen Sie »offen«, ohne verschränkte Arme und übergeschlagene Beine und drehen Sie die Handinnenflächen nach oben, um Offenheit zu demonstrieren.

Öffentlichkeitsgesten

Wenn Sie Ihren Arm um die Schulter des Partners legen, die Hand halten, eine geringe Distanzzone einnehmen und Küsschen geben, zeigen Sie nach außen Ihre Zusammengehörigkeit.

Gesten der Kontaktsuche

Berühren Sie die Finger Ihres Partners, streichen Sie ihm über die Wange, über das Haar von Fingern oder Wange, über den Schenkel.

Gesten der Herablassung und Respektlosigkeit

Überlegen Sie: Welche Verhaltensweisen kann Ihr Partner als verletzend oder herablassend empfinden? Welche Gestik finden Sie selbst überheblich oder degradierend? Verzichten Sie auf folgende Gesten:

Negative Hand-Gesicht-Gesten

Negativ wahrgenommen werden sämtliche Hand-Gesicht-Berührungen wie zum Beispiel Nasenberührung oder Ziehen an den Ohrläppchen, oder wenn Sie den Zeigefinger auf den Mund legen, sich an der Augenbraue oder am Hals kratzen.

Pistolengeste

»Schießen« Sie nicht auf Ihren Partner, indem Sie den Zeigefinger auf ihn richten. Das erweckt den Eindruck, dass Sie ihn zurechtweisen möchten. Das Gleiche signalisieren Sie, indem Sie den Zeigefinger über Ihre Lippen legen [a, S. 118].

Herabsetzende Gesten

Verzichten Sie auf Gesten, die Ihren Partner herabsetzen. Sehr unangenehm ist es, wenn Ihr Partner etwas in Gegenwart von Bekannten erzählt und Sie schütteln dabei ablehnend den Kopf, ziehen eine Augenbraue hoch oder verziehen spöttisch die Lippen [b, S. 118].

Wegwischende Gesten

Wegwerfende Gesten wie Wischgesten oder Handbewegungen, die von oben nach unten verlaufen, sollten Sie unterlassen, denn damit signalisieren Sie, dass Sie mit den Aussagen Ihres Partners nicht einver-

a Der Zeigefinger auf den Lippen gehört zur »Schießgeste« und wirkt bedrohlich.

b Ein spöttisches Verneinen ist Zeichen von Respektlosigkeit und Missachtung.

c Eine Wischgeste signalisiert, dass der Partner nicht einverstanden ist.

d Verschränkte Arme mit den Händen unter den Achseln bedeuten Abwehr.

standen sind. Sie wischen oder putzen das Gesagte förmlich weg. Und reiben Sie sich nicht den Nacken, um so Ihr Unbehagen mitzuteilen [c].

Überlegenheitsgesten

Verschränken Sie nicht die Arme und verbergen gleichzeitig Ihre Hände unter den Achseln, denn das bedeutet Rückzug und Abwehr und signalisiert ein defensives Verhalten [d], auch wenn Sie Ihre Finger unter die Achsel klemmen. Werden jedoch die Daumen bei dieser Geste nicht versteckt, sondern zeigen nach oben, demonstriert dies Überlegenheit.

Schultergeste

Wenden Sie außerdem Ihrem Partner nicht »die kalte Schulter« zu, indem Sie Ihren Oberkörper ab- und die Schulter zuwenden. So drücken Sie indirekt Ihre Missbilligung aus.

Ist Treue für Sie notwendig?

Hart formuliert, könnte man behaupten: Die Forderung nach sexueller Treue, nach der Monogamie, ist ein Produkt der Gesellschaft. Wir sind mit diesen sozialen Spielregeln groß geworden und fordern auch manches Mal unausgesprochen die Treue des Partners. Reden Sie mit Ihrem Partner darüber und legen Sie Ihre eigenen Spielregeln fest! Ist Monogamie die Voraussetzung für Ihre Paarbeziehung oder bevorzugen Sie eine »offene« Partnerschaft oder eine andere Alternative? Halten Sie Ihre Absprachen und Versprechen ein. Versprechen dürfen keine Versprecher sein! Definieren Sie den Seitensprung. Für den einen ist er eine einmalige Affäre, bei der eine Person in einer festen Beziehung steht. Für den anderen beginnt ein Seitensprung bereits im Kopf. Die meisten »Affären« dauern länger als einen Monat. Eines ist ein Seitensprung mit Sicherheit: ein Delikt mit einer niedrigen Aufklärungsrate.

Es gibt Schätzungen, die behaupten, dass 50 Prozent aller Männer und Frauen einmal oder mehrmals während einer Ehe oder Beziehung fremdgehen. Dennoch ist der Seitensprung in den meisten Kulturen ein Tabu. Die Herausforderung besteht darin, dass Menschen zwei Grundbedürfnisse in Einklang bringen möchten: Der eine Teil strebt nach einer stabilen und sicheren Beziehung und der andere Teil möchte unabhängig und frei sein. Diese konträren Bedürfnisse auszubalancieren – das ist die Kunst. Stellen Sie sich die Frage: Muss die Unabhängigkeit durch einen Seitensprung wirklich bewiesen werden? Wenn ja, müssen Sie die möglichen Konsequenzen dann auch tragen.

Warum Frauen und Männer untreu werden

Laut einer Umfrage von Online-Partneragentur Parship ist für Frauen »mangelnde Aufmerksamkeit« des Partners der wichtigste Grund, um untreu zu werden (53 Prozent der Befragten), gefolgt von »keine Kommunikation« (45 Prozent). Dagegen steht bei Männern »unbefriedigender Sex« an erster Stelle (48 Prozent) und »mangelnde Aufmerksamkeit« (44 Prozent) an zweiter.

Können Sie einen Seitensprung verkraften?

Wenn sich zwei Partner Treue schwören und es kommt doch zum Seitensprung, dann verbergen sich nach Hans Jellouschek dahinter eventuell unerfüllte, sexuelle Wünsche, mangelnde Aufmerksamkeit, Rache, Frust: Man will unter Umständen den eigenen Marktwert testen, kann der Gelegenheit nicht widerstehen oder nimmt den Seitensprung als Hilfe zum Ausstieg aus der eigenen Partnerschaft.

Wenn Frauen einen Seitensprung wagen, könnten ihre Hormone diesen Schritt begünstigen. Denn an ihren fruchtbaren Tagen sind Frauen eher zu einem Seitensprung bereit. Außerdem wirkt nur in diesen Tagen der markante Duft von dominanten, kräftigen Männern besonders anziehend auf sie, so der Biologe Jan Havlicek von der Karls-Universität in Prag.

Ob die Hormone eine Entschuldigung sind, möge dahingestellt sein. Andere Wissenschaftler sind der Frage nachgegangen, ob schon das Flirten einer Beziehung schaden kann. Eine Untersuchung von Forschern an der McGill-Universität in Montréal zeigte, dass sich bei Frauen ein Flirt mit einem Fremden festigend auf eine bestehende Partnerschaft auswirken kann, während bei Männern das Flirten eher die Einstellung gegenüber der eigenen Partnerin verschlechtert.

Natürlich erschüttert ein Seitensprung eine Beziehung, doch er muss nicht immer das Ende einläuten. Paare sollten ein Leben lang Lernende bleiben und diese herausfordernde Situation annehmen. Und in Ruhe entscheiden, wie es weitergehen soll. Diese »Nachdenkphase« kann auch ganz neue Qualitäten für eine Beziehung hervorbringen. Das Schwierigste dabei ist, das Vertrauen wieder herzustellen, denn oft bleibt ein Quäntchen Misstrauen erhalten; frei nach dem Motto: ist eine Glasscheibe einmal gesprungen, kann man sie nicht mehr kitten. Lassen Sie sich dadurch aber nicht entmutigen, insbesondere dann, wenn Sie fühlen, dass es doch der richtige Partner ist. Die Hauptfrage, die Sie sich stellen sollten, lautet: Was ist in der Beziehung schiefgelaufen? Ein Seitensprung kommt nicht aus heiterem Himmel. In den meis-

Kleiner Liebesbeweis — große Wirkung
Bei einer GEWIS-Umfrage waren 92 Prozent der befragten Frauen im Alter zwischen 20 und 60 Jahren der Meinung, dass für sie vor allem liebevolle Gesten und kleine Aufmerksamkeiten die schönsten Liebesbeweise darstellten. Selbst nach einem Streit oder einem Zerwürfnis wünschten sich mehr als 80 Prozent der Frauen viel lieber eine ernst gemeinte Entschuldigung als ein aufwendiges oder teures Geschenk. Je wertvoller die Geschenke, desto eher weckten sie das Misstrauen der Frauen. Zwei Drittel der Frauen, die an der Umfrage teilnahmen, vermuteten bei ihrem Mann oder Freund sogleich ein schlechtes Gewissen, wenn er sie plötzlich und scheinbar ohne ersichtlichen Grund mit wertvollen Geschenken überhäufte.

ten Fällen hat auch der Betrogene einen Beitrag dazu geleistet. Nutzen Sie diese Krise, um die Schwächen der Beziehung zu erforschen. Bedenken Sie dabei, dass Reaktionen wie Rückzug und Verweigerung das sichere Ende der Beziehung bedeuten. Permanente Kritik, Schuldzuweisungen und Rechtfertigungen sind fehl am Platz. Setzen Sie sich mit dieser Situation bewusst auseinander, auch wenn hierfür ein hohes Maß an Aufmerksamkeit und Empathie nötig sind. Um diese Krise zu bewältigen und das Vertrauen wieder nachhaltig aufzubauen, brauchen Sie Offenheit, Geduld und vor allem Mut. Das Verzeihen erfordert viel Kraft und darf nicht unterschätzt werden. Paare, die diese Krisensituation tatsächlich bewältigen konnten, haben ihre Partnerschaft gestärkt und intensiviert.

Wertschätzung beweisen – immer wieder neu

Überraschen Sie gelegentlich Ihren Partner. Machen Sie etwas für ihn, das er nicht erwartet. Ihr Partner fühlt sich dadurch geschätzt und geliebt. Die kleinen Dinge zählen: eine Zärtlichkeit, kleine Überraschungsgeschenke, Einladung ins Kino, ein romantischer Ausflug, Kleinigkeiten erledigen, füreinander kochen… Laut dem Cora-Report 2008 ist für 29 Prozent der Befragten »ein romantisches Dinner, gezaubert vom eigenen Partner«, das Rezept für einen perfekten Abend zu zweit. 39 Prozent der Frauen und 19 Prozent der Männer überraschen am liebsten mit selbst gemachter Haute Cuisine. Der gegenseitige Austausch von Belohnungen ist eines der mächtigsten Bindeglieder. Das alte Sprichwort »Geben ist seliger denn Nehmen« trifft auch heute noch unverändert zu.

Zu den Kleinigkeiten zählen auch Höflichkeit und Wertschätzung. Viele Frauen freuen sich nach wie vor, wenn ihnen jemand die Autotür aufhält, vor ihnen ein Restaurant betritt oder ihnen aus dem Mantel hilft. Auch der Partnerin die schweren Einkaufstüten abzunehmen oder dem Liebsten nach einem langen Tag liebevoll den Nacken zu massieren – das sind alles kleine, aber wirkungsvolle Gesten. Werden Sie sich dieser kleinen Gesten immer wieder bewusst und überlegen Sie sich, was Ihr Partner alles für Sie tut.

Und wenn Ihr Partner Ihnen etwas schenkt oder Gefälligkeiten erweist: Gehen Sie nicht einfach darüber hinweg. Zeigen Sie Dankbarkeit und verbinden Sie diese mit kleinen Gesten – einem Lächeln, netten Worten, einem Kompliment, einer kleinen Berührung, einer Umarmung, einem Kuss. Lassen Sie Ihrer Kreativität freien Lauf. Bedanken Sie sich auch bei kleinen, eher unscheinbaren Vorkommnissen. Damit zeigen Sie Ihrem Partner, dass er wertgeschätzt wird. Dank verbindet!

Sich Zeit füreinander nehmen
Welchen Stellenwert hat für Sie Ihre Partnerschaft? Dies zeigt sich oft an Ihrem Zeitbudget, das Sie für Ihre Beziehung aufwenden. Planen Sie gemeinsame Unternehmungen, nehmen Sie sich regelmäßig Zeit füreinander. Und machen Sie einander immer wieder Ihre Wertschätzung und Zuneigung deutlich.

Jeden Tag die Partnerschaft genießen

› **Liebesbotschaften verteilen.** Gelbe Klebezettel eignen sich bestens, um kurze Liebesbotschaften in der ganzen Wohnung anzubringen. Liebes-Post-Its sind viel schneller in Umlauf gebracht, als ein langer Liebesbrief geschrieben ist (Doch auch Liebesbriefe sind eine schöne Variante, einem Menschen zu zeigen, dass wir ihn lieben).

› **Die SMS für zwischendurch.** Knapp, flott und ein Beweis, dass Sie immer an Ihren Schatz denken. Kleiner Hinweis: Verwenden Sie nicht nur die üblichen, einfachen Formulierungen – überraschen Sie ihn auch mit Neuem.

› **Die Lieblingsmusik im Auto.** Wenn Sie wöchentlich zusammen ins Einkaufscenter fahren, legen Sie im Auto eine CD mit seiner oder Ihrer gemeinsamen Liebesmusik ein. Das entspannt und verbindet auf angenehme Weise.

› **Kaffee oder Tee ans Bett bringen.** Ihr Partner wird wach und kann gleich beginnen, den Tag zu genießen. Seien Sie aufmerksam und füllen Sie ihm die geleerte Tasse gleich noch mal nach.

› **Gemeinsame Lesestunde.** Der Sonntagnachmittag könnte sich anbieten, sich eine gemeinsame Lesestunde zu genehmigen. Jeder berichtet dem anderen spannende Passagen. Oder lesen Sie sich gegenseitig etwas vor. Dies lädt zur Diskussion ein und erweitert den Horizont.

› **Zusammen essen.** Die Fast-Food-Zeiten und TV oder PC sind oft Hindernisse für gemeinsame Mahlzeiten. Zwei- bis viermal in der Woche sollten Sie gemeinsam essen. Essen verbindet. Und wie wäre es damit: Sie machen das Abendessen und er den Espresso danach? Und anschließend tauschen Sie sich noch ein wenig über die Erlebnisse während des Tages aus.

› **Wichtige Tage zelebrieren.** Feiern Sie den Kennenlerntag, Verlobungstag, Hochzeitstag, Geburtstag usw. – also Tage, die Sie mit etwas Positivem assoziieren. Reden Sie über die schönen Ereignisse und verankern Sie sie erneut in Ihrem Gedächtnis.

› **Der selbst gebastelte Adventskalender.** Das ganze Jahr über haben Sie die Möglichkeit, kleine Dinge zu sammeln, um am ersten Dezember Ihrem Liebsten einen selbst gebastelten Adventskalender zu überreichen.

› **Liebesgruß von unterwegs.** Ein paar Briefmarken passen in jedes Portemonnaie! Sind Sie auf Dienstreise, dann senden Sie Ihrer oder Ihrem Liebsten eine Postkarte von der jeweiligen Stadt oder nehmen Sie das Briefpapier vom Hotelzimmer. Die drei Worte genügen schon!

› **Gemeinsamer Sport.** Gehen Sie einmal in der Woche zusammen zum Sport, egal ob zum Laufen, Tennisspielen, zum Golfen oder nur für einen Spaziergang. Sich gemeinsam fit zu halten macht mehr Spaß!

Im Dialog bleiben

Fördern Sie den Dialog in Ihrer Beziehung. Tauschen Sie sich beständig mit Ihrem Partner aus, bleiben Sie im Gespräch. Wenn man sich gern und viel mit dem Partner unterhält, kann kaum etwas die Liebe erschüttern. Im Gespräch erfahren wir Bestätigung. Jemand nimmt wichtig, was wir denken, fühlen oder wollen. Die Ausnahme sind ständige Beziehungsdiskussionen. Deshalb: Verzichten Sie darauf, den anderen ständig zu kritisieren. Fragen Sie sich lieber: Wie kommt er zu seiner Sicht der Dinge, wie fühlt er, was für ein Mensch ist mein Partner wirklich? Der Cora-Report 2008 hat unter anderem auch herausgefunden, dass Akzeptanz und Respekt die zuverlässige Basis erfolgreicher Partnerschaften in Deutschland sind.

Rituale festigen die Bindung

Ein wichtiges Instrument, um die Verbundenheit mit dem Partner zu stärken, sind Rituale – »nach vorgegebenen Regeln ablaufende, meist formelle und oft feierlich-festliche Handlungen mit hohem Symbolgehalt. Sie werden häufig von bestimmten Wortformeln und festgelegten Gesten begleitet und können religiöser oder weltlicher Art sein.« Es handelt sich dabei also um Handlungsmuster, die wiederkehrend durchgeführt werden. In wissenschaftlichen Untersuchungen wurde nachgewiesen, dass sich durch die Entwicklung oder die Pflege von Ritualen die Zufriedenheit in Paarbeziehungen steigern lässt.

Rituale bedeuten, dass die Partner gemeinsam etwas tun oder sich zusammen für etwas einsetzen. Wenn in Partnerschaften häufig solche Rituale stattfinden, dann stärkt dies das Gemeinsamkeitsgefühl, intensiviert die Kommunikation, wirkt sich positiv auf die Gefühle der Partner aus und verdeutlicht Beständigkeit.

Entscheidend ist, welche Rituale vollzogen werden und auf welche Weise. Die meisten Rituale sollten nonverbal erfolgen. Eine körpersprachliche Umsetzung dient gewissermaßen als »Umhüllung« für bewusste und unbewusste Botschaften, wobei durch den symbolischen Charakter wesentlich mehr zum Ausdruck gebracht werden kann als allein durch Worte.

Im Zusammenleben von Paaren bieten sich viele Gelegenheiten für Rituale. Beachten Sie jedoch: Rituale verlieren ihre positive Kraft, wenn sie mit Verpflichtung oder Langeweile verbunden sind. Finden und kreieren Sie Ihre eigenen Rituale!

Wichtiges Ritual: der tägliche Kuss

Mindestens zweimal pro Tag muss schon sein. Und gegen eine Erhöhung der Dosis ist nichts einzuwenden. Lassen Sie nie den Guten-Morgen- und den Gute-Nacht-Kuss ausfallen. Und küssen Sie ausdauernd. Während wir uns heute im Schnitt zwölf Sekunden lang küssen, empfehlen die Paartherapeuten, dass sich Paare täglich mindestens zwanzig Sekunden küssen sollen. Denn dies erhöhe den Testosteronspiegel bei Männern und verstärke bei Frauen das Gefühl von Nähe und Vertrauen. Nutzen Sie diese positive Geste so oft wie möglich.

Zauber und Faszination erhalten

Die Zauberformel, mit der eine Partnerschaft intensiviert und bereichert werden kann, lautet »verantwortungsvolle, freudvolle Arbeit«. Was verbirgt sich dahinter? Wie gelingt es langjährigen Paaren, immer wieder zu den Anfängen ihrer Liebe zurückzukehren, diese dadurch erneut aufflammen zu lassen und zu festigen?

Das Feuer der Leidenschaft immer wieder entfachen

Können wir uns einfach wieder verliebt denken? Wie gelingt es, uns auf die Tage der ersten großen Verliebtheit zu besinnen und die Schmetterlinge wieder flattern zu lassen? Versuchen Sie es, und fragen Sie Ihren Partner zum Beispiel: »Kannst du dich noch an unsere Flitterwochen erinnern, die wir in Paris verbracht haben?« Oder: »Erinnerst du dich noch an die Zeit, als wir die Wochenenden über im Bett verbrachten?«, »Weißt du noch, dieses kleine süße Hotel in den Bergen …?«

Diese glücklichen Momente ins Gedächtnis zu rufen und gemeinsam in schönen Erinnerungen zu schwelgen, lässt unser Gedächtnis aktiv werden. Und die detaillierten, neu aufgerufenen Vorstellungen erwecken gefühlsmäßig die alten Zeiten wieder zum Leben. Wir fühlen förmlich die Leidenschaft, hören das Rauschen des Meeres, spüren den Herzschlag vor dem »Ja, ich will«. Eine erprobte Unterstützung für das Liebesgedächtnis können Fotos, Briefe oder Souvenirs sein, die im Lauf der gemeinsamen Jahre gesammelt wurden. Das Anschauen dieser Gegenstände bringt die alten Gefühle zurück. Und warum nicht einmal wieder an einen Ort fahren, mit dem man wunderschöne Erinnerungen verbindet?

Am Anfang ist jede Beziehung ein Abenteuer. Alles erscheint möglich, unbeschwert und leicht. Frisch verliebte Paare fühlen sich magnetisch voneinander angezogen und können gar nicht voneinander lassen. Sie werben intensiv umeinander und entzünden so das Feuer der Leidenschaft immer wieder. Hüten Sie diese Feuer, indem Sie sich mitteilen, und lassen Sie dabei Worte, Bilder und Erlebnisse einfließen, die für Ihre Partnerschaft eine besondere Bedeutung haben und mit denen Sie bestimmte Erlebnisse und Gefühle verbinden.

Die Kraft unserer Gedanken

Mit unseren Gedanken können wir unsere Gefühle auch in eine ganz bestimmte Richtung lenken. »Wenn man den Partner immer wieder mit positiven Ereignissen in Verbindung bringt, lädt man damit automatisch ein mentales Programm, eine Art Mindset«, so der Psychologieprofessor Georg Felser. Wir polen uns sozusagen auf Liebe. Sei es bei einem romantischen Diner, einem Spaziergang oder Kurzurlaub: All dies lässt uns ein regelrechtes hormonelles Hoch erleben, das uns wieder in die besondere Stimmung am Anfang unserer Beziehung zurückversetzen kann.

Was wollen Frauen, was wollen Männer?

Um die Leidenschaft in einer Beziehung zu erhalten, empfiehlt die Sexualtherapeutin Doris Christinger, sich auf die sogenannten Urkräfte zu besinnen. Frauen sollten ihre Weiblichkeit zulassen und Männer das Maskuline in den Vordergrund stellen. Dies sind die beiden archetypischen Anziehungskräfte. »Zum Maskulinen gehören Eigenschaften wie Mut, Risikobereitschaft, Wachheit, Verantwortungsbewusstsein, Klarheit, Aggression. Das ist, was wir unter einem phallischen Mann verstehen. Das Weibliche will vor allem Liebe empfangen und schenken. Es will sich absolut hingeben. Das bezeichnen wir als vulvische Frau«, so die Sexualtherapeutin in einem Interview mit der Zeitschrift »Focus«.

Die Forscherin weist darauf hin, dass die gegenseitige Anziehungskraft umso heftiger sei, je »stärker sich die Partner in ihrer sexuellen Essenz voneinander unterscheiden«, weil es dann in einer Beziehung ständig prickele. So wollen die meisten Frauen erobert werden. Und es liegt in der sexuellen Natur der Frau, dass sie vom Mann als Verführer ein gewisses Maß sexueller Initiative erwartet.

Bei einer Untersuchung der Kulturwissenschaftlerin Corinna Rückert über die sexuellen Präferenzen von Frauen berichten über 81 Prozent der befragten Teilnehmerinnen, dass sie Fantasien hätten, in denen sie dominiert werden, und 66 Prozent sagten, dass sie sich in ihrer Vorstellung freiwillig unterwerfen würden. Paare müssten außerdem darauf achten, dass sich die Geschlechter nicht zu stark angleichen, meint der Sexualtherapeut Peter Schröder. Denn wenn sich beide zum Neutrum entwickelten, werde das Feuer der Leidenschaft immer kleiner.

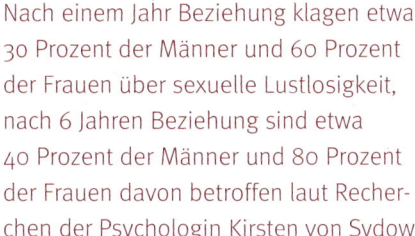

Im Schlafzimmer deutscher Paare

Nach einem Jahr Beziehung klagen etwa 30 Prozent der Männer und 60 Prozent der Frauen über sexuelle Lustlosigkeit, nach 6 Jahren Beziehung sind etwa 40 Prozent der Männer und 80 Prozent der Frauen davon betroffen laut Recherchen der Psychologin Kirsten von Sydow.

Bleiben Sie kreativ!

Besonders für eine bestehende Partnerschaft ist es bedeutend, dass die Liebe nicht zur Gewohnheit und Sex nicht zur einfallslosen Abendgymnastik wird. Grundsätzlich gilt: Wo Verhaltensweisen im Bett eingefahren und damit langweilig sind, kann oft schon eine kleine spielerische Änderung sehr wirkungsvoll sein, um neue Reize zu entfachen.

Auf die Frage, ob es ein Rezept für lang andauernden, erfüllenden Sex gibt, antwortete George DeRos, Autor des Buches »Briefe schwimmen über den Rubikon«: »(…) Neugierde auf sein Gegenüber, Neugierde auf die Reaktion des anderen und vielleicht auch auf seine eigenen Reaktionen – und vor allem, nichts für selbstverständlich nehmen. Dann sollte auch das Thema Sex eigentlich für längere Zeit interessant bleiben.«

Nähe und Distanz ausbalancieren

Auf die Frage, ob eine gute Partnerschaft eine große Nähe der Beteiligten erfordere, antworten Wissenschaftler, dass zu viel Nähe einer Beziehung auch schaden könne. So fanden Forscher der US-Universität Purdue heraus, dass Fernbeziehungen oft deutlich stabiler sind als andere Partnerschaften. Aussagen von Geschiedenen scheinen dies zu bestätigen, wonach das Gefühl zu großer Beengtheit immer wieder als Trennungsgrund genannt wird, wie es in dem Buch »Selbsterweiterungsprozesse allein lebender Frauen« von Ulrike Schlicht beschrieben wird. Viele Paare unternehmen aus reiner Gewohnheit alles gemeinsam oder auch, weil sie es von ihrem Elternhaus her so kennen. Auf Dauer verspüren sie jedoch ein diffuses Unzufriedenheitsgefühl und merken nicht, dass die zu enge Beziehung die Ursache ist. Das Warnsignal hierfür ist: Man fühlt sich zunehmend wie eingeschnürt.

Welchen Freiraum braucht die Liebe?

Sie erscheinen ausschließlich als gemischtes Doppel: beim Sport, in der Kneipe, bei Freunden. Fast jeder kennt Paare, die wie siamesische Zwillinge aneinanderhängen und alles gemeinsam machen. Aber ist so viel Zweisamkeit wirklich gut für die Liebe? Natürlich gibt es auch den umgekehrten Fall, die (zu) lockere Partnerschaft. Jeder hat eigene Freunde, geht oft allein aus. Bindungsängste könnten ein Grund für dieses Verhalten sein. Urlaube werden getrennt verbracht, es gibt kaum gemeinsame Freizeitinteressen oder auf Familientreffen erscheint nur einer von beiden. Sofern eine solche Beziehung nicht von beiden Seiten bewusst gewählt wird, ist es empfehlenswert, dass sich beide Partner ihre Gefühle und Wünsche bewusst machen. Wollen sie die Beziehung verbessern, sollten sie gezielt mehr Zeit miteinander einplanen.

Eine Welt für das Ich und eine für das Wir schaffen

Jedes Sich-Ankrallen an einen Partner hat eine destruktive Wirkung. Dagegen lautet ein effektiver Weg zur Lösung des Nähe-Distanz-Problems: eine Welt teilen, aber in zwei Welten leben. Jeder Mensch braucht Freiräume, in denen nicht das »Wir«, sondern das »Ich« im Vordergrund steht. Die Eigenständigkeit sorgt für Gesprächsstoff und für neue Impulse von außen. Mit Abgrenzungsritualen können Sie sich eigene Freiräume schaffen und auch Ihrem Partner zugestehen.

Persönliche Entspannungszeiten

Eine Möglichkeit sind persönliche Entspannungszeiten nach einem langen Arbeitstag. Vielen Paaren fällt das Umschalten vom Beruf auf das Leben zu Hause schwer. In dieser Situation können sich die Partner den nötigen Freiraum gewähren, indem sich jeder eine gewisse Zeit auf seine eigenen Bedürfnisse konzentriert, eine Runde mit dem Hund geht oder joggt, Musik hört, fernsieht oder im Internet surft. Wer etwas für seine Beziehung tun möchte, macht am besten auch viel für sich selbst. Also unternimmt er mit seinen Kumpels lange Radtouren, während sie mit ihren Freundinnen eine Konzertveranstaltung besucht oder sich eine romantische Komödie im Kino anschaut. Die anderen Abende stehen dann wieder für gemeinsame Aktivitäten oder Erholung zur Verfügung.

»Räume freier Bewegung«

Wichtig ist, dass jeder Partner für sich einen »Raum freier Bewegung« hat, wie Kurt Lewin es nennt, einen Freiraum, der für den jeweils anderen tabu ist. Wie bedeutsam dies ist, konnte die Wissenschaftlerin Christiane Kraft-Alsop in einer Studie belegen. Sie fragte Paare, ob es »Dinge gebe, von denen der Partner/die Partnerin lieber nichts wissen soll«. Über die Hälfte der Befragten hütete ein solches Geheimnis oder vermutete, dass der Partner eines hatte. Bei den Dingen, von denen der andere nichts wissen sollte, handelte es sich vor allem um persönliche Aufzeichnungen wie Tagebücher, Briefe oder Notizen, verstaut in Ordnern oder Kisten, zu denen der Partner keinen Zugang hatte.

Relative und totale Geheimnisse

Als wichtigstes Motiv für die Geheimhaltung nannten die Befragten den Wunsch nach einem eigenen Bereich, in den der andere nicht eindringen kann. Manche der Geheimnisse sind »relativ«, manche »total«, so Christiane Kraft-Alsop. Ein relatives Geheimnis liege vor, wenn der Partner zum Beispiel von der Existenz eines Tagebuches weiß, aber niemals danach

a   Ein Kratzen am Mundwinkel könnte auf Unehrlichkeit hindeuten.

b Kratzen an den Augenbrauen zeigt an, dass man nicht zu dem steht, was man sagt.

c Durch ein übertrieben breites Grinsen möchte man Unangenehmes überspielen.

suchen, geschweige denn darin lesen würde. Total ist ein Geheimnis, wenn der Partner überhaupt keine Ahnung von der Existenz des Tagebuches oder der Briefe hat. Paare, die relative Geheimnisse voreinander haben, vertrauen und respektieren einander und gewähren dem anderen »Räume freier Bewegung«.

Haben dagegen zwei Menschen totale Geheimnisse voreinander, dann ist die Beziehung überwiegend von Misstrauen geprägt, was sich auf die Zufriedenheit der Partner negativ auswirkt. In ihrer Studie hat Kraft-Alsop auch festgestellt, dass Frauen solche Freiräume mehr benötigen als Männer. »Noch immer ist eine Partnerschaft für sie mit größeren Konsequenzen verbunden. Ihre Investition ist höher und damit konfliktreicher. Männer, so ist zu vermuten, schaffen sich andere Räume freier Bewegung«, meint die Forscherin.

Gesunde Distanz wahren

Kleine Geheimnisse dagegen schaffen eine gesunde Distanz. Ein bisschen Fremdheit kann Beziehungen guttun. Allerdings ist hierbei eines zu beachten: Nebensächliches lässt sich vielleicht für einen längeren Zeitraum verschweigen, doch kaum einem Menschen gelingt es, über Wichtiges stets Sillschweigen zu bewahren. Das liegt, laut der Psychologen Julie D. Lane und Daniel M. Wegner daran, dass es sehr viel Energie und Konzentration kostet, ein Geheimnis nicht zu verraten. Und würde ein solch lang gehütetes Geheimnis eines Tages gelüftet, könnte das eine Paarbeziehung erheblich belasten.

Wahr oder unwahr?
Was die Körpersprache sagt

Wenn Sie nicht (ganz) die Wahrheit sagen, dann seien Sie sich bewusst, dass Ihre Körpersprache Sie jederzeit verraten kann.

Negative Hand-Hals-Gesten

Generell deuten alle Gesten, bei denen wir das Gesicht oder den Hals berühren, nachdem wir etwas gesagt haben, daraufhin, dass wir etwas anderes denken als sagen, oder dass wir den anderen regelrecht belügen. Diese Gestik ist noch ein Relikt aus der Kindheit. Wissen Sie noch, wie Sie sich als Kind beim Schwindeln selbst verraten haben? Richtig, Sie haben eine oder beide Hände vor den Mund gehalten, als wollten Sie die eben ausgesprochene Unwahrheit verhindern. In späteren Jahren haben wir uns diese offensichtliche Geste abgewöhnt, doch ein unbewusster Reflex blieb erhalten. Statt die Hand vor den Mund zu halten, kratzen wir uns am Mundwinkel [a, S. 127], am Hals oder an der Nase.

Nervöses Augenzwinkern

Außerdem ist ein auffallend häufiges Augenzwinkern ein sicheres Zeichen dafür, dass das Gesagte nicht der vollen Wahrheit entspricht. Der Grund: Ein echter, längerer Blickkontakt ist demjenigen, der flunkert, meistens unangenehm und wird so verhindert. Wenn wir schwindeln, lügen oder flunkern, wird sofort Adrenalin ausgeschüttet, das die Augenlider schneller blinzeln lässt. Eine Steigerung ist das vollständige Vermeiden des Blickkontakts oder ein Anstarren. Haben wir ein schlechtes Gewissen, dann können wir dem anderen sprichwörtlich »nicht in die Augen schauen«. Dies trifft auch zu, wenn wir die Augen – nur kurz – vollständig schließen. In diesem Augenblick haben wir wahrscheinlich etwas Unwahres gesagt oder etwas Wahres abgestritten. Das Sprichwort »Man kann mit der Zunge lügen, aber nicht mit den Augen« macht die Bedeutung der Augen auch beim Thema Lügen deutlich.

Nervöses Herumspielen

Eine Kombination aus »flüchtenden« Blicken, unruhigen Körperbewegungen, wie beispielsweise Herumzappeln oder nervöses Herumspielen mit irgendwelchen Gegenständen lassen darauf schließen, dass jemand nicht ganz zu dem steht, was er sagt. Weitere verräterische Körpersignale sind: Ohrläppchen ziehen, Wangen reiben, Augenbrauen kratzen [b], die Lippen zusammenpressen oder das Kinn streicheln.

Übertriebener Gesichtsausdruck

Ein übermäßig breites und damit unnatürliches Lächeln [c] lässt den Eindruck entstehen, man versuche, etwas zu überspielen, das in der Tat weniger zum Lachen ist. Dieses unnatürliche Lächeln fällt auch schnell wieder ab.

Falsche Töne

Wenn Personen etwas ablehnen, schwindeln oder flunkern, ändern sich häufig die paralinguistischen Merkmale der Sprache (Tonlage, Rhythmus der Sprache, Betonung) in auffälliger Form. Oft steigt die Tonhöhe an, der Sprachfluss wird langsamer und weniger flüssig. Hinzukommen vermehrt »Lückenfüller« wie »ähm«, »äh« oder ein »Schmatzen« mit dem Mund.

Verräterisches Zucken

Beobachten Sie ein Zucken im Gesicht Ihres Partners, so ist dies darauf zurückzuführen, dass eine bestimmte Stimmungsänderung ausgedrückt werden will und die entsprechenden Gesichtsmuskeln dadurch angesprochen werden, dabei kommt aber der Gegenbefehl »Nicht merken lassen!« zu spät. Ein mimischer Ausdruck bleibt sozusagen im Ansatz stecken und verursacht das Zucken.

Zurückgenommene Gestik

Wenn Sie aber sicher erfahren wollen, ob Ihr Partner die Wahrheit sagt oder nicht, sollten Sie immer den gesamten Körper Ihres Partners im Blick haben. Beobachten Sie ganz genau, ob seine Bewegungen zurückgehen, ob seine Haltung starrer wird und ob seine Gestik abnimmt. Wenn dies der Fall ist, so findet eine stärkere Konzentration auf die verbale Lüge statt. Denn Ihr Partner »weiß« mehr oder weniger bewusst, was seine Hände oder Arme sagen, und er möchte sich keinesfalls durch seine Gesten verraten.

Ja oder nein? Was die Körpersprache sagt

Wenn Sie Ihrem Partner etwas vorschlagen oder ihn um etwas bitten, und er »JA« sagt, heißt das noch lang nicht, dass er das auch denkt. Ihr Partner könnte schwindeln, flunkern oder sogar lügen. In einer Partnerschaft sind kleine Schwindeleien zuweilen notwendig. Vorwiegend bedient man sich in diesem Fall sogenannter Harmonielügen (siehe Kasten unten), um Kompromissbereitschaft zu zeigen und möglichen Konflikten entgegenzuwirken. An folgenden verräterischen Gesten erkennen Sie, ob Ihr Partner es ehrlich meint:

Putz- oder Wegwerfgesten

Gerne verwenden wir wegwischende Gesten, wie eine Putzbewegung. Es bedeutet, dass wir nicht wirklich einverstanden sind. Diese Geste äußert sich darin, dass wir imaginäre Brösel vom Tisch wischen oder einen nicht vorhandenen Fussel vom Oberarm oder Oberschenkel streichen. Die Worte Ihres Partners äußern Einverständnis oder Zustimmung, doch sein Körper verrät durch die wegwischende Gestik die Wahrheit. Beliebt sind auch wegwerfende Gesten; wir werfen mit der Hand die Äußerung des Partners weg. Die Handbewegung verläuft von oben nach unten. Stimmt Ihr Partner mit der verbalen Äußerung zu: »Tolle Idee!« und führt gleichzeitig eine wegwerfende Bewegung aus, so können Sie davon ausgehen, dass Ihr Partner die Idee zur Seite schiebt. Das Gleiche symbolisiert er, indem er einen Stift oder einen anderen Gegenstand weglegt oder zurückschiebt.

> **Ein bisschen schwindeln für die Harmonie**
>
> In einer GEWIS-Befragung wurden 10 066 Männer und Frauen zwischen 20 und 66 Jahren über Lügen in ihrer Partnerschaft befragt: 64 Prozent der Frauen und 69 Prozent der Männer bedienen sich sogenannter Harmonielügen, um Themen auszuweichen, die zu Streit führen und dadurch die Partnerschaft beeinträchtigen könnten.

Ein schnelles Zur-Seite-[sehen] bei gleichbleibender [Körper]haltung verrät Zweifel.

b   Sich am Kragen zu zupfen, deutet auf Verlegenheit oder Unehrlichkeit hin.

c Die Hände in den Hosentaschen zeigen an, dass der Partner nicht aktiv werden möchte.

d Reibt sich der Partner über das Kinn, die Nasenspitze oder d Stirn, so denkt er nach.

Schnelles Wegschauen

Achten Sie auch auf die Augenbewegungen. Ein schnelles Zur-Seite-Schauen, bei gleichbleibender Körperhaltung, verrät Zweifel. Fragen Sie beispielsweise Ihren Partner, ob Sie gemeinsam zum Abendessen gehen wollen und nehmen ein kurzes Abschweifen des Blicks wahr, sollten Sie nachhaken und ihn nach seinen Wünschen und Ansichten fragen. Wir wissen es bereits: Schwindelt ein Mensch, so wird augenblicklich eine chemische Reaktion in Gang gesetzt, die die Adrenalinproduktion erhöht. Deshalb blinzeln Lügner schneller mit ihren Lidern. Erfahrene Lügner tendieren dazu, in die Augen zu starren und sich nicht zu bewegen. Achten Sie hierbei bewusst auf die Pupillengröße: Vergrößert sich die Pupille, dann könnte Ihr Partner schwindeln, flunkern oder lügen. Erfolgt der »Professorenblick« [a, S. 131], dann werden Sie kritisch beurteilt und gemustert. Dieser Blick kann jedoch auch entstehen, wenn eine Person aus praktischen Gründen über den Brillenrand hinwegsieht.

Bestrafungsgesten

So manches Mal sprechen wir Dinge aus, die wir lieber ungesagt gelassen hätten. Folgt im Anschluss einer solchen Aussage eine sogenannte Hand-Mund-Reaktion, will Ihr Partner das Gesagte wohl ungeschehen machen. Seine Hand fährt über den Mund, oder er kratzt sich am Mundwinkel. Beliebt ist auch ein Kratzen am Hals [b, S. 131]. Greift Ihr Partner sich ans Ohrläppchen, während Sie reden, ist er vielleicht mit dem, was Sie sagen, nicht einverstanden. Die Psychologen bezeichnen eine solche Geste auch als Bestrafungsgeste, weil sie ausgeführt wird, wenn man dem anderen etwas übel nimmt.

Negative Hand-Gesicht-Gesten

Um Hand-Gesicht-Gesten, die immer negativ wahrgenommen werden, handelt es sich, wenn Frauen und Männer zum Beispiel häufiger »trocken« schlucken, während sie schwindeln. Besonders gut zu beobachten ist dieses Phänomen bei Männern, da der Adamsapfel größer und sichtbarer ist. Lügen erzeugt ein Kribbeln am Hals. Das veranlasst die Person, sich am Kragen zu zupfen. Sagen Menschen nicht die Wahrheit, werden Katecholamine, Stresshormone, freigesetzt, die den Blutdruck und den Herzschlag erhöhen. Es wird uns dann warm, und wir ziehen den Kragen vom Hals weg, um die Luftzirkulation zu erhöhen.

Hand- und Fingergesten

Wenn Ihr Partner Ihnen versichert, dass er »für alles offen« sei, aber keine offenen Handgesten zeigt, sondern die Hände verknotet, ist er nicht glaubwürdig. Wenn Sie jemanden darum bitten, etwas für Sie zu erledigen, und der andere hält dabei seine Arme verschränkt oder steckt die Hände in die Hosentaschen [c], dann hat der Betreffende nicht ernsthaft vor, in Aktion zu treten. Reibt sich Ihr Partner mit Zeigefinger und Daumen über das Kinn, die Nasenspitze oder die Stirn, dann benötigt er eine Nachdenkpause. Er überlegt und überprüft den Sachverhalt [d].

Halten Sie eine Macke Ihres Partners nicht nur für ein verräterisches Signal. Greift er sich permanent an den Mund, dann ist es einfach seine Angewohnheit.

Wie Sie am besten auf Ablehnungssignale reagieren

› Bewahren Sie in schwierigen, das heißt emotional aufgeladenen Situationen einen kühlen Kopf.

› Versuchen Sie, eine offene und liebevolle Körpersprache auszuführen.

› Beobachten Sie Ihren Partner und nehmen Sie die von ihm ausgesandten Körpersignale bewusst wahr.

› Nehmen Sie Blickkontakt mit Ihrem Partner auf.

› Halten Sie das Gespräch in Gang, sprechen Sie offen über den Konflikt.

› Respektieren Sie das Territorium Ihres Partners. Betreten Sie nicht ungebeten seine Distanzzone. In prekären Situationen benötigt Ihr Partner mehr Raum.

Pro oder contra? Was die Körpersprache sagt

Zu einer Partnerschaft gehören Unstimmigkeiten mit dazu. »Wahrheiten« sind immer subjektiv und können unterschiedlich interpretiert werden. Differenzen, die Sie auf Dauer nicht lösen, führen zu einem Schwelbrand, der irgendwann einmal explodiert. Bleiben Sie daher aufmerksam und versuchen Sie frühzeitig, Warnsignale zu erkennen. Dann können Sie früh genug reagieren und den Konflikt beseitigen.

Rückzugssignale

Ein Indiz für Probleme in einer Beziehung ist, dass der Partner häufig gegensätzliche Körperhaltungen einnimmt. Seine Haltung kann zwar der Ihren gleichen, dabei aber diametral entgegengesetzt oder spiegelverkehrt sein: Beide Partner sitzen sich gegenüber und stützen einen Ellbogen auf den Tisch. Genau wie Sie verwendet Ihr Partner den linken Arm als Stütze. Dies führt zu einer geschlossenen Barriere zwischen Ihnen und Ihrem Partner. Oder Sie setzen sich so hin, dass Sie voneinander wegblicken, statt sich anzusehen. Es sollte Ihnen auch zu denken geben, wenn Ihr Partner Ihnen bei einem Kuss nicht entgegenkommt oder sich sogar leicht zurückneigt [a]. Wendet er sich öfters bei einer Berührung ab, zieht die Hand weg, lehnt sich zur Seite oder neigt den Kopf nach hinten, dann ist auch dies ein eindeutiges Warnsignal. Auf diese Weise tritt er körperlich wie emotional den Rückzug an.

Vorsichtige Annäherungsversuche

Erforschen Sie die Ursache für eventuelle Spannungen und sprechen Sie darüber. Angemessene Kommunikation ist ein essenzieller Punkt in einer funktionierenden Partnerschaft. Wichtig ist, dass Sie Ihren Partner nicht bedrängen, sondern seine persönliche Distanzzone respektieren, die etwa eine Armlänge beträgt; bei Liebenden ist sie natürlich geringer. In konfliktgeladenen Situationen sollte die Armlängendistanz jedoch unbedingt respektiert werden und eine Annäherung sollte nur mit subtilen Berührungen erfolgen [b]. Berühren Sie Ihren Partner leicht und kurz am Unterarm, am Handrücken oder am Rücken. Stehen oder sitzen Sie im rechten Winkel zum Partner, denn an der Körperseite ist unser Distanzbedürfnis geringer.

Verringern Sie die räumliche Entfernung, ohne ihm dabei unangenehm oder bedrohlich »zu nahe zu treten«.

Ablehnungssignale

Beobachten Sie wegschiebende oder wegwerfende Gesten der Arme und Hände Ihres Partners. Führt er diese aus, scheint er sich von dem, was Sie tun oder sagen, zu distanzieren. Reagieren Sie nun nicht auf ähnliche Weise, indem Sie alles abblocken, nur weil das Verhalten Ihres Partners Sie verletzt. Gleiches mit Gleichem zu bestrafen, verschärft den Konflikt. Bemühen Sie sich darüberzustehen! Reagieren Sie mit einer offenen und liebevollen Körpersprache. Grenzen Sie Ihren Partner nicht durch körpersprachliche Signale aus. Eine Ausgrenzung führt zu einer größeren psychischen und physischen Distanz. Halten Sie den Blickkontakt, denn wenn Sie ihn meiden, fühlt sich Ihr Partner missachtet. Gewähren Sie Ihrem Partner einen größeren (Frei-)Raum, um sich zurückzuziehen. Erst dann kann er sich Ihnen emotional und räumlich wieder nähern.

Und noch einmal: Klären Sie nach Möglichkeit im Gespräch die Differenzen. Lassen Sie nichts unausgesprochen. Denn Unausgesprochenes führt leicht zu Misstrauen und Misstrauen ist wiederum der Ausgangspunkt für Streitigkeiten.

a Weicht der Partner beim Kuss zurück, so deutet dies auf emotionalen Rückzug hin.

b Eine subtile Berührung hilft, die Wogen nach einem Streit zu glätten.

Konflikt und Versöhnung meistern

Unausgesprochenes führt aber nicht nur zu Misstrauen, sondern kann sich unter Umständen auch zu Eifersucht entwickeln. Massive Eifersucht besitzt einen zerstörerischen Charakter und kann eine Partnerschaft schwer erschüttern.

Eifersucht – die Lust am Leiden

»Die Eifersucht ist eine Leidenschaft, die mit Eifer sucht und Leiden schafft«, so charakterisiert der Philosoph Friedrich Schleiermacher dieses Gefühlsphänomen. Oftmals ist es nur eine Kleinigkeit, die blitzartig unsere Sinne schärft: ein Händedruck, der eine entscheidende Sekunde zu lang dauert. Ein Blickkontakt, der uns zu intensiv oder vertraut erscheint. Ein Telefonat des Partners mit einer Kollegin, das etwas übertrieben freundschaftlich auf uns wirkt. Für das Entflammen der Eifersucht genügen häufig Lappalien. Das Alarmsystem ist dadurch aber aktiviert, und quälende Fragen tun sich für uns auf: Gibt es einen anderen? Warum ist er abweisend? Wo war sie gestern?

Eine dauerhafte Liebe basiert auf der Eigenständigkeit beider Partner. Misstrauen, Kontrolle und Besitzansprüche sind daher äußerst schädlich für eine gute Paarbeziehung. Trotzdem können wir uns in manchen Situationen nicht von dem bohrenden Gefühl der Eifersucht freimachen. Dabei ist uns durchaus bekannt, dass Eifersucht alles nur schlimmer machen und für beide Seiten einen Zustand der Unerträglichkeit annehmen kann. Wer von Eifersucht gequält wird, der ist überzeugt, dass seine schlimmsten Befürchtungen auf alle Fälle wahr geworden sind. Er unterstellt dem Partner schlechte Absichten und strebt danach, irgendeine Bestätigung für sein Misstrauen zu entdecken. Und Sie werden immer irgendeinen Beweis finden!

Warum werden wir eifersüchtig?

Manche Menschen schämen sich ihrer Eifersucht. Kein Wunder, wer will schon den Eindruck erwecken, übertrieben anhänglich oder abhängig zu sein? Wer meint, dass der Grad der Eifersucht über die Stärke der Liebe Auskunft gibt, unterliegt einem Irrtum. Unzufriedenheit, Angst, zu wenig Aufmerksamkeit, Liebe oder Respekt zu erhalten, und ein ausgeprägter Besitzanspruch gegenüber dem Partner deuten auf Selbstzweifel und ein geringes Selbstwertgefühl hin, das ein bedeutender Grund für Eifersucht sein kann.

Auch frühere Verlusterfahrungen oder das Verhalten eines Partners, der sich nicht binden will, können ein Grund sein. Die Angst vor dem Fremdgehen des Partners ist fast immer der Anlass für Eifersucht. Hier ist es an der Zeit, sich ernsthaft mit der Frage zu beschäftigen: Welche grundlegenden Unstimmigkeiten gibt es in der Partnerschaft? Welche Probleme sind bisher nicht erkannt und gelöst worden?

Der Paartherapeut Ragnar Beer fand im Rahmen einer Studie heraus, dass Sexualität in einer Partnerschaft eine bedeutendere Rolle spielt, als bisher angenommen wurde. Der Forscher weist darauf hin, dass Eifersucht eine spezielle Verlustangst sei, für die man dann besonders anfällig ist, wenn man das Gefühl hat, dass der Partner sexuell nicht glücklich ist. Wer die sexuellen Bedürfnisse seines Partners kenne und erfülle, habe weniger Anlass, Untreue zu befürchten. Mehr zum Thema Sexualität können Sie im Special »Sinnlichkeit und Sex« auf Seite 145 erfahren.

Geben Sie dem Misstrauen keine Chance

Der Eifersüchtige sieht sich als Opfer und durch das Verhalten des anderen verletzt. Doch jeder ist für seine Gefühle selbst verantwortlich und kann diese mit seinem Willen konstruktiv steuern. Wenn Sie das Leiden Eifersucht plagt, können Ihnen folgende Wege aus der quälenden Unsicherheit und dem Argwohn heraushelfen:

1. Umdenken

Wenn Sie eifersüchtig sind, sollten Sie dies weder ignorieren noch dem Partner den Umgang mit anderen verbieten. Vielmehr sollten Sie sich fragen, inwieweit Ihr Partner sich »angemessen« verhält: Ist er für die Zuwendung einer dritten Person wirklich empfänglich, fühlt er sich unter Umständen vernachlässigt? Sind Ihre Vermutungen berechtigt oder verzerren Sie die Realität? Fakt ist, es ist ein indirekter Aufruf, sich mehr um Ihre Partnerschaft zu kümmern. Klären Sie schnellstmöglich in Ihrer Partnerschaft, welche Freiheiten erlaubt sind.

2. Stolz sein

Sie können stolz sein, dass Sie einen Partner haben, der noch von anderen angehimmelt wird. Schmunzeln Sie einfach darüber, statt zu klagen. Schenken Sie ihm diese Bestätigung und diese Freiheit. Und: Werden auch Sie sich bewusst, dass Sie selbst ebenfalls begehrenswert sind.

3. Konkret sein

Ein anklagender Ton und Vorwürfe werden immer auf Abwehr stoßen. Benennen Sie das störende Verhalten des Partners konkret. Statt zu sagen »Du hast die ganze Zeit mit ihr geflirtet«, sollte die Aussage besser lauten: »Ich hatte ein mulmiges Gefühl, weil du ihr so tief in die Augen geschaut hast.« Darauf kann der Partner direkt eingehen und sein Verhalten reflektieren.

4. Selbstwertgefühl steigern

Ihr Selbstwertgefühl sollte nicht nur von der Anerkennung des Partners abhängen. Suchen Sie in verschiedenen Bereichen Bestätigungen (siehe auch Seite 56). Halten Sie Ausschau nach Hobbys und pflegen Sie einen eigenen Freundes- und Bekanntenkreis. Je mehr Anerkennung Sie in den unterschiedlichsten Lebensbereichen erhalten, desto unabhängiger werden Sie, und desto weniger anfällig sind Sie für die Eifersucht.

5. Aktiv werden

Das beste »Heilmittel« gegen Eifersucht ist sexuelle Zufriedenheit (siehe auch oben). In vielen Partnerschaften wird die Sexualität oftmals vernachlässigt. Der Rat: Reservieren Sie Zeit für Zweisamkeit und Zärtlichkeit.

Wie Sie geschickt mit Konflikten umgehen

»Confligere« (lateinisch) heißt »zusammenstoßen, kämpfen«. Ein Konflikt ist ein Zusammenstoß von Meinungen und/oder Interessen einzelner Personen oder Gruppen. Konflikte gibt es in jeder Partnerschaft und sie können sogar bereichernd wirken, wenn angemessen mit ihnen umgegangen wird. Um zu verhindern, dass sich im Beziehungsalltag aus einer Nichtigkeit gleich ein handfester Streit entwickelt, ist ein geschicktes Konfliktmanagement erforderlich. Im Folgenden ein paar Hilfestellungen, wie Sie im Konfliktfall am besten vorgehen:

Verbale Deeskalationsstrategien

› Haben Sie Mut zu unangenehmer Kommunikation. Argumentieren Sie sachlich und vernünftig und verwenden Sie Ich-Botschaften: »Ich habe das Gefühl, dass … Ich bin der Meinung, dass …, Ich glaube, dass …«.
› Bleiben Sie fair und verletzen Sie Ihren Partner nicht mit allgemeinen Du-Botschaften: »Du kommst immer zu spät. Dir ist es egal, wie es mir geht. Du schaust jeder hinterher …«.
› Jeder darf seine Meinung kundtun, ohne dem anderen ins Wort zu fallen!
› Beleuchten und vergleichen Sie die gegenseitigen Standpunkte. Versuchen Sie, eine Synthese oder einen Kompromiss zu finden.
› Wenn sich in manchen Situationen die gegensätzlichen Standpunkte überhaupt nicht vereinen lassen, dann respektieren Sie die unterschiedliche Meinung. Niemand ist verpflichtet, die »Wahrheit« des anderen zu übernehmen. Vermeiden Sie es, Ihre Interessen um jeden Preis durchzusetzen.
› Jede Wahrheit ist individuell und jede Bewertung subjektiv. Niemand ist im Besitz der vollkommenen Wahrheit. Ihre Anschauung der Konfliktlage kann richtig sein. Die gegenteilige Meinung Ihres Partners ist deshalb nicht unbedingt falsch. Ihr Partner kann für seine Position ebenso gute Gründe anführen, wie Sie für sich selbst geltend machen. Ihr Partner hat das Recht, Ihnen zu widersprechen.
› Fragen Sie sich einmal selbst, warum Sie diese oder jene Angelegenheit eigentlich so furchtbar aufregt.
› Setzen Sie auf einen Angriff nicht noch eins drauf. Bemühen Sie sich, die grundsätzliche Einigkeit wieder herzustellen.
› Gehen Sie in hochemotionalen Phasen Ihrem Partner lieber aus dem Weg und beruhigen Sie sich erst einmal. Dann lässt sich eher eine gemeinsame Lösung finden.
› Legen Sie einen bestimmten Zeitrahmen für Konflikte fest. Endlosdebatten sind immer sinnlos. Die meisten Streitereien

Streit-Time-out festsetzen
Glückliche Paare schaffen es, nach spätestens vier Runden Schlagabtausch wieder zu konstruktiven Bemerkungen zurückzukehren. In durchschnittlichen Ehen dauert es oft bis zu acht Runden, bis wieder ein normales Gespräch geführt wird, und in zerrütteten Partnerschaften hört der Konflikt nicht mehr auf, er wird nur vorübergehend unterdrückt.

a Gesenkte Augenbrauen, hängende Mundwinkel und lebloser Gesichtsausdruck sind Indizien für Traurigkeit.

werden nach etwa 20 Minuten unergiebig. Danach kommen keine neuen Aspekte mehr hinzu, und man kreist um das Streitthema in immer denselben Worten, ohne einen Ausweg zu finden. Streit-Time-out ist nun angesagt: Fragen Sie sich: »Geht es mir wirklich um die Sache oder will ich einfach nur Recht behalten?« Geben Sie sich eine ehrliche Antwort darauf.

Gefühle erkennen und reagieren

Durch aufmerksames Beobachten können Sie typische Anzeichen für die unterschiedlichsten Emotionen Ihres Partners rechtzeitig erkennen und entsprechend reagieren. Ein bevorstehender Konflikt zum Beispiel kann sich bereits im Vorfeld an der Körpersprache des Partners andeuten. Beobachten Sie zunächst einmal hauptsächlich seinen Gesichtsausdruck.

Paul Ekman, ein Pionier auf dem Gebiet der Emotionsforschung, untersuchte die physiologischen Reaktionen der Gesichtsmuskulatur. Er fand heraus, dass es nur minimale körpersprachliche Veränderungen sind, die uns jedoch eine Menge über die Gefühle unseres Gegenübers erzählen können. Was immer wir auch verheimlichen wollen, unser Gesicht gibt es preis. Denn im Gesicht eines Menschen befinden sich die meisten Muskeln auf kleinster Fläche, die die sogenannten Mikroausdrücke hervorrufen (siehe auch Seite 22). Aus ihnen können wir die ganze Bandbreite an Emotionen eines Menschen ablesen.

Daneben sollten Sie aber auch den gesamten Körper Ihres Partners betrachten, um so seine Emotionen richtig zu deuten. Die Körperreaktionen unterstreichen oftmals den Gesichtsausdruck. Im Folgenden erhalten Sie eine Zusammenfassung der wichtigsten nonverbalen Gefühlsäußerungen:

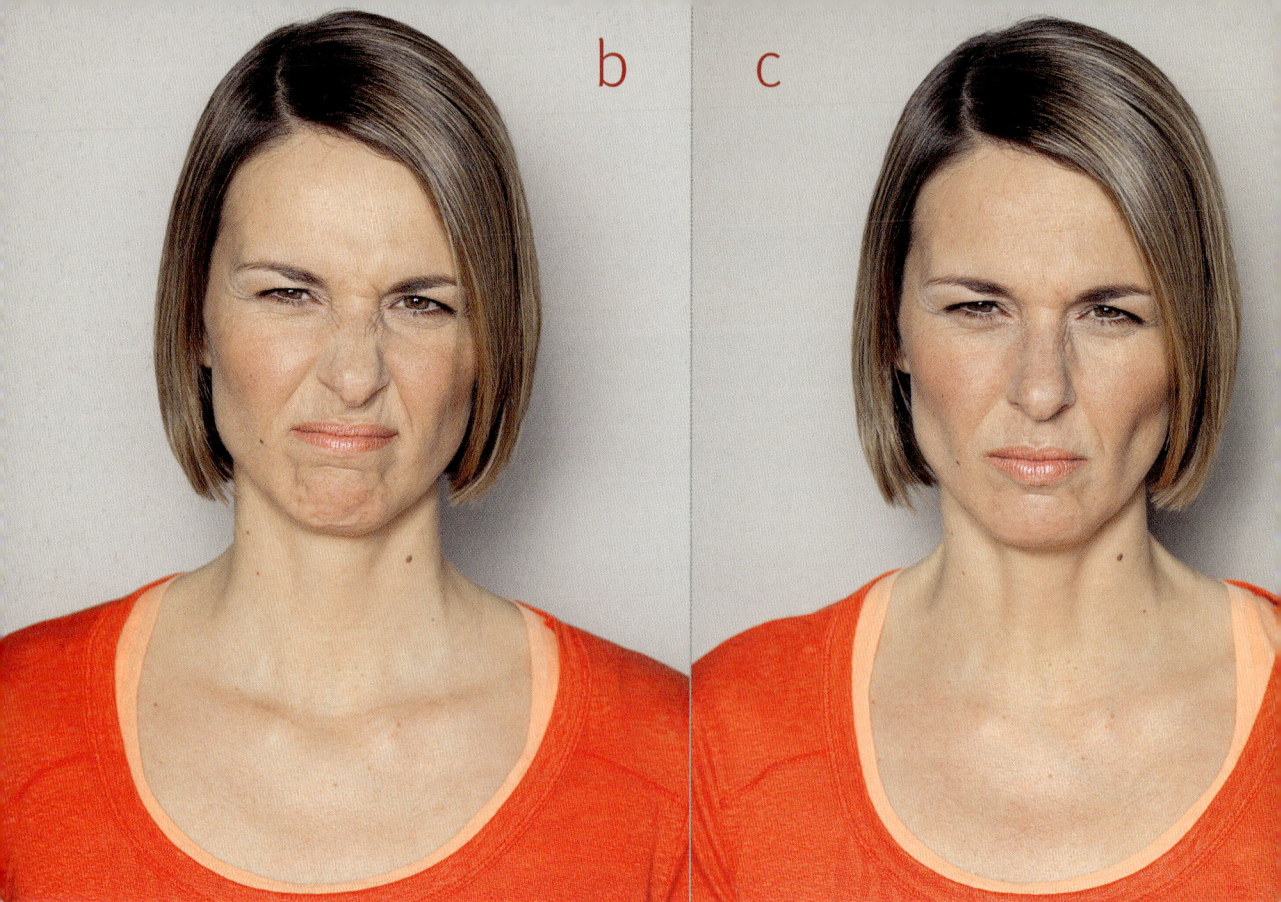

Traurigkeit

Das entscheidende Indiz sind die hängenden oberen Augenlider und das Senken der Augenbrauen. Zusätzlich können sich die Mundwinkel nach unten ziehen. Traurigkeit kann somit durch die Lippen, die Augenlider oder beides ausgedrückt werden [a, S. 139].

Verachtung und Ekel

Typisch ist die leichte Anspannung der Nasenmuskeln. Die Nase wird gerümpft und die Augen werden verengt. Die Oberlippe wird leicht angehoben und die Mundwinkel sind nach unten gezogen. Oder vielleicht bemerken Sie auch nur das Hochziehen der Mundwinkel und eine leicht schräge Mundstellung [b].

Zorn und Wut

Die Nase wird gerümpft. Das ist ein klares Zeichen von Widerwillen. Die Augenbrauen sind gesenkt und zusammengezogen. Die »Zornesfalte« wird sichtbar. Die Unterlider sind angespannt. Die Lippen sind zusammengepresst [c].

Verärgerung

Die Lippen sind zusammengepresst, die Augen quellen hervor und die unteren Lider sind angespannt. Der Unterkiefer wird zusätzlich nach vorn geschoben [d].

Furcht und Ängstlichkeit

Die Augen sind aufgerissen, die Augenbrauen erhoben und die Unterlider gespannt. Die Lippen sind leicht oder stark

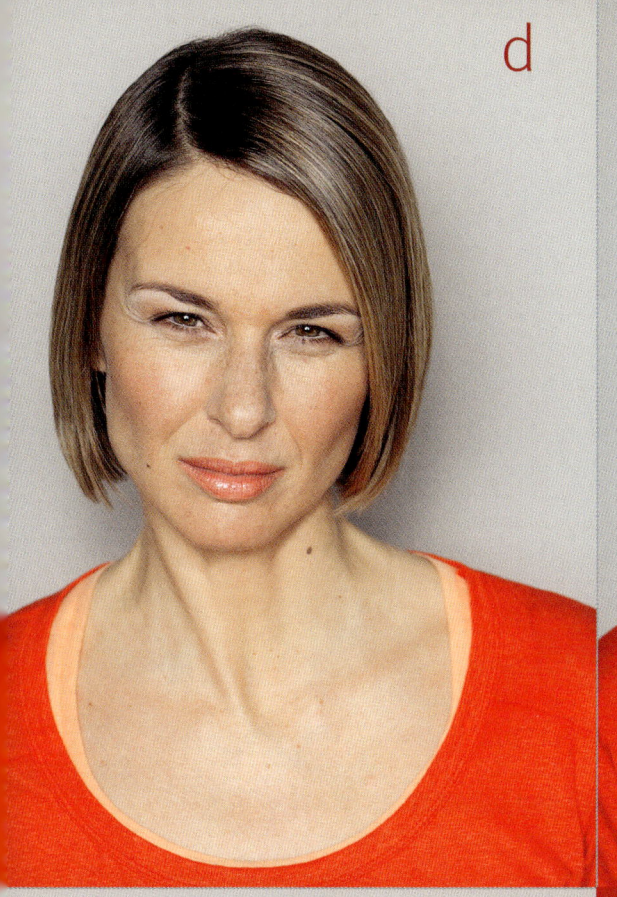

d

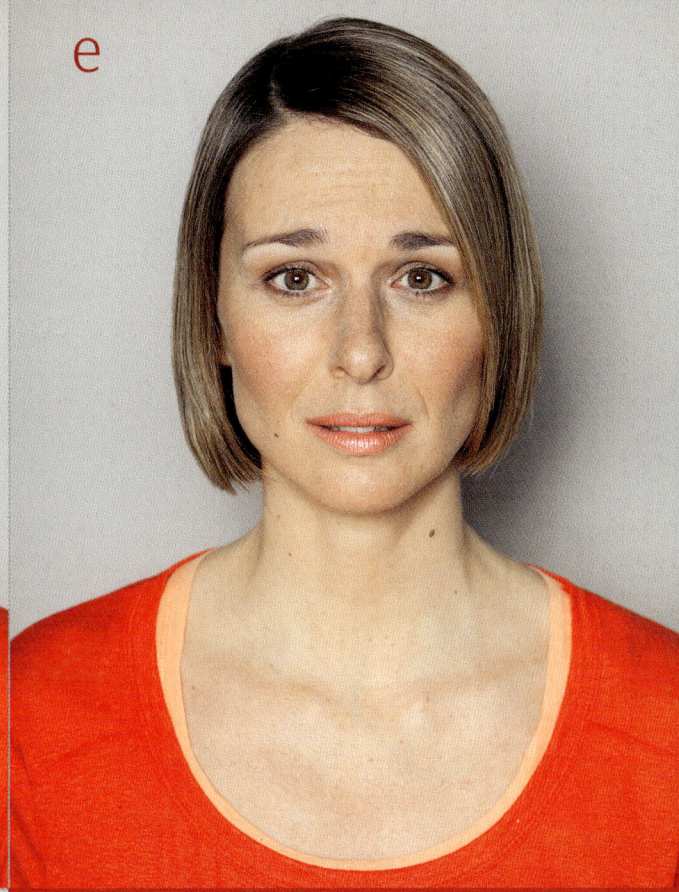

e

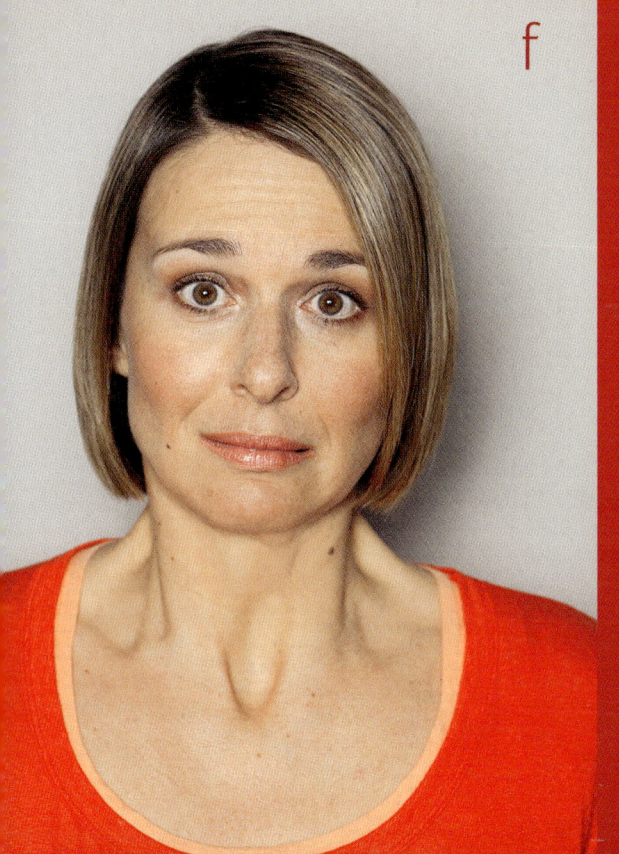

f

b Verachtung wird durch gerümpfte Nase, verengte Augen, angehobene Oberlippe ausgedrückt.

c Gerümpfte Nase, angespannte Unterlider und zusammengepresste Lippen verraten Zorn.

d Zusammengepresste Lippen, hervorquellende Augen, nach vorn geschobener Unterkiefer zeigen Verärgerung an.

e Leicht erhobene Augenbrauen, sodass sich die Stirn kräuselt, signalisieren Sorge.

f Aufgerissene Augen, angehobene Brauen, in die Länge gezogene Lippen verraten Furcht.

Emotion	Körpersprachlicher Ausdruck
Ablehnung, Zweifel	Berühren oder leichtes Reiben des Nackens, Halses oder der Nase
Abwehr, Verteidigung	Arme vor der Brust gekreuzt, mit aufgestellten Daumen, beim Zwiegespräch die Finger der eigenen Hände verzahnen und damit ein »Dach« bilden – richtet es sich gegen eine andere Person, kann es ein Hinweis für »Ich dulde keinen Widerspruch« sein
Ärger, Wut	Rötung des Gesichts, Ballen der Fäuste, verkrampfte Kinnmuskulatur, »schmale« Lippen, verkniffener Mund, versteinerte Miene, sarkastisches Lachen – schiefes Lachen
Alarmbereitschaft, Aggression	Stehen mit in die Hüften gestemmten Händen und die Daumen zeigen nach vorn
Aufrichtigkeit, Ernsthaftigkeit, Offenheit	Geöffnete Handflächen, offene Körperhaltung, Blickkontakt, Lippen liegen aufeinander oder sind leicht geöffnet
Freude	Echtes Lächeln: a) einfaches Lächeln mit nach oben gewendeten Mundwinkeln und geschlossenen Lippen, lässt auf stille Freude schließen; b) oberes Lächeln, das die oberen Zähne zeigt (wird bei Begrüßung eingesetzt); c) breites Lächeln, das beide Zahnreihen bloßlegt; lebhafte Gestik; nur das unbeschwerte »Duchenne-Lächeln« zeigt wahre Freude; dabei gehen nicht nur die Mundwinkel hoch, sondern auch die Augen leuchten, die Augenbrauen senken sich, und es entsteht eine Verdickung unter den Augen und natürlich bilden sich kleine Krähenfüße
Gedrücktheit	Gehen mit geneigtem Oberkörper, schlaffe Haltung, schleifender Gang, kaum Armbewegungen, hängende Schultern, lebloser Gesichtsausdruck
Freundliche Gesinnung	Nachahmung der Körperhaltung des Gegenübers, permanentes Lächeln
Interesse	Schief gelegter Kopf, zugewandter Körper, leicht nach vorne geneigte Schultern, Blickkontakt, leicht erhobene Augenbrauen
Langeweile	Rhythmische Bewegungen von Fingern, Händen oder Füßen, Sitzen mit gekreuzten Beinen, die Füße klopfend, wandernde Blicke, Augenrollen oder In-die-Ferne-Starren, häufige Veränderung der Sitzhaltung, Abstützen des Kopfes am Kinn
Missachtung	Die »kalte Schulter« zeigen, den Kopf erheben
Unehrlichkeit	Schnelleres Sprechen, Schwitzen, Verdecken des Mundes oder

	Reiben an der Nase, Lecken der Lippen, Hin- und Herrutschen beim Sitzen, übertrieben ernsthaftes Runzeln der Stirn, Zupfen am Ohr…
Unentschlossenheit	Nervöse Bewegungen von Händen und Füßen, Frisur ordnen, kratzen
Ungeduld	Klopfen oder Trommeln mit den Fingern
Unsicherheit, Nervosität	An den Nägeln kauen, Hin-und-her-Bewegungen des Körpers oder des Blickes, Reiben von Zeigefinger und Daumen, schnellerer Lidschlag, Anpressen der Arme an den Oberkörper, Heben des Schulterbereichs
Vorfreude	Reiben der Hände
Zuneigung	Körperliche Zuwendung, vorbeugen, häufiges Ansehen, häufige subtile Berührungen am Unterarm, anlachen
Zweifel, Misstrauen	Reiben der Augen, auf den Boden schauen, das Gesicht abgewandt, Heben einer Augenbraue bei gleichzeitigem Zurückziehen des Kopfes

gestreckt. Lässt Ihr Gegenüber noch den Kiefer fallen, dann handelt es sich um Überraschung, im positiven wie im negativen Sinne [f, S. 141].

Sorge

Die Stellung der Augenbrauen ist ein unfehlbarer Hinweis auf diese Emotion. Sie sind leicht erhoben, und es entsteht ein Kräuseln der Stirn zwischen den Augenbrauen [e, S. 141].

Beachten Sie bitte, dass…

… man niemals vergessen darf, dass die nonverbalen Aussagen mehrdeutig sein können, auch wenn die Interpretationen der körpersprachlichen Signale uns noch so einleuchtend erscheinen. Eine wirklich zuverlässige Einschätzung ist ausschließlich im Zusammenhang mit der Situation, der Umgebung, den sprachlichen Äußerungen und weiteren nonverbalen Signalen möglich.

Des Weiteren ist zu bedenken, dass wir annehmen, die körpersprachlichen Signale von Emotionen könnten auch interkulturell stets gleich gedeutet werden. Doch dies ist nicht immer der Fall, wie die Blickkontakt-Beispiele auf Seite 110 und 111 im Special »Internationale Körpersprache« gut veranschaulichen.

Vergessen Sie bitte nie, dass…

… wir in den allermeisten Fällen selbst der Auslöser für die Reaktionen, das Verhalten und unter Umständen auch die Emotionen unseres Gegenübers sind.

Der Spruch »So wie ich in den Wald hineinrufe, kommt es zurück« beinhaltet eine große Portion Wahrheit.

Vergeben und verzeihen

In jeder Partnerschaft entstehen kleine und leider manchmal auch größere Verletzungen. Und mit jeder Verletzung bleibt eine Narbe zurück. Gehen Sie deshalb vorsichtig und mit Gefühl in die Partnerschaft. Es gehört zum Leben, Verletzungen als Teil der eigenen Lebensgeschichte zu akzeptieren. Sich mit sich selbst zu versöhnen – ohne die Vergangenheit zu bagatellisieren. Wer mit dem eigenen Schicksal Frieden schließt, der kann viel gewinnen: ein besseres Lebensgefühl, mehr Würde und mehr Energie für einen neuen Anfang. Bleiben wir unversöhnt, verharren wir in einer passiven Opferrolle und sind auch künftig ein Gefangener des Konflikts, weil wir von Wut oder Rachegedanken blockiert sind.

Mit sich selbst und dem anderen ins Reine zu kommen, klingt eigentlich einfach, doch klappt es nicht auf Knopfdruck. Das Verzeihenkönnen ist nicht einfach und will gelernt sein. Wahre Versöhnung ist oft ein langwieriger Prozess, der in der Regel mehrere Phasen durchläuft:

Phase 1: entdecken

Wut, Ärger und Rachegefühle sind übliche Reaktionen auf eine Verletzung. Wichtig: Wut ist positiver als Hass, weil sie von Selbstrespekt zeugt. Ablenkung und Verdrängung sind in der ersten Phase heilsam, um Abstand zu gewinnen.

Phase 2: bedenken

Diese Phase ist gekennzeichnet durch Trauer und Enttäuschung. Eine »Ent«-»Täuschung« führt zu einer realen Sichtweise: Reflektieren Sie und fragen Sie sich ehrlich: Warum bin ich verletzt worden? Was habe ich dazu beigetragen? Was wollte ich nicht wahrhaben? Was habe ich mir schöngeredet?

Phase 3: einfühlen

Was kann in meinem Partner vorgegangen sein? Auf diese Weise können Sie zwar seine Schuld nicht auslöschen, sie wird für Sie aber nachvollziehbar.

Phase 4: vertiefen

Akzeptieren Sie die Verletzung und im besten Fall vergeben Sie. Gelingt dies, setzt oft eine große Erleichterung ein. Verzeihen fördert das Wohlbefinden, man löst sich aus der Opferrolle und wird wieder handlungsfähig.

Phase 5: versöhnen

Streben Sie eine Aussöhnung an, verzichten Sie dabei aber auf Forderungen oder Schuldzuweisungen. Versöhnung ist freiwillig und kann nur bedingungslos stattfinden. Das versöhnende Reichen der Hand fällt natürlich umso leichter, wenn der Partner Reue zeigt.

5:1 — Die Gottman-Konstante

Um ein negatives Partnererlebnis wieder auszugleichen oder wettzumachen, wie beispielsweise einen Streit oder eine Kränkung, ist es nach einer Untersuchung des GEO-Magazins erforderlich, dass der andere fünf positive Erlebnisse etwa der gleichen Größenordnung herbeiführt. Erst dann haben wir das Gefühl, dass wir mit dem Partner wieder quitt sind.

Special: Sinnlichkeit und Sex

Leidenschaft pur
Der beste Sex unseres Lebens? Allein bei der Erinnerung wird uns ganz anders. Uns wird furchtbar heiß, da gab es keine Momente des schamhaften Zögerns, es war vollkommen egal, was der andere von uns dachte. Wir schwitzten, krallten uns an den Haaren des anderen fest, seufzten, keuchten und hörten uns schmutzige Worte sagen. Dieser Sex war lustvoll, leidenschaftlich und hungrig. Wenn wir frisch verliebt sind, denken wir über Sex nicht großartig nach. Wir haben ihn einfach, weil wir immer Lust darauf haben. Wir können die Hände nicht von unserem Partner lassen, wollen ihn sehen, spüren, schmecken, riechen und hören.

Nachlassendes Begehren
Nach einiger Zeit lässt dieses intensive Begehren nach, wir sinken nicht mehr jede Nacht vom Liebesspiel erschöpft in die Kissen. Nun ist es nicht ungewöhnlich, dass Sex als Komponente der Partnerschaft mit der Zeit etwas einschläft. Die sogenannte Koitusfrequenz geht nach etwa eineinhalb Jahren auf rund die Hälfte zurück, im Vergleich zu dem Liebeshoch der ersten Wochen. Auch bei sexuell glücklichen Paaren.

Schönste Nebensache der Welt
Sex macht schön, beflügelt, stimuliert das Immunsystem, hilft beim Abnehmen, schützt vor Krankheiten und ist ein wirkungsvolles Beruhigungsmittel – eine ganze Menge Argumente für die schönste Nebensache der Welt. Aber ein erfülltes und glückliches Liebesleben ist nicht nur für Körper und Seele ein echter Jungbrunnen, sondern auch für unsere Beziehung.

Sehnsucht nach Sinnlichkeit
In der vertrauten Umgebung einer Partnerschaft fühlen wir eine große Geborgenheit und können Nähe, Hingabe, Berührung, Körperlichkeit und Sinnlichkeit intensiv erleben – alles Bereiche unseres Wesens, nach denen wir uns immer wieder sehnen.

Erfülltes Sexualleben
Dabei sollte man Sexualität nicht automatisch mit Liebe gleichsetzen. Man kann sehr wohl sexuelle Gefühle haben, ohne zu lieben. Und genauso kann man einen Menschen lieben, ohne sexuell erregt zu sein. Dennoch sagen rund 50 Prozent der Menschen, die in einer Partnerschaft leben, dass guter Sex »ausschlaggebend für das Funktionieren einer Partnerschaft« sei. Und fast jeder dritte Single (egal, ob männlich oder weiblich) meint, dass guter Sex sogar »DER entscheidende Faktor für den Erfolg einer dauerhaften Beziehung« ist. Stimmen also die Umfragen, nach denen fast jeder Deutsche ein erfülltes Sexualleben hat? Von den seit

Special: Sinnlichkeit und Sex

Langem zusammenlebenden deutschen Paaren finden rund 80 Prozent ihren Partner oder ihre Partnerin immer noch sexuell attraktiv. Drei Viertel der Befragten sind mit ihrem Liebesleben voll und ganz zufrieden. Insgesamt meinen etwa 60 Prozent der Deutschen, dass die Sexualität in der Partnerschaft im Lauf der Zeit intensiver und schöner geworden sei. Nur jeder Vierte vermisst die Leidenschaft vom Anfang der Partnerschaft.

Erotik planen

Je länger eine Partnerschaft dauert, desto mehr werden Sex und Erotik eine Frage der bewussten Entscheidung. Nicht die Lust entscheidet mehr, wann, wo und wie wir uns lieben, sondern unser Wille entscheidet. Wir müssen romantische Situationen bewusst schaffen, Gelegenheiten planen, Erotik pflegen.

Lust und Vergnügen für beide

Die meisten Paare finden es schwierig, über Sex zu reden und können dadurch nur schwer sagen, was dem anderen im Bett wirklich Lust spendet. Dadurch entwickeln sie auch keinen Sinn für den richtigen Zeitpunkt und glauben oft, die Häufigkeit des sexuellen Zusammenseins sei für ein erfülltes Liebesleben entscheidend. Ein Irrtum, denn für manche Paare ist einmal Sex im Monat gerade richtig, für andere zehnmal. Für ein beiderseits befriedigendes Sexualleben ist es wichtig, dass die Partner sexuell zueinanderpassen. Das heißt, dass sie sehr ähnliche Ansichten von Liebe und Sexualität haben und bereit und fähig sind, ein Sexualleben zu gestalten, das für beide Seiten Lust und Vergnügen bereitet. Solche Partner haben Lust aufeinander, finden sich gegenseitig erotisch, sind sich körperlich sympathisch und verstehen sich im Bett.

Liebesbotschaften flüstern

Zu einer befriedigenden Sexualität gehören auch Gespräche. Reden Sie über Wünsche und Bedürfnisse. Ihr Partner kann nur ahnen, was Ihnen gefällt. Sprechen Sie beim Sex. Das törnt an. Ob Sie Liebesbotschaften ins Ohr hauchen oder eher Dirty Talk bevorzugen, das bleibt Ihnen überlassen. Betrachten Sie die Sexualität als ein schönes Spiel mit vielen Nuancen.

Mit allen Sinnen genießen

Manche Paare können sich allein durch zärtliche oder aufreizende Blicke in Erregung bringen. Streicheln, Liebkosungen mit den Fingerspitzen, Küssen, Berührungen mit der Zunge und zärtliches Liebesgeflüster sind wichtige Bestandteile. Auch ein wenig Humor kann bestimmt nicht schaden, wenn man in die richtige Stimmung kommen will. Sex ist Körpersprache par excellence, also erleben Sie ihn mit allen Sinnen!

Streicheleinheiten gewähren

Bereits als Babys genießen wir sie und das ändert sich auch nicht mit dem Älterwerden: Berührungen vermitteln Geborgenheit und entspannen den Körper. Durch Streicheln können wir den Körper des Partners in Erregung bringen. Umarmen Sie Ihren Liebsten, bieten Sie ihm eine Rückenmassage an, wenn er verspannt ist. Es macht Lust auf mehr.

Zärtliches Kneten und Klopfen

Gerade Männer genießen es, am ganzen Körper gestreichelt zu werden. Wandern Sie mit kreiselnden Bewegungen in die Bauch- und Taillengegend. Frauen mögen das Streicheln des Nackens, des Bauches und der Brüste. Besonders erregbar sind auch die Hautpartien unter den Achseln, Kniekehlen, Fußsohlen und die Innenseiten der Schenkel. Lassen Sie durch das Reizspiel der Hand Lust entstehen. Das kann dabei vom sanften Kitzeln oder Streicheln bis zum festen Kneten oder Klopfen gehen. Diese Reize werden zum Gehirn geleitet, wo allmählich die sexuelle Erregung steigt.

Augenblicke stimulieren

Ein tiefer Blick in die Augen kann uns fesseln und ein Versprechen zu mehr sein. Wenn die Augen Ihres Partners Ihren ganzen Körper mustern, dann entziehen Sie sich nicht. Verstecken Sie Ihre Schwachstellen nicht, kokettieren Sie mit dem, was Sie haben, und lassen Sie ihn gewähren. Niemand ist perfekt, auch nicht Ihr Partner. Gerade Männer werden schon durch das Betrachten einer nackten oder halbnackten Frau sehr stark erregt. Ermutigen Sie Ihren Partner sich auch zu zeigen, lassen Sie sich von seinem Anblick stimulieren.

Lauschen Sie mal

Auch das Gehör steht im Dienst der Sexualität. Unser Selbstbewusstsein wird gestärkt, wenn wir zärtliche Komplimente hören. Wir empfinden Vertrauen, wenn ein liebevoll geraunter Kosename an unser Ohr dringt. Flüstert uns unser Partner jetzt noch zu, was er gern tun würde, dann wird das die sexuelle Erregung weiter steigern. Lassen Sie sich verführen! Beim Liebesspiel entsteht eine antörnende Geräuschkulisse. Hören Sie, wie Sie sich küssen oder Ihr Partner leise stöhnt? Ein kleiner Tipp an dieser Stelle: Gönnen Sie auch Ihrem Partner diese Erfahrung und bleiben Sie beim Sex nicht schweigsam.

Betörender Duft

Beim Liebesspiel nimmt auch der Körpergeruch eine ganz wichtige Rolle ein. Wir suchen unseren Partner danach aus, ob wir ihn gut riechen können, und der Duft der Haut oder der Geruch der Achselhöhlen steigert unsere sexuelle Erregung. Duftstellen sind auch das Gesicht, die Kopfhaut, Ohren, Augenlider, Bauchnabel und unser Schambereich. Pflegen Sie Ihren Körper, aber machen Sie Ihren Duft nicht durch zu viel Parfum kaputt.

Verwöhnbad zu zweit
Und auch um ein erotisches Umfeld zu schaffen und intime Stunden zu bereichern, können Sie mit Düften spielen. Etwa durch einen Dufthauch in der Luft oder ein sinnliches Bad zu zweit. Parfümieren Sie das Badewasser mit Jasmin, Sandelholz, Vanille, Moschus oder Zimt. Diese Düfte beflügeln die Fantasie und wirken sexuell stimulierend.

Naschkatzen schmecken
Vernachlässigen Sie auch diesen Sinneseindruck nicht. Essen Sie etwas Ähnliches, wenn Sie Sex im Sinn haben. Wenn Ihr Partner keinen Knoblauch isst, dann lassen Sie ihn ebenfalls sein. Verzichten Sie Ihrer Liebsten zuliebe auch einmal auf Bier und genießen Sie mit ihr stattdessen ein Glas Wein. Sie sorgen damit für Harmonie und können sich einander viel offener zuwenden. Küssen Sie sich, schmecken Sie den leicht salzigen Geschmack der Haut. Probieren Sie geduldig und einfallsreich aus, auf welche Stimulierungsmöglichkeiten Sie und Ihr Partner besonders gut ansprechen.

Leidenschaftlich küssen
Erfahrene Liebhaber wussten es schon immer: Eine Frau, die einem Mann einen leidenschaftlichen Kuss gewährt, wird ihm auch den Rest nicht verwehren. Küssen spielt in der Sexualität eine überragende Rolle, der Mund gehört zu den sexuell empfindlichsten Zonen. Bei einem leidenschaftlichen Kuss werden alle fünf Sinne gleichermaßen angesprochen und tragen zum gemeinsamen Liebesglück bei.

Spiel von Lippen und Zunge
Unsere Lippen haben Signalwirkung in Sachen Erotik, sie stehen als Symbol für Sinnlichkeit an erster Stelle. Das zärtliche Spiel von Lippen und Zunge beschränkt sich selten nur auf den Mund des Partners, sondern kann sich über den ganzen Körper erstrecken. Eine solche Reise regt die Fantasien an. Männer sollten wissen, dass Küsse auf den Hals der Partnerin sehr erregend sind. Beim Bauchnabelkuss sind sie auf direktem Weg zu ihrer Scham, bis dahin sind es nur noch wenige Zentimeter. Küssen Sie ihre Brüste, wird ihre Leidenschaft stark ansteigen. Auch der Zunge kommt beim Küssen eine entscheidende Rolle zu. Der Zungenkuss ist leidenschaftlich und von spielerischer Dominanz geprägt. Wissen Sie noch, wie Cary Grant Eva Marie Saint in ›Der unsichtbare Dritte‹ geküsst hat? Er umfasste ihr Kinn, Hals und Hinterkopf. Dieser Griff ist animalisch, intim, galant und wirklich großes Kino. Probieren Sie es!

Sekunden der Seligkeit für Frauen
Der Höhepunkt lässt Frauen alles vergessen, raubt ihnen die Sinne. Untersuchungen zeigten, dass im Moment der Ekstase weite Bereiche des weiblichen Gehirns nahezu lahmgelegt sind, so, als würde das Denkorgan für eine kurze Zeit nicht mehr funktionieren. Anscheinend sorgt das Gehirn während des Höhepunkts dafür, dass sich Frauen uneingeschränkt der Empfängnis hingeben. Dabei entspannt sich ihr Körper so stark, dass sie keine Angst mehr verspüren und fast gänzlich auf Vernunft und Kontrolle verzichten.

Natürliches Aufputschmittel für Männer
Dagegen stellten die Forscher bei Männern ein Feuerwerk von Nervensignalen während des Höhepunkts fest. In den Hirnarealen, die für Bilder, Formen und Bewegung zuständig sind, stieg die Aktivität extrem an. Zu gleicher Zeit schüttete das sogenannte Belohnungszentrum im Gehirn das Hormon Dopamin aus – ein natürliches Aufputschmittel, das den Körper stimuliert und ihm Wohlgefühle vermittelt. Nach Ansicht der Sexualwissenschaftler ist diese impulsive Anstrengung des männlichen Gehirns nicht verwunderlich, denn die Aussicht auf den beglückenden Höhepunkt sporne die Männer an, sich auf die Suche nach einer Frau zu machen.

Kuscheliges Ende
Auch nach dem Sex findet ein Austausch vieler körpersprachlicher Signale zwischen einem Paar statt. Der Ganzkörperkontakt mit der dazugehörigen Wärme bleibt den Partnern noch lange Zeit nach dem Sex im Gedächtnis. Paare, zwischen denen eine enge emotionale Verbundenheit herrscht, halten Händchen, liegen dicht beieinander, nehmen sich in den Arm oder unterhalten sich. Dagegen empfinden wir es eher als kühl und abweisend, wenn der Partner danach sofort aufsteht und duscht oder sich gleich umdreht und einschläft.

Alles Begehren entsteht im Kopf
Beim Sex scheint zwar alles vom Unterleib auszugehen, doch dabei handelt es sich um eine Täuschung. Vielmehr muss das Gehirn als unser wichtigstes Sexualorgan angesehen werden. Hier entscheiden wir, was uns erregt, und hier entstehen Lust und Erotik. Erotische Fantasien hat eigentlich jeder. Und diese Träume sind der Schlüssel für ein richtig gutes Liebesleben. Im Durchschnitt träumen Frauen fünfmal im Monat von Sex, Männer sogar dreimal häufiger. Was beiden gemeinsam ist: Sie lieben im Schlaf wilder, leidenschaftlicher und unartiger. Fantasien sind die stärksten Lust-Multiplikatoren einer Frau. Und auch wenn die Redensart sagt, dass der Mann nur mit dem einschlägigen Organ denke: In Wirklichkeit hat alles Begehren seinen Ursprung im Kopf.

Special: Sinnlichkeit und Sex

Kein Mittel gegen Unlust
Nun kennt man zwar die Mechanismen, die das Hirn zur Schaltzentrale der Lust machen, aber ein Gegenmittel gegen Unlust gibt es bisher nicht. Und die Statistik sagt, dass immerhin 20 bis 30 Prozent aller Männer und Frauen keine Lust auf Sex haben. Dagegen können auch Viagra & Co. nichts ausrichten, denn sie verstärken lediglich die Durchblutung der Geschlechtsorgane, Verlangen machen sie nicht.

Klassische Lustfeinde
Dafür können Stress, Sorgen, Erwartungsängste, unzureichende Hygiene, fehlender Respekt und mangelnde Selbstliebe das Verlangen nach Sex verhindern. Was Sie gegen fehlende Selbstliebe tun können, habe ich Ihnen ausführlich in meinem Buch »Mehr Mut zum Ich« erklärt. Wenn Sie das beherzigen, werden Sie auch Ihrer Sexualität gegenüber wieder offener sein. Ist die erotische Anziehungskraft allerdings endgültig versiegt, ist das meist ein ernsthaftes Alarmzeichen. Vor allem wenn einer der beiden Partner darunter leidet, ist fehlende Sexualität eine Gefahr für die Partnerschaft.

Keine zärtlichen Berührungen mehr?
Einen kritischen Blick auf die Beziehung sollte man dann werfen, wenn es auch abseits des Schlafzimmers keine zärtlichen Berührungen mehr gibt. Dies ist ein klares Warnsignal, dass es tiefere Unstimmigkeiten gibt. In einem solchen Fall ist es wichtig, folgende Punkte gemeinsam zu klären und sich vielleicht auch einer Paartherapie zu unterziehen: Hat es Auseinandersetzungen gegeben, bevor das Liebesleben einschlief? Ungeklärte Konflikte bauen Barrieren auf, zerstören das Vertrauen und den Wunsch nach intimer Nähe.

Lustlosigkeit des Partners akzeptieren?
Ist wirklich nur einer der beiden Partner mit der sexlosen Beziehung glücklich? Manchmal spüren wir nur die Lustlosigkeit des anderen und finden uns damit ab aus Angst, zurückgewiesen zu werden. Vielleicht steckt ja auch die Unsicherheit des Partners dahinter, mit den Jahren nicht mehr ausreichend attraktiv und begehrenswert zu sein.

Auch ohne Sex glücklich?
Gibt es vertraute Gespräche, Zweisamkeit, Humor, gemeinsame Gewohnheiten und Zärtlichkeiten? Wenn ja, ist alles gut. Dann sollten Sie Ihre Beziehung genießen. Wo die Leidenschaft schläft, sucht sich die Liebe oft neue Wege. Man nimmt den Partner anders wahr, sieht vielleicht ganz neue Facetten seiner Persönlichkeit und der Beziehung.

Eins & eins macht drei – vom Paar zur Familie

Viele Paare glauben, dass ihr Glück erst vollkommen wird, wenn sie Eltern werden. Richtig ist, dass die Geburt eines Kindes ein Wunder der Natur ist und wohl für alle Paare ein unvergleichliches Erlebnis. Doch welche Auswirkungen hat die Geburt eines Kindes auf die Partnerschaft? Und kann es einem Paar gelingen, trotz Elternschaft zur vorherigen leidenschaftlichen Beziehung zurückzukehren?

Schwieriger Rollenwechsel

Ist das Paar bereit, die volle Verantwortung für das Neugeborene zu übernehmen, ist dies eine äußerst bereichernde Erfahrung für beide Elternteile und die Beziehung. Die Geburt eines Kindes bringt allerdings neben der Verantwortung für die Eltern auch vollkommen neue Aufgaben für den Beziehungsalltag. Der gesamte Tagesablauf und Lebensrhythmus wird umgestellt, alles fokussiert sich jetzt auf das Kleine. In dieser Phase können Eltern häufig das Gefühl bekommen, das eigene Leben nicht mehr selbst zu bestimmen, denn das Kind und seine Bedürfnisse geben den Takt vor. Und vom Durchschlafen können die meisten häufig nur noch träumen.

In dem Moment, in dem Sie Eltern werden, können zugleich die Erinnerungen an die eigene Kindheit wieder lebendig werden. Längst vergessene Themen tauchen plötzlich auf, die dann in die Beziehung eingebracht werden. Als verliebtes Paar hatte man sich vielleicht vorgenommen, nie so zu werden wie die eigenen Eltern. Doch jetzt, in der neuen Situation, können sich alte Verhaltensweisen und -muster einstellen und die Partnerschaft beeinträchtigen.

Von Geliebten zu Eltern

Eine Langzeitstudie an über 200 Ehepaaren mit Nachwuchs ergab, dass sich neun von zehn Beziehungen nach der Geburt des ersten Babys scheinbar verschlechterten. Kann also der Nachwuchs die Lebensqualität beeinträchtigen? Das Nachlassen der Qualität einer Beziehung hängt natürlich nicht nur davon ab, ob ein Kind auf die Welt kommt. »Auch bei kinderlosen Paaren lässt die Qualität der Ehe mit der Zeit nach«, sagt der Psychologe Scott Stanley von der Universität Denver. Ein Baby kann eine Beziehung auf vielen Ebenen belasten, sodass es in der Umstellungsphase kurz nach der Geburt des Kindes zu Problemen in der Partnerschaft kommen kann. Hiervon sind vor allem junge Paare betroffen, besonders bei ungewollten Schwangerschaften oder auch bei Paaren mit niedrigem Einkommen. Sind Paare schon länger verheiratet und haben sie auch ein höheres Einkommen, stärkt der Nachwuchs die gefühlte Ehequalität. Scott Stanley kommt daher zu dem Ergebnis, dass Nachwuchs nicht grundsätzlich die Lebensfreude oder die Partnerschaft trübe. Er meint sogar, dass die Gründung einer Familie eine neue Dimension der Freude und Zufriedenheit erschließen lassen kann. Dieser Meinung kann ich mich nur anschließen, da es wie sehr häufig im Leben auf die persönliche Einstellung ankommt.

Eine Reihe von Untersuchungen zeigt, dass allgemeine Beziehungskompetenzen, wie Respekt, Anerkennung, ausreichende Kommunikation, eine zufriedene Partnerschaft und ein gutes Maß an Selbstständigkeit die besten Voraussetzungen für einen erfolgreichen Übergang von der Zweierbeziehung zur Familie mit Kind sind. Wichtig ist dabei, dass sich die Partner auch nach der Geburt Freiräume zugestehen. Die Ausgewogenheit zwischen der partnerschaftlichen Gemeinschaft einerseits und der Eigenständigkeit der Partner andererseits aktiviert die Mobilisierungskräfte für eine gelungene Partnerschaft und fördert die kindliche Entwicklung am besten. Kinder spüren Konflikte zwischen den Eltern. Schaffen es die Partner, Auseinandersetzungen durch viel Wärme und liebevolle Zuwendung auszugleichen, werden die negativen Folgen der Konflikte nicht nur für die Partner, sondern auch für die Kinder wettgemacht.

Was die Fruchtbarkeit angeht

Laut kalifornischer Studien produzieren Frauen, die gestresst sind, rund 20 Prozent weniger Eizellen als Frauen, die sich sorgenfrei fühlen. Diejenigen Frauen, die sich mit beruflichen und gesundheitlichen Problemen herumschlagen mussten, hatten auch bei der Befruchtung weniger Erfolge als gelöste Frauen. Und eine Studie von brasilianischen Forschern zeigte, dass Koffein die Spermien der Männer in Schwung bringt. Bei der Untersuchung von mehr als 700 Männern kam zutage, dass die Spermien der Kaffeetrinker wesentlich mobiler waren als die der koffeinabstinenten Kollegen.

Ein Fundament für die Familie schaffen

Ein Kind zu bekommen bedeutet für ein Paar meist nicht, neun Monate auf Wolke sieben zu schweben. Die Schwangerschaft bringt zuweilen auch Stimmungshochs und -tiefs mit sich, ohne dass man im ersten Moment erkennen kann, warum.

Diese Gemütsschwankungen, die von »himmelhochjauchzend und dann wieder zu Tode betrübt« reichen können und durch die hormonellen Umstellungen im Körper einer Schwangeren verursacht werden, führen bei guten Partnerschaften dazu, dass am Ende der neun Monate die Beziehung besser und inniger wird, da die Partner noch mehr aufeinander eingehen. Auch Paare mit einer etwas schwierigeren Beziehung könnten hier versuchen, durch besondere Einfühlsamkeit und Toleranz den Nährboden für ein stabiles Fundament zu schaffen. Gerade am Anfang einer Schwangerschaft geraten die Gefühlswelten der werdenden Mutter und des Vaters in heftige Turbulenzen, da sich viele Fragen und Unsicherheiten auftun:

› Wird meine Partnerin in ihrer Mutterrolle aufgehen und für nichts anderes mehr Zeit haben?
› Wird mein Partner mich mit dem Baby unterstützen?
› Wird er sich lieber in der Arbeit oder bei seinen Kumpels aufhalten?
› Was wird aus unserer Beziehung, aus unserer Liebe?
› Was ist mit der Sexualität? Wie kann sie in der Schwangerschaft gelebt werden?
› Wird sich mein Partner als guter Vater erweisen und bewähren?
› Wie reagiere ich am besten auf die Gefühlsschwankungen meiner Partnerin?
› Wie und wo kann ich meine Partnerin unterstützen?
› Welche Erwartungen hat meine Partnerin oder mein Partner in der neuen Situation an mich?

Solche oder ähnliche Fragen können werdende Eltern verunsichern.

Was sich durch Schwangerschaft und Geburt ändert

Eine Schwangerschaft ist eine ganz besondere Erfahrung im Leben einer Frau. Der Prozess von der Schwangerschaft bis hin zur Geburt führt nicht nur zu emotionalen Schwankungen, sondern löst auch eine veränderte Selbstwahrnehmung aus. Die werdende Mutter sorgt sich um die gesunde Entwicklung des Kindes, erfährt ihren sich laufend verändernden Körper und erlebt durch die Geburt am Ende enorme Umstellungen bei der Trennung vom Kind. Sie macht neun Monate spannende, glückliche, aber auch drastische und immer wieder verunsichernde Phasen durch. Die Geburt ist für Mütter neben der Erleichterung auch mit Schmerz, Verantwortung und viel Arbeit verbunden. Und danach stellt sich der Hormonhaushalt der Mutter erneut um und erzeugt bei vielen einen Zustand von Euphorie und Freude, aber auch von Wehmut, Traurigkeit, Erschöpfung bis hin zum Baby Blues, was früher auch als Wochenbett- oder Kindbettdepression bezeichnet wurde.

Wie Sie Ihre Frau unterstützen können

Es verwundert nicht, dass während einer Schwangerschaft in der Beziehung nicht immer eitel Wonne herrscht. Beherzigen Sie auch hier die wichtigste Regel: Reden Sie miteinander. Machen Sie Ihre Gedanken, Bedenken und Ängste zum Thema. Sprechen Sie über Ihre Zukunftsvorstellungen. Beraten Sie über zukünftige Aufgaben, und wie Sie diese bewältigen wollen. Erörtern Sie die Werte, nach denen Sie Ihr Leben als Familie gestalten wollen.
Träumen Sie gemeinsam: Stellen Sie sich vor, wie es sein wird, ein Baby im Arm zu halten, ein Kind an der Hand zu führen, seine Wärme und sein Vertrauen zu spüren, sein Lachen zu hören.

Tasten Sie sich vorsichtig heran

Am Anfang einer Schwangerschaft fühlen sich Männer oft ausgeschlossen, weil viele Frauen zu diesem Zeitpunkt stark mit sich und ihrem Körper beschäftigt sind. Kein Wunder, denn ihr Körper ist im Umbruch. Lassen Sie sich aber nicht entmutigen, denn natürlich ist Sinn für Nähe und Zärtlichkeit vorhanden. Aber tasten Sie sich am besten ganz langsam vor. Wenn der Bauch der Frau wächst, wird die Schwangerschaft für Sie greifbarer. Sie sehen auf Ultraschallbildern das Ungeborene und spüren die ersten Kindsbewegungen im Bauch Ihrer Partnerin. Cremen Sie täglich den Bauch der werdenden Mutter ein, damit fördern Sie den Kontakt zu Ihrem ungeborenen Kind und geben Ihrer Frau das Gefühl, mit ihrer Schwangerschaft angenommen zu sein. Zugleich können Sie der Bildung von Schwangerschaftsstreifen vorbeugen.

Genießen Sie die Zeit als Paar

Nutzen Sie die Zeit bis zur Geburt noch, einander als Paar zu genießen und sich nahe zu sein. Sexualität ist bei einer unproblematischen Schwangerschaft durchaus erlaubt und wirkt sich positiv aus. Doch bedenken Sie: Es gibt kein Patentrezept für Intimität in der Schwangerschaft. Jede Schwangerschaft verläuft anders, und jede Schwangere ist anders. Nehmen Sie die Bedürfnisse Ihrer Frau wahr. Die Hormonumstellung und die körperlichen Veränderungen fühlen, hören und sehen Sie. Manche Frauen sind während der Schwangerschaft empfindsamer, weinen häufiger, sind angespannter, ängstlich, leiden unter Schlafstörungen, Hungerattacken und vieles mehr. Unterstützen Sie Ihre Frau und nehmen Sie emotional und körperlich Anteil, indem Sie sie halten, drücken, streicheln, den Arm um die Schultern legen. Sie braucht gerade jetzt das Gefühl von Anerkennung und Liebe. Denken Sie auch daran: Sex ist nicht immer gleich Geschlechtsverkehr. Kuscheln, Massagen,

---

Sex in der Schwangerschaft
Hier bieten sich unterschiedliche Stellungen an, wie die Löffelchen-Stellung – der Mann liegt seitlich hinter der Frau – oder probieren Sie es mit der »A-Tergo«-Stellung – die Frau kniet auf allen Vieren, öffnet leicht die Beine, der Mann dringt von hinten in sie ein. Generell lautet die Devise, alles geht – es müssen nur beide wollen.

Streicheleinheiten und besondere Aufmerksamkeiten nehmen einen wichtigeren Stellenwert ein und können ebenfalls Intimität erzeugen. Vielleicht gelingt es Ihnen sogar, sich in die Lage Ihrer Frau zu versetzen. Überlegen Sie: Was würden Sie sich wünschen, müssten Sie neun Monate lang ein Kind austragen? Angesichts dieser Vorstellung fällt Ihnen die Rücksichtnahme auf Ihre Frau bestimmt viel leichter.

Sexuelle Nähe – ja oder nein?

Grundsätzlich gilt: Sex während der Schwangerschaft ist erlaubt. Sie können alles tun, was Ihnen Spaß macht und Ihrer Partnerin gefällt. Auch leidenschaftlicher Sex und starke Penetration können dem Baby nicht schaden. Wird der Bauch größer, empfinden viele Schwangere die Missionarsstellung als unangenehm. Bei Risikoschwangerschaften sollte Geschlechtsverkehr nach Rücksprache mit dem Frauenarzt stattfinden. Nur acht Prozent der Paare erhalten ein Sexverbot. Verwenden Sie Kondome. So schützen Sie die Mutter und das Ungeborene vor möglichen Infektionen. Beim Geschlechtsverkehr wird die Gebärmutter gelockert und trainiert. Die stärkere Durchblutung und das vertiefte Atmen kommen der Frau und damit dem Baby zugute. Viele schwangere Paare erleben ihre Sexualität glücklicher, befreiter und intensiver.

Oft sind die Frauen ab dem zweiten Drittel der Schwangerschaft sexuell empfindsamer als je zuvor. Auch für den Mann kann Sex in dieser Zeit außerordentlich schön sein und die spezielle Art der Intimität kann beiden Partnern sehr viel Nähe vermitteln. Aber wohlgemerkt: Alle diese positiven Erfahrungen sind nicht zwingend. In einigen Schwangerschaften ist kein Raum für sexuelle Nähe. Viele Frauen haben in den ersten und letzten Wochen aus physischen und psychischen Gründen wenig Lust auf Sex. Denn die Hormonumstellung der ersten Monate führt oft zu Übelkeit und starker Müdigkeit, und auch die anhaltenden Kreuzschmerzen stimmen nicht gerade erotisch. Aber es gibt auch Männer, die sich jetzt schwer damit tun, sexuell aktiv zu werden. An den veränderten Körper einer Frau muss sich mancher Mann erst gewöhnen. Zwei innere Bilder müssen sich noch vereinen: das Bild der Geliebten mit dem der werdenden Mutter.

Gemeinsam die Geburt erleben

Während der Geburt sind es eher kleine Gesten, unscheinbare Dinge, mit denen ein Partner seine Frau unterstützen kann. Siehe auch dazu die Kapitel »Flirt und Dating« auf Seite 50 und »Paar werden« auf Seite 91. Viele Frauen erzählen nach der Geburt, wie gut es ihnen getan hat, dass ihr Mann einfach nur da war. Die Anwesenheit des vertrauten Menschen ist der Ausdruck von Wertschätzung. Schutz und Liebe geben einer Frau in dieser Situation wichtige Unterstützung. Schenken Sie Ihrer Frau während des Geburtsvorganges Ihre gesamte Aufmerksamkeit. Beruhigen Sie sie und unterstützen Sie sie bei der Atmung. Während des Geburtsvorgangs erlebt fast jede Frau das Gefühl, einfach »nicht mehr zu können«, will alles abbrechen, nach Hause gehen, ist verzweifelt oder tief verzagt oder auch aggressiv – alles ist möglich. Viele Frauen beschreiben diese Phase als eine extreme Form der Selbsterfahrung. Hier können Sie als Partner vor allem Trost spenden und Mut zusprechen. Dabei dürfen Sie es nicht persönlich nehmen, wenn sich Ihre Frau Ihnen gegenüber vielleicht ablehnend verhält. Einige Frauen wollen in dieser Phase nicht mehr berührt oder massiert werden. Die Ausnahme ist möglicherweise ein kräftiger Druck gegen das Kreuzbein, der meist noch als sehr wohltuend empfunden wird.

Paarliebe wird zu Elternliebe

Im Moment der Geburt des Kindes erweitert oder wandelt sich die Paarliebe zu Elternliebe. Ohne sie könnte der neugeborene Mensch in der ersten Zeit nach der Geburt kaum überleben. Und nur, wenn die Eltern das Kind liebevoll annehmen und versorgen, kann das Kleine sich körperlich und geistig gut entwickeln und zu einem rundum gesunden Menschen heranwachsen. Die Natur hat es daher so eingerichtet, dass die Liebe der Mutter oder auch des Vaters zum Kind eine bedingungslose und selbstlose Liebe ist.

Eine gute Partnerschaft als beste Basis für Ihr Kind

Achten Sie darauf, dass die Liebe zu Ihrem Kind nicht die zu Ihrem Partner verdrängt, sondern übertragen Sie sie am besten auf Ihren Partner. Denn die Qualität der elterlichen Beziehung trägt wesentlich zum Wohlbefinden aller Familienmitglieder bei. Und in einer intakten Familie aufzuwachsen, ist das Beste, was Sie Ihrem Kind als Basis für sein Leben mitgeben können. Als gute Eltern haben Sie die Verpflichtung, sich bewusst um die Qualität Ihrer Partnerschaft zu kümmern. Was können Sie tun, um eine gute Eltern- und Partnerschaft aufzubauen und aufrechtzuerhalten? Hier einige Anregungen:

1. Akzeptanz

Durch die neue Situation zu dritt werden die Rollen der Partner neu definiert und müssen sich erst einspielen. Überlegen Sie, wie Sie kritischen Situationen entgegentreten und Ihre Stärken optimal verteilen können. Welche Unterstützungen sind nötig? Wer ist für welche Sache zuständig? Wie gehen Sie mit Kritik und Konflikten um? Welche Maßnahmen gibt es, um Ihr Team zu stärken? Ein erhöhtes Maß an Akzeptanz und Kommunikation ist nun gefordert. Gehen Sie offen auf den Partner zu und sprechen Sie über alle schwierigen Punkte, denn Ihr Partner ist kein Hellseher. Legen Sie den Fokus immer wieder bewusst auf das Positive, denn das, was wir dauerhaft denken, tritt ein!

2. Beziehungsarbeit

»Meine Frau ist nur noch für unseren Sohn da.« Die nicht immer spaßig gemeinte Aussage sollten Sie ernst nehmen. Die gesamte Energie wird oft für das Neugeborene aufgewendet, und alles dreht sich nur noch um Erziehung, Windeln wechseln und Haushalt. Für die Partnerschaft scheint keine Zeit mehr übrig zu sein. Nehmen Sie sich Zeit als Paar. Hormonelle Umstellungen, Erschöpfung oder das neue Terrain können für zusätzliche Zurückhaltung gegenüber dem Partner sorgen. Lassen Sie die Partnerschaft nicht schleifen und nähern Sie sich (langsam) wieder an. Nehmen Sie sich bewusst Auszeiten. Planen Sie ab und an ein verlängertes Wochenende ohne Kind, verbringen Sie gelegentlich einen Abend zu zweit, reservieren Sie jeden Tag eine kurze Zeit für sich als Paar. Außerdem ist es wichtig, gemeinsame Interessen (weiter) zu pflegen. Überlegen Sie, welche Basis Sie vor der Familiengründung in Ihrer Beziehung hatten. Verzichten Sie nicht auf Sport, Hobbys oder Freundschaften. Bleiben Sie im Gespräch. Wenn Sie sich Ihre Wünsche und Erwartungen, Ärger und Ängste offen mitteilen, können Sie die Herausforderungen des neuen Familiendaseins gut bewältigen. Vergessen Sie auch nicht die Intimität und entdecken Sie sich von Neuem.

3. Autoritätsausgleich

Achten Sie auf eine ausgewogene Rollen- und Machtverteilung. Wenn nur einer bestimmt, wird der andere in eine abhängige Position gedrängt, gegen die er eines Tages revoltieren wird. Dies gilt auch hinsichtlich der Themen Geld, gesellschaftlicher Status oder Job. Sollte ein Partner immer unterlegen sein, kann es geschehen, dass er seine Machtressourcen, die Beziehung zu den Kindern oder die eigene körperliche Attraktivität (häufiger bei Frauen) nutzt und sie gegen die Dominanz des Partners ausspielt. Sie beide sollten mit der Machtverteilung zufrieden sein und selbst bestimmen, wann und wo Sie sich dem anderen »unterwerfen«, wobei unterm Strich die Konten ausgeglichen sein sollten.

4. Kreativität

Bleiben Sie kreativ und nützen Sie Krisen als Chance. Krisen sind in einer Paarbeziehung normal und nicht per se schon ein Anzeichen dafür, dass etwas nicht stimmt. Es spricht für eine lebendige Beziehung, wenn Partner nicht immer einer Meinung sind. Die permanente Anpassung an neue Begebenheiten und Situationen ist wichtig, um Ihre Beziehung zu spüren. Bleiben Sie kreativ und machen Sie sich Gedanken darüber, wie Sie die Situation ausgleichen können, ohne dass ein bleibender Schaden an der Partnerschaft entsteht. Eine Anpassung ist in jeder Beziehung erforderlich. Auch schwere Lebenskrisen wie Krankheit oder Unfälle können eine Partnerschaft stark fordern. Nutzen Sie auch solche Krisen als Chancen für die Weiterentwicklung Ihrer Partnerschaft. Sie werden dafür belohnt werden.

5. Reflexion

Sehr wichtig für die Pflege der Partnerschaft ist auch, dass Sie den auftauchenden Problemen auf den Grund gehen. Wenn Ihr Kind schulische Probleme hat, kann das viele Ursachen haben. Möglicherweise liegt es aber nicht an der Intelligenz des Kindes, sondern es möchte den Vater dazu bringen, sich mehr um die Familie zu kümmern. Das Schulproblem ist nur der Hilfeschrei des Kindes, der von verantwortungsvollen Eltern gehört werden sollte. Und wenn einer der Partner untreu ist, kann dies bewirken, dass dem Paar bewusst wird, dass das gemeinsame Leben in der bisherigen Form uninteressant wurde, und dass die vernachlässigten Seiten der Beziehung wieder aktiviert werden müssen. Gehen Sie mit solchen Problemen sehr empathisch um, und achten Sie darauf, dass Sie Ihren Partner nicht verletzen.

Kindliche Gefühle – was die Körpersprache sagt

Natürlich ist Ihr Baby der verbalen Sprache noch eine Zeit lang nicht mächtig, doch es beherrscht bereits zahlreiche körpersprachliche Signale, mit denen es sich ausdrücken kann. Viele der Gesten werden Ihnen bereits vertraut sein, einige sind Ihnen vielleicht noch neu. Beobachten Sie einmal genau die Körpersprache Ihres Kindes. So erfahren Sie, wie es Ihrem Baby geht und was es gerade empfindet. In der folgenden Übersicht sind einige Emotionen und die dazugehörenden körpersprachlichen Gesten zusammengefasst:

Emotion	Körpersprachlicher Ausdruck
Zufriedenheit	Lachen, brabbeln, glucksen, waches Um-sich-Schauen, Spiel mit Dingen, die das Baby zum Greifen bekommt
Interesse	Weit geöffnete Augen, körperliche Hinwendung zum interessierenden Gegenstand
Erstaunen	Große Augen, Hochziehen der Augenbrauen
Wunsch nach Unterhaltung	Ausstrecken der Arme in Richtung der Person, die sich mit dem Baby beschäftigt
Unzufriedenheit, Unbehagen	Zusammenballen der Fäustchen, Verengen der Augen zu Schlitzen, gerunzelte Stirn
Verweigerung der Aufmerksamkeit	Zur-Seite-Drehen des Kopfes, Abwendung des Blickes, Senken der Augenlider
Neugierde	Weit geöffnete Augen, zusammengepresster Mund, Hinwendung des Körpers zum Objekt des Interesses, Aufrichten des Kopfes, Strecken des Halses, Erforschung des Objektes mit den Händen
Freude	Strahlende Augen, große Pupillen, Lachen oder Lächeln, Blickkontakt, lebendiger Gesichtsausdruck durch weit geöffnete Augen
Traurigkeit	Hängenlassen der Schultern, schlaffe Muskulatur, hängende Augenlider, häufiges Daumenlutschen, Weinen, Verkriechen bei der Mutter
Angst	Weit aufgerissene Augen, stark herunterhängende Mundwinkel, zurückgenommener Kopf, angehobene Schultern, angespannte Muskeln, gerunzelte Stirn
Scheu (vor fremder Person)	Umklammerung der Hand der Mutter, Vermeiden des Blickkontaktes, Augen auf den Boden gerichtet oder Bedecken der Augen mit den Händen, um sich geschützt zu fühlen
Wut, Aggression	Verkleinerte Augen, herunterhängende Mundwinkel und eine gerunzelte Stirn sowie fuchtelnde Arme und aufstampfende Füße

Special: Körpersprache der Kinder

Rätselhaftes Baby?
Babys geben ihren Eltern in den ersten Wochen eine Fülle von Rätseln auf. Sie benutzen ihr Gesicht, ihre Arme und Beine, ihren Atemrhythmus und ihre Stimme, um sich mitzuteilen. Für die Kommunikation zwischen Eltern und Kindern ist es von elementarer Bedeutung, dass Eltern sich auf die nonverbalen Äußerungen ihres Kindes einstellen, und die Kinder ihrerseits verstehen lernen, was die Körpersprache der Eltern zu bedeuten hat. Dabei ist die Körpersprache von Kindern einfacher zu verstehen als die von Erwachsenen. Babys teilen sich, meist unwillkürlich, mit vielen kleinen Signalen mit. Kinder agieren und reagieren spontan und ohne zu kompensieren bis zu einem Alter von etwa sieben bis zehn Jahren. Wichtig ist, dass Väter und Mütter sich durch die Beobachtung ihres Kindes mit den nonverbalen Signalen ihres Babys vertraut machen und sie verstehen lernen.

Angeborene und erlernte Körpersprache
Die Körpersprache des Menschen wird gebildet aus der angeborenen und der erlernten Körpersprache. Die sprachabhängige, erlernte Körpersprache hängt von der jeweiligen Kultur und vom sozialen Umfeld ab. Von der Geburt an bis zum Alter von etwa acht Jahren agieren Kinder überwiegend mit der angeborenen Körpersprache. Das, was sie fühlen und denken, setzen sie direkt in ihr Verhalten um. Schmeckt der Brei nicht, folgen Laute wie »bäh«, das Essen wird ausgespuckt, der Teller weggedrückt und der Körper schüttelt sich. Wenn Kinder zwischen acht und zwölf Jahre alt sind, richten sie ihre Aufmerksamkeit immer mehr auf Gleichaltrige, Vorbilder und gesellschaftliche Normen. Welches Verhalten empfiehlt sich in der Kultur, in der sozialen Gesellschaft? Empfindungen und Gedanken werden erst überdacht, bevor diese ausgesprochen werden. Kinder erlernen jedoch schon in sehr jungem Alter, grundlegende körpersprachliche Reaktionen zu beherrschen.

Den Kopf wegdrehen
Schon Neugeborene drehen unbewusst den Kopf zur Seite, wenn sie einen als unangenehm erlebten Reiz meiden wollen. Hierbei wenden sie zwei sehr wichtige Rezeptoren, Nase und Mund, von der Reizquelle weg. Sind Kleinkinder neugierig, machen sie gern einen langen Hals. Emotionen können die Halsadern stark anschwellen lassen, daher kommt der Ausspruch »Er/sie hat einen dicken Hals«. Erschrickt ein Kind, wird seine Haut blass, bei Schuldgefühlen oder Scham wird sie rötlich.

Wenn der Blick festgehalten wird: Blickkontakt
Da Babys anfangs noch keine Worte verstehen, sind sie darauf angewiesen, ihre Schlüsse aus der Mimik ihres Gegenübers zu ziehen. Die Säuglingsforschung hat nachgewiesen, dass ein Baby vom ersten Tag an auf menschliche Gesichter reagiert. Auch intentionales, das heißt ziel-

Special: Körpersprache der Kinder

gerichtetes Verhalten wird schon bei Säuglingen festgestellt. Sie bemühen sich schon ab dem zweiten Lebensmonat, in sogenannten »Still-Face-Situationen« die Mutter durch Lächeln oder Laute zu einer Reaktion zu veranlassen. Bereits mit drei Monaten lassen sich Babys von der Mimik ihrer Eltern beeinflussen, selbst wenn die Eltern ihr Kind nicht direkt anschauen – bislang dachte man, dass dies erst ab dem Ende des ersten Lebensjahres geschieht. Untersuchungen von dem britischen Hirnforscher Tobias Grossmann und seinen Kollegen zeigen, dass Säuglinge im Alter von vier Monaten auf Blickkontakt ähnlich wie Erwachsene reagieren. In den ersten Monaten werfen Babys typischerweise einen prüfenden Blick auf ihr Gegenüber und wenden den Blick dann nach einigen Sekunden erst mal ab. Anscheinend erkennen sie im Gesicht ihrer eigenen Mutter sehr schnell, was diese fühlt oder vermitteln will, beispielsweise ihre Freude und ihre Zuneigung. Sie versuchen, mit der gleichen Mimik wie der von der Mutter zu reagieren. Ein zwei Monate altes Baby lacht, weil seine Mutter auch lacht. Ebenso runzelt es die Stirn und weint, wenn es annimmt, dass die Mutter traurig ist. Die Berührungen zwischen Mutter und Kind, die Blicke, mit denen sie sich ansehen, und ihre stimmlichen Äußerungen sind eng aufeinander abgestimmt und zeigen die enge Verbindung zueinander.

Die Augen und Pupillen – groß oder klein?

Babys geben viele Informationen mit ihren Augen weiter. Beobachtet man ihre Blicke, kann man schnell kurze Botschaften erkennen wie: »Ich mag dich«, »Bleib noch«, »Ich habe Angst vor dir« oder »Das verstehe ich nicht«. Starrt ein Baby dagegen vor sich hin, so braucht es vielleicht einfach einmal eine kleine Ruhepause, ohne gleich einzuschlafen. Wenn es dabei einen lange ins Leere gehenden Blick hat, kann es sein, dass es gerade vor dem Einschlafen ist. In beiden Fällen sollte es nun möglichst nicht gestört werden. Wie bei Erwachsenen weiten sich auch bei Babys die Pupillen beim Anblick von etwas Erfreulichem und verengen sich bei einem unangenehmen Anblick. Reibt sich ein Kind beispielsweise mit beiden Fäusten die Augen, dann ist es ein Zeichen von Erschöpfung. Verdeckt ein Baby die Augen, dann möchte es die Eltern vielleicht dazu auffordern, mit ihm Verstecken zu spielen. Jeder kennt das »Kuckuck«-Spiel. Bereits im Alter von acht oder neun Monaten sind Babys in der Lage, dieses Spiel selbst zu initiieren. Üben Sie mit dem Kind das »Kuckuck«-Spiel. Werfen Sie sich ein Tuch über Ihren Kopf und ziehen Sie es sich weg, mit einem »Hatscha«. Dann legen Sie das Tuch über Ihr Kind.

Der Mund – offen oder geschlossen?

Der Mund kann in den verschiedensten Arten geöffnet sein, angefangen bei der wenig offenen Schnute bis zur klaffenden Öffnung. Die Mundwinkel sind bei kleinen Kindern bei guter Laune nach oben gezogen, bei Überraschung bleibt der Mund offen stehen, bei Abneigung gehen die Mundwinkel nach unten. Steckt ein Baby die Finger oder gar die Faust in den Mund, signalisiert es damit, dass es Hunger hat. Als »Sinnespforte« benutzt vor allem das Kleinkind den Mund als wichtiges Sinnesorgan zur Prüfung von Gegenständen. Es nimmt alle erreichbaren Gegenstände in den Mund, um deren Geschmack festzustellen.

Was die Lippen formen
Schiebt ein Säugling mit vorgeschobenen Lippen die Mutterbrust von sich, ist es ein Signal von Abwehr – »Ich bin satt und will nicht mehr.« Auf dieses Säuglingsverhalten ist die sogenannte Protestschnute zurückzuführen, mit der das Kleinkind ein Getränk von sich schiebt, das ihm nicht schmeckt. Dabei schiebt es die Lippen so weit vor, dass das abgelehnte Getränk aus der gebildeten runden Öffnung abfließt. Auch im späteren Lebensalter drückt eine Protestschnute Verdrossenheit, Trotz, Nörgelei oder Groll aus. Schiebt ein Kind die Unterlippe nach vorn, ist es ein Zeichen von Enttäuschung.

Lächeln – von Anfang an
Etwa ab der fünften Lebenswoche entwickelt der Säugling sein Lächeln. Lächeln und Mimik des Kindes sind angeboren. Der Ethnologe Irenäus Eibl-Eibesfeldt hat nachgewiesen, dass taub, taubstumm und blind geborene Kinder dieselben mimischen Ausdrucksweisen zeigen wie Kinder ohne Einschränkung der Sinnesorgane. Auch blinde Kinder, die ihre Mutter nie haben lächeln sehen, beginnen im Alter von etwa vier Wochen von selbst zu lachen. Beginnt der Säugling zu lächeln, ist es ein erstes Anzeichen für die Entwicklung der Intelligenz. Es dient dazu, die Eltern zum Bleiben aufzufordern. Lächeln ist damit schon bereits in der frühen Kindheit ein positives Mittel, um Zuwendung und Sympathie zu signalisieren und zu erhalten. Babys demonstrieren mit ihrem Lächeln zugleich auch ihre Bindungsfähigkeit, denn sie zeigen damit, dass sie ihre Zugehörigkeit zur Familie erkannt haben: Mama, Papa, Großeltern, Geschwister. Im Schnitt lachen Babys 400-mal pro Tag, während sich Erwachsene auf 15-mal beschränken! Auch größere Kinder lachen mindestens zehnmal mehr als Erwachsene.

Die Zunge tastet mit
Sind die Lippen um die Zunge geöffnet und kann sich die Zunge zwischen den Lippen frei bewegen, ist das Kind bereit, etwas aufzunehmen. Der Säugling benutzt die Zunge, um damit den richtigen Zugang des Mundes zur Mutterbrust zu ertasten. Symbolisch wird diese tastende Funktion später auch bei schwierigen Aufgaben eingesetzt. Zu beobachten ist dies beispielsweise bei Schulanfängern, die bei ihren anfänglichen Schreibübungen entsprechende Bewegungen mit der Zunge machen. Die Bewegung wird bewirkt durch die Koordination von Muskelgruppen, aber auch dadurch, dass die Sinne mehr Klarheit wollen und die Zunge so »mittastet«. Das Herausstrecken der Zunge dient im Säuglingsalter dem Wegschieben der

Special: Körpersprache der Kinder

Mutterbrust, wenn der Säugling satt ist. Die gleiche Bewegung wird schon im frühkindlichen Alter modifiziert. Untersuchungen zeigten, dass Kinder im Kindergarten immer dann die Zunge ein wenig herausstreckten, wenn sie Kontakt mit anderen Personen vermeiden wollten. Wie weit die Zunge herausgestreckt wird, hängt von der Intensität der Ablehnung ab und reicht vom Zeigen der Zungenspitze zwischen den sonst geschlossenen Lippen bis zum weiten Herausstrecken als Beleidigungsbotschaft. Das eher heimliche Signal des »Lasst mich in Ruhe« mit der nur gering zwischen die Lippen geschobenen Zungenspitze zeigt sich auch, wenn eine ungestörte Konzentration auf schwierige Aufgaben nötig ist und keine Ablenkung gewünscht wird. Dann werden Fremdreize auf diese Weise weggeschoben. Auch Erwachsene zeigen viel häufiger ihre Zunge, als man allgemein annimmt. Das andeutungsweise Zur-Schau-Stellen der Zunge ist Forschern zufolge ein wichtiger Hinweis auf Abneigung, Ablehnung oder die Konzentration auf eine Tätigkeit.

Lachen oder Weinen?

Nach Meinung mancher Anthropologen, zu denen auch der bekannte Verhaltensforscher Desmond Morris gehört, steht das Lachen als Reaktion dem Weinen sehr nahe. Aufnahmen lachender Gesichter lassen sich manchmal kaum von Bildern von Menschen unterscheiden, die vor Kummer schreien, und ein hysterisches Lachen kann leicht in einen Tränenausbruch umschlagen. Bei einem Kleinkind liegen Weinen und Lachen oft sehr nah beieinander. Ein Baby lernt schnell, welchen Effekt Weinen oder Lachen bewirkt. Durch Lachen will es die positive Anerkennung aufrechterhalten. Weinen wird als Mittel eingesetzt, um auf Unannehmlichkeiten aufmerksam zu machen. Das Baby will dadurch seinen Willen durchsetzen oder auf diese Weise die Aufmerksamkeit auf sich lenken. Wenn senkrechte und waagrechte Stirnfalten ineinander übergehen, entstehen krause Stirnfalten. Diese zeigen sowohl Bedrängnis wie auch gequälte Hilflosigkeit an. Bei Kindern sind krause Stirnfalten oft direkt vor Beginn des Weinens sichtbar. Außerdem werden die Lidspalten enger und der Mund zieht sich in die Breite. Die Unterlippe ist links und rechts nach unten gezogen. Für einen Säugling gibt es viele Gründe zu weinen. Ein hilfloser Säugling wimmert, um den Eltern zu zeigen, dass er krank oder hungrig ist. Vorab hat er schon Hungersignale ausgesendet, wenn er sich – außer dem Schieben der Finger in den Mund – immer wieder über die Lippen geleckt hat. Weinen ist stets ein Signal, dass etwas nicht stimmt. Außer Hunger kann eine nasse Windel, Bauchweh, Einsamkeit oder Stress eine Ursache sein. Laute Geräusche, grelles Licht oder eine zu große Unruhe können einen Säugling überreizen.

Ist Weinen wirklich gesund?

Die Tränen führen die nötige Entspannung herbei und spülen teilweise die Stresshormone aus dem Körper. Tränen enthalten ein natürliches Schmerzmittel namens Enkephalin. Weinen

Menschen, so erhöht sich die Menge des produzierten Enkephalins. Es befreit von aufgestauten Gefühlen und hilft, sich bei Kummer und Sorgen besser zu fühlen. Wenn der Säugling größer wird, weint er, damit die Eltern sich mit ihm beschäftigen. Wird ein Kind noch größer und hat schon lachen gelernt, weint es allem Anschein nach weniger, es sei denn, es gerät außer Fassung oder ein hilfloser Lachanfall führt zu Tränen. Übrigens weinen im Kindesalter beide Geschlechter noch etwa gleich oft, erst ab dem 13. Lebensjahr gehen die Werte deutlich auseinander. Frauen weinen bis zu 64-mal im Jahr, Männer dagegen höchstens 17-mal, so eine Untersuchung von Elisabeth Messmer, Mitglied der Deutschen Ophthalmologischen Gesellschaft.

Großes Gähnen

Gähnen macht wach und steigert die Aufmerksamkeit. Es wird im Voraus erkennbar an einem leichten Kräuseln der Nase. Lange Zeit galt Gähnen nur als Zeichen von Müdigkeit. Das hat evolutionsbedingte Gründe. Mit dem Gähnen signalisierten sich Menschenaffen den Übergang zur Ruhepause. Und morgens? Dann diente das Gähnen als kollektiver Wachmacher, denn das intensive Einatmen kühler Luft bei weit geöffnetem Mund reguliert den Temperaturhaushalt in unserem Gehirn. Diese erfrischende Wirkung haben Wissenschaftler der Universität Albany bestätigt. In einem späteren Lebensalter wird Gähnen häufig als Hinweis auf Langeweile interpretiert. Es zeugt von dem dringenden Wunsch davonzulaufen. Ein kaum unterdrücktes theatralisches Gähnen wird oft auf diese Weise genutzt, aber es ist nicht immer das, was es zu sein scheint. Natürlich kann derjenige, der gähnt, tatsächlich sehr müde sein.

Was die kleinen Hände alles sagen

Die Hände der Kinder bewegen sich in alle Richtungen und sind meist sehr aussagekräftig. Sind Kleinkinder glücklich und entspannt, schwingen Arme und Hände locker an den Seiten hin und her. Wenn sie wütend sind, ballen sie ihre Hände zu Fäusten und pressen diese an die Schläfen. Kinder können mit ihren Händen auch klagend auf etwas deuten oder die Hände mit einer Drohgebärde erheben. Wenn ein Kind an seiner Umwelt gerade nicht interessiert ist, weil es unzufrieden oder übermüdet ist, verrät es dies durch schlaffe, vom Handgelenk herabhängende Hände. Wenn Kinder etwas nicht sehen oder hören wollen, halten sie ihre Augen und Ohren mit den Händen zu. Um ein Gefühl der Sicherheit zu bekommen, halten Kinder häufig in stressigen Situationen die Hände zusammen.
Kleine Kinder legen oft den Daumen in die Handfläche und schließen diesen mit den Fingern ein. Diese Geste offenbart eine geringe eigene Dominanz und schwache Energie. Kinder lernen außerdem standardisierte Gesten, wie beispielsweise das Winken zum Abschied oder die Bedeutung des Zeigefingers. Bemerken Sie, dass Ihr Baby im Liegen die Arme nach hin-

Special: Körpersprache der Kinder

ten fallen lässt und die Handflächen öffnet, dann befindet es sich in einer guten Stimmung und ist entspannt. Wahrscheinlich wird es gleich die Augen schließen und einschlafen.

Strampelnde Beine
Erblickt Ihr Baby etwas Verblüffendes oder macht ihm etwas so richtig Spaß, dann strampelt es kräftig mit den Beinen. Das Strampeln der Beine ist die Art und Weise zu sagen: »Das ist toll!« Freuen Sie sich mit dem Kind und bestärken Sie es mit Lauten und Mimik. Das Strampeln ist für die Entwicklung der Muskulatur äußerst förderlich.

Wenn Haare gezwirbelt werden
Babys wissen, wie sie sich selbst beruhigen können! Zwirbelt es an den eigenen Haaren, dann könnte es ein Zeichen von Entspannung sein. Wiederholte Bewegungen geben dem Kind Sicherheit und haben eine beruhigende Wirkung auf das zentrale Nervensystem. Es könnte aber auch ein Zeichen von Nervosität sein. Viele Kinder reagieren zum Beispiel nervös auf einen neuen Babysitter, laute Geräusche oder fremde Menschen. Besänftigen Sie Ihr Kind, indem Sie ihm eine Kuscheldecke oder ein weiches Spielzeug geben. Beruhigen Sie Ihr Kind mit den Worten: »Ich weiß, das ist sehr viel Neues für dich. So viele fremde Gesichter sind anstrengend.« Es wird Sie nicht verstehen, aber Ihre sanfte Stimme tröstet Ihr Kind.

Etwas tut weh
Zieht Ihr Kind sich am Ohr, dann ist es vermutlich überlastet oder gestresst. Möglicherweise ist die Milch zu heiß, der Bauch zwickt oder es hat Schmerzen. Kinder ziehen häufig an den Ohren, wenn sie physische Schmerzen haben, etwa Halsschmerzen, Fieber oder Husten.

Zuckende Schultern
Wie bei Erwachsenen deuten hochgezogene Schultern auf Ratlosigkeit hin, hängende Schultern scheinen unter einer Last zusammenzubrechen und gestraffte Schultern zeigen Entschlossenheit. Schulterzucken ist ein global verstandener Ausdruck der Hilflosigkeit.

Die Körperhaltung: innen wie außen, außen wie innen
Grundsätzlich gilt für die Körperhaltung eines Kindes: Innen wie außen und außen wie innen. Innere Haltung und bewegte Haltung befinden sich in einem direkten Wechselverhältnis. Kinder, die oft geschimpft werden, ducken sich und machen sich klein, um keine unangenehme Aufmerksamkeit auf sich zu ziehen. Während sich häufiges Schimpfen auch negativ auf das Selbstwertgefühl eines Kindes auswirkt, wächst ein Kind durch viel Lob über sich selbst hinaus und nimmt eine selbstbewusste Haltung ein.

Paar bleiben – ewige Liebe

Die Sehnsucht nach der ewigen Liebe – sie schlummert in uns allen. Auch wenn sich bei uns jedes Jahr mehr als 200 000 Ehepaare zu einer Scheidung entschließen, halten wir an diesem Traum fest. Denn es gibt sie ja: Menschen, die es geschafft haben, alle Stürme zu überstehen und ihre Liebe über Jahrzehnte lebendig zu halten.

Wenn jede Geste vertraut ist

Paare, die seit vielen Jahren zusammen sind, teilen den Alltag, der anstrengend, belastend und nervenaufreibend sein kann. Sie sind mit allen Marotten, Stärken und Schwächen ihres Partners bestens vertraut und können jeden Gesichtsausdruck und jede Geste entschlüsseln. Sie haben Konflikte ausgetragen, sie haben sich auch in peinlichen Situationen erlebt und sich in traurigen Momenten getröstet. Und doch, oder auch gerade deswegen, betonen sie nach wie vor ihre Liebe.

Das Geheimnis dauerhaften Glücks, so hat die Sozialwissenschaftlerin Gabriela Schmid-Kloss in einer Studie herausgefunden, besteht im Wesentlichen darin, dass die Partner die Welt auf ähnliche Art erleben. Andere Untersuchungen zeigten, wie elementar es ist, sich gemeinsam auf das zu besinnen, was eine Beziehung wirklich ausmacht: nämlich die gute emotionale Verbindung zueinander. Denn Liebe ist nicht nur eine Frage der Kommunikation, sondern vor allem auch der emotionalen Verbundenheit. Und diese lässt sich durch nonverbale Strategien oft viel besser zeigen oder ausdrücken als durch Worte.

Gewachsene Lebensgemeinschaft

Vertrauen ist das A und O einer langjährigen Partnerschaft. Und Loki Schmidt – mehr als 67 Jahre Ehefrau von Ex-Bundeskanzler Helmut Schmidt – beschwört Vertrautheit, ja sogar »bedingungsloses Vertrauen« als die Basis ihrer Ehe. Jeden Tag komme es vor, dass beide »wie aus einem Munde dasselbe sagen, weil wir dasselbe gedacht haben.« Eigentlich müsse man gar nicht mehr viel reden, weil man weiß, was der andere denkt, »aber wir reden natürlich trotzdem dauernd miteinander.« Und auch Inge Jens, mehr als 50 Jahre mit dem Gelehrten Walter Jens verheiratet, nennt als Grundlage ihrer langen Beziehung das Vertrauen.

Auch über Gefühle sprechen

Wenn man sich gern und viel mit dem Partner unterhält, kann kaum etwas die Liebe erschüttern – egal, welche Schwierigkeiten man sonst möglicherweise zu überwinden hat. Doch in vielen Partnerschaften ist dies nicht die Regel. Gerade in langjährigen Beziehungen beschweren sich vor allem die Frauen darüber, dass sie und ihr Partner zu wenig miteinander reden. Für Frauen ist dies ein Problem, für den Mann nicht, so die Paarpsychologen Patricia Love und Steven Stosny. In ihrem Buch »Schatz, wir müssen gar nicht reden!« weisen sie darauf hin, dass ein Paar dann einfach gut kommunizieren kann, wenn es miteinander glücklich ist. Doch wenn die Verbindung nicht mehr stimmt, bringt Reden mit dem Partner wenig, vor allem, wenn es in ständige Beziehungsdiskussionen ausartet. In diesem Fall kommt es darauf an, die ursprüngliche Nähe wieder herzustellen.

Frauen reden gern über Gefühle und ihre Beziehung. Mit dem Sprechen über emotionale Inhalte wollen sie sich ihrem Partner nahe fühlen. Umgekehrt müssen Männer zuerst einmal diese Nähe spüren, ehe sie sich öffnen und über ihre Gefühle sprechen können, und Beziehungsgespräche sind für sie oft ein Gräuel.

Reden ist nicht immer Gold
Dass die Probleme in einer Beziehung unter Umständen sogar noch verstärkt werden können, wenn die Partner darüber reden, haben die Paarpsychologen Love und Stosny in ihren langjährigen Untersuchungen herausgefunden. Zu diesem Thema führen sie in ihrem Buch »Schatz, wir müssen gar nicht reden« aus: »Frauen wollen über die Beziehung reden, weil sie sich über einen Missstand aufregen und sich besser fühlen wollen. Männer wollen nicht darüber reden, weil sie sich dadurch einfach nicht besser fühlen! Tatsächlich geht es ihnen nach einer solchen Debatte häufig schlechter! Ob eine Frau einen Mann nun zum Reden zwingt oder nicht, letztlich fühlen sich hinterher beide enttäuscht und emotional voneinander getrennt.«

Furcht und Scham überwinden

Männer zeigen Vertrauen weniger interaktiv als Frauen. Für einen Mann sei allein die Anwesenheit viel wichtiger, und er könne sich seiner Frau sehr nahe fühlen, wenn er im Nebenzimmer am PC sitze, so Love und Stosny. Nur wenn er nicht spreche, heiße das noch lang nicht, dass er sich seiner Frau nicht verbunden fühle. Eine Ursache dafür, dass er ungern über Emotionen spricht, liegt darin begründet, dass Männer über ein kleineres emotionales Vokabular verfügen. Es ist für sie nicht einfach, zugleich sprechen und fühlen zu können. Dies ist zum Teil auf ihre Gehirnstruktur zurückzuführen. Denn diese ist spezialisiert darauf, sich auf eine Sache zu konzentrieren. Das Hauptproblem sehen die Autoren in den Themen Furcht und Scham. Die Frauen haben Furcht vor Isolation und Entbehrung, die Männer Scham vor Unzulänglichkeit und Versagen.

Worunter eine Beziehung am meisten leidet

Die von Love und Stosny genannten Probleme bestätigt eine Umfrage unter 1018 Frauen und Männern zwischen 30 und 55 Jahren. Nach Egoismus als dem Beziehungskiller Nummer eins wird als zweitgrößte Schwierigkeit »Kein Verständnis für die Probleme des anderen haben« genannt. Dies sagten 79 Prozent der Frauen und 68 Prozent der Männer. »Dauernd an einem herummeckern« war die Aussage von 66 Prozent der Frauen und 57 Prozent der Männer. Am meisten unterschied sich die weibliche und die männliche Meinung hinsichtlich des Problems »Nie über die eigenen Gefühle reden« – dies ärgert 49 Prozent der Frauen und nur 22 Prozent der Männer.

Was ständige Kritik bewirkt

Wenn eine Frau ihren Mann mit ihrer Kritik beschämt, bildet sein Körper spontan große Mengen Kortisol. Das Stresshormon bewirkt, dass der Mann sich schlecht fühlt. Bei der Frau dagegen wird in einer solchen Situation kein Kortisol ausgeschüttet, und sie bleibt ruhiger. Umgekehrt schnellt jedoch bei ihr der Kortisolspiegel in die Höhe, wenn ihr Mann sie lautstark anschreit, sie ignoriert, mit Worten verletzt oder ihr Furcht einflößt.
Als Ursache für diesen klar nachgewiesenen Unterschied vermuten Forscher Verhaltensmuster in der frühesten Kindheit: So schauen sich männliche Säuglinge um, wenn sie Angst haben, und bereiten sich auf Kampf oder Flucht vor. Dagegen suchen weibliche Babys den Augenkontakt. Später im Leben haben Frauen vor allem ein Problem damit, allein gelassen zu werden (Furcht). Und Männer haben Angst, dass jemand anderem ihre Unsicherheit auffällt (Scham).

Wovor Frauen sich hüten sollten

Frauen können ihre Männer beschämen…
› … wenn sie sein Urteil infrage stellen: »Ich kann einfach nicht glauben, dass du diesen Anzug gewählt hast.«
› … wenn sie seine Aussagen, vor allem auch vor anderen, korrigieren: »Das stimmt ja gar nicht, das war letzten Freitag und nicht am Donnerstag.«

› … wenn sie ihn von wichtigen Entscheidungen ausschließen: »Ich habe schon mit meiner Freundin besprochen, dass wir dieses Jahr gemeinsam in Urlaub fahren.«
› … wenn sie unaufgefordert Ratschläge geben: »Sei doch nicht so lahm und geh heute noch ins Fitness-Studio, dann fühlst du dich gleich besser.«
› … wenn sie seine Unfähigkeit andeuten: »Mich wundert es nicht, dass die Seminarleiterin auf dir rumgehackt hat.«

Ist es Ihnen nicht auch schon aufgefallen, wie empfindlich Ihr Mann reagiert, wenn Sie eine der oben genannten Aussagen machen? Wer eine gute Partnerschaft pflegen will, sollte aber mit Aussagen, die oft leicht über die Lippen gehen und mit denen die eigene Meinung oder Perspektive gegen diejenige des Partners durchgesetzt werden soll, sehr vorsichtig umgehen.

Was Männer vermeiden sollten

Frauen suchen auch noch nach langjähriger Partnerschaft immer wieder nach Bestätigung und nach Beweisen dafür, dass ihr Mann sie noch liebt. Deshalb ist es für sie wichtig, dass ihnen ihr Partner gelegentlich mal wieder tief in die Augen schaut oder auch einmal »Ich liebe dich« äußert. Viele Männer halten dies für überflüssig, da für ihre Liebe keine Beweise nötig seien. Entsprechend scheitern viele Beziehungen daran, dass die Frauen ihrer Meinung nach zu wenig Liebessignale erhalten, während umgekehrt den Männern der Jammerton ihrer Partnerin auf die Nerven geht.

Umgekehrt besteht das Schlimmste, das ein Mann einer Frau antun kann, nach Love und Stosny darin, sie in der Beziehung allein zu lassen: Sich um die Hausarbeit zu drücken, mit dem Beruf verheiratet zu sein und dadurch Frau und Familie nicht genügend Aufmerksamkeit zu widmen oder die sexuellen Wünsche der Partnerin nicht zu beachten und last, not least, sie mit ihren Sehnsüchten allein zu lassen. Mit ihrem Traum von einer liebevollen Familie, vom eigenen Haus, davon, gemeinsam ein aktives Leben zu führen. Auf die Zurückhaltung von Männern in emotionalen Fragen reagieren Frauen deshalb so empfindlich, weil sie sie als Ablehnung und Liebesentzug empfinden und dies aufgrund ihrer biologischen Anlagen nur schwer ertragen können. Haben Sie sich als Frau nicht auch schon manchmal gedacht, warum es so unangenehm auf Sie wirkt, wenn Ihr Partner Sie während eines Gesprächs nicht anschaut oder sich sogar körperlich wegdreht und die Beine in die andere Richtung übereinanderschlägt? Das Problem dabei ist, dass Sie sich missachtet und ausgegrenzt fühlen.

Die emotionale Verbundenheit erneuern

Die Rückgewinnung emotionaler Verbundenheit beider Partner durch die Verwandlung von Furcht und Scham in Mitgefühl ist ein wichtiger Schritt für eine zufriedene Partnerschaft, gerade im höheren Alter. Dies wird in dem Buch »Schatz, wir müssen gar nicht reden!« ganz deutlich. Und es nennt nicht nur die Bedingung, sondern auch erprobte Maßnahmen zu deren Verwirklichung: Die Bedingung ist, dass die Partner ihre eigenen »Grundwerte« kennen und diesen treu sind. Denn dann ist weder eine Abwertung noch eine sonstige

Verletzung der Bedürfnisse des Partners erforderlich, um sich selbst besser zu fühlen. Dabei ist der Begriff »Grundwert« im Sinn von Selbstliebe oder Selbstachtung gemeint. Und hinsichtlich der Maßnahmen haben sich folgende Empfehlungen besonders bewährt:

Gegenseitiges Verständnis entwickeln

Entwickeln Sie bewusst Empathie füreinander. Ein ganz wichtiger Faktor für gegenseitiges Verständnis besteht darin, sich klarzumachen, dass der Partner aufgrund seines Geschlechts anders »tickt«. Männer sind und denken anders als Frauen. Zugleich gilt es, sich gemeinsam auf das zu besinnen, was eine Beziehung wirklich ausmacht – nämlich die gute Verbindung zueinander. »Paare, die scheitern, haben häufig übersehen, dass eine erfolgreiche Partnerschaft davon lebt, kein Wettbewerb der Egoisten zu sein, sondern vielmehr in den Stürmen des Lebens Halt und Wärme zu geben«, so der Psychologe und Paartherapeut Dietmar G. Luchmann. Mit Empathie und auch durch den Einsatz der Körpersprache können Sie Ihre Liebe ohne große Worte stärken. Um dies umzusetzen, sollte man sich auch im größten Streit fragen, was ein liebender Mensch in diesem Augenblick tun würde, und dann über den eigenen Schatten springen. Wer erkennt, was im anderen vorgeht, kann etwas tun, damit es ihm besser geht. Kommen Sie also lieber näher an ihn heran, statt die Verbindung zu kappen. Bemühen Sie sich darum zu erkennen, was Ihren Partner wirklich belastet. Wie man einfühlsam auf den anderen eingeht, zeigt folgendes Beispiel: Ein Mann hat eine Autopanne und kommt auf-

Lohnender Perspektivenwechsel

Versuchen Sie einmal, die »Zweifachperspektive« einzunehmen. Berücksichtigen Sie bei einer Auseinandersetzung sowohl Ihren eigenen Standpunkt (Grundwert) wie auch die Sichtweise Ihres Partners. Stosny bezeichnet die Liebe als »Sehen mit vier Augen«. Bei Konflikten geht es häufig um den richtigen Standpunkt oder welches Gefühl das berechtigte ist. Statt endlos zu diskutieren, gibt es eine einfache Lösung: Erkennen Sie beide Standpunkte als richtig an!

geregt heim. Objektiv gesehen ist der Vorfall nicht weiter schlimm, der Wagen wird in die Werkstatt gebracht. Doch subjektiv hat er den Fahrer ziemlich mitgenommen. In einer starken Partnerschaft wird sich die Partnerin nun weniger für die nüchternen Fakten interessieren, als vielmehr fragen, warum die Panne ihren Mann so stark mitgenommen hat. Möglicherweise hat er dadurch einen wichtigen Termin verpasst. Bewusst wahrnehmen, Fragen stellen, sich in die Gefühlswelt des Partners versetzen – all dies lässt sich in vielen alltäglichen Situationen trainieren.

Die Reaktionen des Partners neu wahrnehmen

Wenn es Ihnen gelingt, die Reaktionen Ihres Partners auf veränderte Weise wahrzunehmen, können Sie die zerstörerische Dynamik durchbrechen, die mit den Themen Furcht und Scham verbunden ist. Setzen Sie außerdem auf körpersprachliche Gesten, die die emotionale Verbundenheit erhalten oder herstellen.

Die Forscher Love und Stosny haben eine Power-Liebes-Formel entwickelt, eine Art Vertrag mit sich selbst. Hierbei verpflichten sich die Partner, dem anderen täglich die eigene Liebe zu zeigen. Der »Vertrag« enthält folgende Kernpunkte:

Die Power-Liebes-Formel für jeden Tag

Teilen Sie Ihrem Partner Ihre Gefühle täglich auf einer nonverbalen Ebene mit:

Küsse und verliebte Blicke austauschen

Wenn Paare viele Jahre zusammen sind, fehlt nicht selten der verliebte Blick, ein zärtlicher Kuss oder der überraschende Moment. Lassen Sie all dies wieder aufleben. Berührungen, Umarmungen und Händchenhalten sind unmittelbarer und wesentlich verlässlicher als Worte. Sie signalisieren eindeutig, dass man sich gern hat. Zeigen Sie Ihrem Partner anhand kleiner körpersprachlicher Gesten, dass er Ihnen wichtig ist. Dies können eine liebevolle Umarmung oder ein langer Blick sein, Küsse oder auch kleine Geschenke – alle Gesten sind erlaubt, die dem anderen Ihre Zuneigung verdeutlichen. In den vorherigen Kapiteln wurde ausführlich darüber berichtet. Achten Sie bei Ihren Gesten darauf, dass Sie sie systematisch beim Aufwachen, vor dem Verlassen des Hauses und beim Heimkommen einsetzen. Und arbeiten Sie auch damit, wenn es gilt, eine kritische Situation zu bewältigen, in der Reden die Situation nicht verbessern würde.

Streicheleinheiten austeilen

Umarmen Sie täglich Ihren Partner, um ihm zu zeigen, dass Sie sich um ihn sorgen und ihn lieben. Dauern die Umarmungen und Streicheleinheiten in der Summe mindestens sechs Minuten an, bringen sie das Bindungshormon in Schwung.

An den Partner denken

Denken Sie mindestens fünfmal am Tag positiv an Ihren Partner. Eine Beziehung wird stark von den eigenen Gedanken über den Partner beeinflusst.

Respekt erweisen

Achten Sie neben den körpersprachlichen Signalen für Ihre Liebe auch auf Ihren Kommunikationsstil. Wesentlich ist, dass dieser die gegenseitige Wertschätzung, den Respekt gegenüber dem anderen und wirkliche Zuneigung erkennen lässt. Dies ist wichtig sowohl im Umgang der Partner miteinander als auch im Beisein Dritter.

Die Liebe als Projekt ansehen

»Die ewige Liebe ist kein Wunder, auf das wir nur sehnsüchtig warten müssen. Wir sollten sie eher als durchführbares, lebbares Projekt verstehen«, rät der Psychologe Arnold Retzer. Er empfiehlt, Partnerschaften von unrealistischen Erwartungen und überzogenen Forderungen zu befreien: »Ein langes, glückliches Miteinander braucht eine realistische Grundlage. Die Liebe muss dabei nicht verloren gehen – im Gegenteil.«

Die Liebe als Kraftquelle

»Leben gelingt nur, wenn ich mich einlasse«, sagt Benediktinerpater Anselm Grün. »Eine Bindung macht erst mal eng. Aber in der Bindung entsteht auch Weite, denn ich kreise nicht mehr nur um mich.« Gemeinsam als Paar älter und alt zu werden, kann etwas Wunderbares sein, aber das ergibt sich nicht von selbst. Man muss aktiv werden und daran arbeiten.

Von der Leidenschaft zur Kameradschaft

Nach der Psychologin Elaine Hatfield erleben die Menschen in ihrem Leben zwei Arten von Liebe, die leidenschaftliche (romantische) und die kameradschaftliche. Erstere ist gekennzeichnet durch starkes sexuelles Begehren und große emotionale Anziehungskraft. Ihre Dauer ist unterschiedlich und liegt in der Regel zwischen einem halben Jahr und zwei Jahren. Die kameradschaftliche Liebe ist weniger leidenschaftlich, dafür aber dauerhafter und stabiler. Geprägt wird sie von Anhänglichkeit, Loyalität, Vertrautheit, von Toleranz, Respekt und Verständnis. Man hat sich gern und kümmert sich umeinander. »Wir haben einander immer geholfen und uns ergänzt«, sagen viele Partner, die schon viele Jahre zusammenleben. Ob Haushalt, Kinder, Beruf oder kritische Lebensereignisse – die langjährig glücklichen Ehen zeichnen sich durch verlässliche gegenseitige Unterstützung aus. Wer in einer guten Partnerschaft lebt, unterstützt den anderen und fühlt sich unterstützt – sowohl psychisch wie auch physisch. Gibt es Liebe und gegenseitige Unterstützung, dann wirkt sich dies positiv auf Krankheiten wie Herzerkrankungen, Bluthochdruck, geschwächtes Immunsystem aus.

Gegenseitige Unterstützung auch im Krankheitsfall

Ein liebevoller Partner leistet dabei dem Kranken Beistand nicht nur bei der Umsetzung von Therapien und der nötigen Änderung des Lebensstils, sondern er achtet auch auf Anzeichen von Verschlechterungen oder Rückfällen. Und psychisch kann er insofern eine große Hilfe sein, als der Kranke Hoffnung findet, die vor Ängsten schützen kann. Denn weniger Angst zu haben ist ein wichtiger Faktor, um wieder gesund zu werden.

Ein Seminarteilnehmer erzählte mir einmal: »Vor einigen Jahren erkrankte ich an Prostatakrebs. Ich war damals knapp zwei Jahre mit meiner zweiten Frau verheiratet. Als ich im Krankenhaus lag, schlug ich mich mit großen Zweifeln herum: Würde meine Frau mir in der kommenden Zeit eine wirkliche Stütze sein? Konnte unsere Beziehung den Herausforderungen und Ängsten standhalten, die meiner Frau jetzt bevorstanden? Doch meine Zweifel waren unbegründet, und meine Frau war die beste und zuverlässigste Hilfe, die ich mir vorstellen konnte.« Einen Partner zu haben, der einen unterstützt, wenn es einem schlecht geht, kann die Rettung sein, wenn das Leben ins Rutschen gerät.

Nonverbale Hilfe geben

Unterstützen können Sie Ihren Partner auch durch viele nonverbale Gesten: Allein schon dadurch, dass Sie ihm – auch im wörtlichen Sinn – in einer schwierigen Situation zur Seite stehen, sodass er sich nicht verlassen fühlt. Dabei brauchen Sie gar nicht viel zu reden, allein die Geste hat schon eine sehr beruhigende Wirkung.

Sie können Ihre Unterstützung auch ausdrücken, indem Sie Ihren Arm um den Partner legen, die Hand halten und es ihm bequem machen. Wenn Sie ihn durch einen leichten Druck auf den Rücken lenken oder ihm als Trostspender einen kleinen Klaps geben.

Es hilft in allen Beziehungen, wenn jeder eine Situation abrufen kann, in der er die Unterstützung des Partners wirklich zu schätzen wusste. Zum Beispiel wenn er während einer schlimmen Grippe liebevoll gepflegt wurde. Es geht vor allem um eine Gefühlsregung, die das Herz öffnet, und weniger um schöne Worte.

Was gibt Kraft in der Beziehung?

Genau hinschauen, erkennen und fördern, was in einer Beziehung Kraft gibt – das empfehlen die Psychologen. Und umgekehrt ermutigen sie dazu, die kraftraubenden Seiten einer Partnerschaft anzugehen, und dies nicht erst dann, wenn schon eine Krise eingetreten ist. Wichtig ist ein klarer Blick auf die eigenen Prioritäten: Was genau sind meine Bedürfnisse? In welchen Bereichen erwarte beziehungsweise hoffe ich auf Unterstützung durch meinen Partner? Werden meine Vorstellungen in der Partnerschaft wirklich erfüllt? Wo sind die Gemeinsamkeiten, auf

a Fassen Sie Ihren Partner am Ellbogen, auf diese Weise signalisieren Sie ihm Unterstützung.

die sich aufbauen lässt? Wo liegen die kritischen Knackpunkte, an denen man arbeiten sollte? Auch wenn solche Fragen banal klingen: Es ist nicht ganz einfach, sich ehrlich den Spiegel vorzuhalten, vor allem wenn die eigenen Wünsche dem sozialen Ideal widersprechen. Wenn einem gemeinsame intellektuelle Interessen nicht wichtig sind, weil man selbst keine hat. Oder wenn man Sex einfach lästig findet. Oder wenn man tief in seinem Inneren den Wunsch hegt, der andere möge die komplette Hausarbeit erledigen.

Entlastung – physisch und psychisch

Viele Frauen fühlen sich von ihren Männern allein gelassen, wenn diese von ihrem Beruf sehr in Anspruch genommen werden. Obwohl ihnen bewusst ist, dass die berufliche Tätigkeit ihres Mannes die finanzielle Sicherung der Familie bedeutet, haben sie doch Probleme damit, die ständige Abwesenheit des Partners zu akzeptieren. Daher ist es wichtig, dass Männer ihren Frauen zur Entlastung so viel Unterstützung geben, wie es möglich und gerecht ist: Oft genügen schon kleine Gesten im Haushalt wie den Müll raustragen oder gelegentlich durchs Wohnzimmer saugen. Natürlich kann eine Frau solche Tätigkeiten selbst machen. Aber durch die Entlastung wird ihr das Gefühl vermittelt, dass Sie sehen, dass sie viel zu tun hat und dass Sie ihre Mühe auch zu schätzen wissen.

Psychisch unterstützen können Sie Ihren Partner auch, indem Sie ihm Sicherheit und innere Ruhe ermöglichen. Befreien Sie ihn frühzeitig von möglichen Zweifeln und Befürchtungen. Gehen Sie auf Fragen ein, wenden Sie sich nicht ab oder verlassen wortlos das Zimmer. Und loben Sie mehr. Jedes Lob, das Sie aussprechen, senkt Ihren Blutdruck, jede Kritik, die Sie anbringen, erhöht Ihren Blutdruck.

Bleiben Sie geduldig und tolerant

Zeigen Sie mehr Geduld und Verständnis für Ihren Partner. Vielleicht trägt er eine unausgesprochene Last mit sich herum. Klären Sie gemeinsam, wie Sie Ihrem Partner die Last leichter machen können. Vielleicht hat Ihre Frau, über deren Trägheit Sie sich schon länger ärgern, durch die Wechseljahre bedingte körperliche Probleme, die sie nicht einfach abstellen kann? Entlasten Sie sie, indem Sie sich einen anderen Partner für lange Radtouren suchen und machen Sie mit ihr kleinere Unternehmungen. Und überlegen Sie einmal für sich selbst, ob Sie nicht deshalb Ihren Frust an Ihrem Partner auslassen, weil Sie sich im Grund über sich selbst ärgern – weil Ihr Partner essen kann, was er will, Sie dagegen schon durchs Ansehen von Mahlzeiten ein Kilo mehr auf die Waage bringen? Indem Sie sich selbst entlasten (beim Thema Abnehmen im wahrsten Sinne des Wortes), entlasten Sie auch Ihren Partner und tun für sich selbst das Beste.

Vermeiden Sie Ablehnungsgesten

Lassen Sie auch durch Ihre Körpersprache sichtbar werden, dass die Entlastung Ihres Partners für Sie keine Belastung ist. Verhindern Sie, dass sich Ärger oder Frust auf Ihrem Gesicht widerspiegeln. Verzichten Sie auf ein gequältes Lächeln mit geradlinig geschlossenen Lippen oder auf ein resigniertes Lächeln, das mit vor- und oft hochgestülpter Unterlippe ausgeführt wird und häufig mit nach rechts schief gelegtem Kopf und/oder hochgezogenen Schultern beziehungsweise Schulterzucken verbunden ist. Wenn Sie Ihre Unlustgefühle nicht abstellen können, ist es Ihnen auch nicht möglich, Lockerheit und Sympathie auszustrahlen. Ersetzen Sie Ihre negativen Gedanken durch positive – und Ihr eigener Körper sowie Ihr Partner danken es Ihnen mit einem fröhlichen Gesicht.

Sich Zeit für Zärtlichkeiten nehmen

Mit den Jahren sammeln Paare immer mehr Beziehungserfahrung. Die rosaroten Brillen sind abgesetzt, die Kämpfe ausgefochten. Man lässt dem Partner und sich selbst mehr Raum. Dabei fühlt man sich dem anderen näher und ist zufriedener als früher. Auch die Erotik profitiert davon: Jeder zweite Deutsche über 50 ist angeblich mit seinem Liebesleben absolut zufrieden. Außerdem haben nahezu drei Viertel aller Menschen zwischen 57 und 64 Jahren regelmäßig Geschlechtsverkehr. Im Alter zwischen 65 und 74 ist die Hälfte noch lustvoll aktiv. Erst danach sinkt die Quote. Sex ist kein Privileg der jüngeren Generation. Der Wunsch nach Nähe und Zärtlichkeit sowie Bedürfnisse sexueller Art bestehen auch in höherem Alter, wobei die Häufigkeit sexueller Kontakte abnimmt und sich ihre Art teilweise etwas ändert (wobei jetzt aber keineswegs nur noch der sogenannte »Händchensex« praktiziert wird). »Früher waren wir manchmal spontaner, schnell und impulsiv«, sagt ein Paar, das schon lange Jahre miteinander verheiratet ist, »heute nehmen wir uns mehr Zeit füreinander und empfinden den Sex intensiver und intimer.« Für die Häufigkeit von Sex spielt weniger das Alter eine Rolle als der Gesundheitszustand beider Partner. Vor allem Diabetes und Bluthochdruck haben eine starke Bremswirkung, dazu kommt Stress.

Es muss nicht immer Sex sein

Insbesondere für Männer kann es ein Problem sein, wenn sich die Leistung im Bett mit zunehmendem Alter verändert. Sie fühlen sich nicht richtig männlich, wenn es nicht mehr nach ihren Vorstellungen klappt. Frauen fühlen sich ihrerseits in einem solchen Fall oft in ihrer Weiblichkeit verunsichert, weil sie glauben, ihrem Mann nicht mehr zu genügen.
Es ist bekannt, dass Sex gesund ist. Er regt Herz und Kreislauf an, reduziert das Krebsrisiko und hält jung. Aber es ist auch gesund, auf etwas zu verzichten, dem man gemeinsam kaum noch Bedeutung beimisst. Langjährige Paare, die kein spektakuläres Intimleben mehr haben, brauchen sich nicht als Versager zu fühlen. Es gibt genug Paare, die gut ohne Leidenschaft auskommen und trotzdem glücklich und treu miteinander leben. In gefestigten Beziehungen wird die non-verbale Kommunikation auch weitergeführt, nachdem aus der leidenschaftlichen Liebe eine kameradschaftliche geworden ist. Auch Paare, die schon lange zusammen sind, kuscheln und schmusen. Berührungen zeigen nicht nur, dass man sich gern hat, sondern erhöhen auch die Ausschüttung der glücklich machenden Endorphine. Die Lust und Freu-

de an der gegenseitigen körperlichen Berührung trägt eine Beziehung auch dann, wenn die Sexualität zurückgeht. Denn mit zunehmendem Alter bekommen Zärtlichkeit und Zuneigung einen anderen Stellenwert. Die Schauspielerin Uschi Glas hat es auf den Punkt gebracht: »Als ob es nur das eine gäbe. Es gibt so viele Dinge, die eine Partnerschaft schön machen – miteinander lachen, bei Berührungen Freude empfinden und Ähnliches mehr.«

Je häufiger Sie als Paar miteinander lachen, desto näher sind Sie sich und desto mehr tun Sie für sich und Ihre Partnerschaft. Denn auf der emotionalen Ebene bewirkt das gemeinsame Lachen gemeinsame Heiterkeit. Auf der körperlichen Ebene setzt das Lachen den Muskeltonus herab und fördert die Entspannung. Auf der chemischen Ebene vermindert das Lachen den Stress, weil dabei euphorisierende Botenstoffe wie Endorphine, Enkephaline, Dopamin, Noradrenalin und Adrenalin ausgeschüttet werden. Und auf der sozialen Ebene schweißt Sie das Lachen als Paar zusammen und macht Sie zu Verbündeten gegenüber äußeren Einflüssen.

Vergessen Sie die wohlbekannten Gesten nicht

Viele alten Paare tauschen meist ihre individuellen Gesten aus, doch ohne folgende körpersprachlichen Signale werden auch sie nicht auskommen:

Sich unterhaken

Auch Paare, die schon lang zusammen sind, gehen Arm in Arm oder haken sich unter. Das Unterhaken ist ein Symbol für

Lachen Sie oft miteinander!
Nicht nur zärtliche Berührungen sorgen für Entspannung und lösen die Ausschüttung von euphorisierenden Botenstoffen aus, sondern auch das gemeinsame Lachen. Daher gilt für das Lachen dasselbe wie für Berührungen: Je verschwenderischer Sie damit umgehen, desto mehr stärken Sie die kameradschaftliche Liebe.

den gemeinsamen Weg. Dabei übernimmt ein Partner die Kontrolle über den anderen. Meist hängt sich die Frau ein und gibt damit das Zeichen, dass sie beschützt und gestützt werden will. Dasselbe gilt für ältere Menschen, bei denen jedoch der körperliche Aspekt im Vordergrund steht.

Sich gegenseitig Halt geben

Außerdem sieht man heute immer häufiger auch altgediente Paare, die Händchen halten und damit Zuneigung und Zuwendung signalisieren. Auch sehr betagte Paare gehen Hand in Hand – Paare, die es in ihrer Jugend nie gewagt hätten, sich in der Öffentlichkeit so zu zeigen. Gerade bei älteren Menschen wird so auch die gegenseitige Fürsorge sichtbar, indem sie sich beim Gehen nicht nur symbolisch, sondern auch tatsächlich festen Halt geben.

Schulterumarmung

Typisch für die kameradschaftliche Liebe ist die Schulterumarmung. Laut Desmond Morris berühren langjährige Paare die Schultern und Oberarme ihres Partners

Mit der Stimme Stimmung machen

Untersuchungen an der amerikanischen Kent-State-Universität haben gezeigt, dass Paare ihre Stimmlage unbewusst einander angleichen. Die Forscher empfehlen, mit sanfter Stimme zu sprechen, wenn man ebenfalls sanft angesprochen werden möchte. Wer dagegen mit einem fordernden, verärgerten oder sarkastischen Ton spricht, sollte nicht überrascht sein, wenn der Partner in derselben Tonlage antwortet.

Aufmerksamkeitsgesten

Eine andere wirksame Methode zu zeigen, dass man sich gern hat, besteht darin, die Zeitung sinken zu lassen, den Fernseher auszuschalten, sich vorzubeugen und dem Partner in die Augen zu schauen, wenn man sich unterhält. Bleiben Sie möglichst immer aufmerksam während des Gesprächs mit Ihrem Partner.

Den richtigen Ton finden

Männer gehen bei einer Unterhaltung davon aus, dass es genügt, wenn sie nur am Anfang liebevoll sprechen. Danach verfallen sie oft wieder in eine tiefere Stimmlage, in der sie sich auch mit anderen Männern unterhalten. Doch Frauen empfinden die Änderung im Tonfall auch stets als Veränderung der männlichen Gefühle. Deshalb sollten Sie als Mann dauerhaft in einem liebevollen Ton sprechen, um Ihrer Frau zu zeigen, dass Sie sie wirklich lieben.

wesentlich öfter mit ihren Fingerspitzen und geöffneten Handflächen als jung Verliebte. Diese einfache Berührung signalisiert, dass man bereit ist, füreinander zu sorgen, dass man sich mag und liebt.

Flexible Teamplayer bleiben

Die Beziehung von Paaren, die schon lang glücklich zusammenleben, hat die Partner zu einem eingespielten Team zusammenwachsen lassen. Ihre Partnerschaft basiert auf einem soliden Fundament, bestehend aus vielen »Bausteinen«: die Eigenschaften jedes Partners, in denen sie sich glücklich getroffen haben; der Humor, der sie beide verbindet; gemeinsam genossene Rituale wie das Sonntagsfrühstück im Kreis der ganzen Familie; aber auch die abgestimmte Verteilung der anfallenden Arbeiten, die über Jahre zur Routine geworden ist.

Langjährige Partner haben als Team schon viele Herausforderungen zusammen bewältigt. Dazu zählt die gemeinsame Erziehung ihrer Kinder, bei der sie an einem Strang gezogen haben. Oder die zahlreichen täglichen Aufgaben des Familien- und Berufsalltags. Sie haben gemeinsam viele schöne Erfahrungen gesammelt sowie Krankheiten und Krisen zusammen durchlebt und überstanden. Oft haben kritische Situationen ihren Zusammenhalt noch widerstandsfähiger gemacht und sie erkennen lassen, wie stark sie als Team sind.

Eingespielte Partner spornen sich gegenseitig an. In der Gemeinschaft fühlen sie sich wohler und merken, dass ihr gemeinsames Tätigwerden ihre Kraft und Freude immer wieder aufs Neue belebt. In dem Wort »Synergie« kommt dieses enorme Energiepotenzial zum Ausdruck.

Partner, die sich als Team sehen, sind nicht eifersüchtig aufeinander, auch nicht auf den beruflichen Erfolg des anderen. Im Gegenteil, sie unterstützen sich gegenseitig, wo sie können. Sie stimmen ihre Termine und Pläne aufeinander ab und setzen sich gemeinsame Ziele. Wie viele Konflikte muss dagegen eine Partnerschaft ertragen, in der jeder etwas anderes will? Zwar kann ein gelegentlicher Streit auch belebend wirken – aber eine ständige Konfliktbewältigung ist zermürbend und belastend. Deshalb sind gemeinsame Ziele in einer Partnerschaft von herausragender Bedeutung.

Respektvoll miteinander umgehen

Ohne Respekt ist eine innige Liebe zu einem anderen Menschen nicht möglich. Geht der Respekt gegenüber dem anderen verloren, dann wird dieser für seinen Partner langweilig. Die Achtung und den Respekt langfristig zu erhalten, das zählt zu den großen Herausforderungen in einer Partnerschaft. Dazu dürfen beide Partner bestimmte Grenzen nicht überschreiten.

Streitkultur entwickeln

Harsche Kritik oder gar Handgreiflichkeiten sorgen für den unmittelbaren Verlust von Respekt und Achtung. Seien Sie deshalb bemüht, Meinungsverschiedenheiten möglichst sachlich und auf eine niveauvolle Art zu lösen. Übrigens finden Paare mit einer gesunden Streitkultur auch nach einer Krise besser wieder zueinander als sehr harmoniebedürftige Paare. Denn wenn die Partner konfliktfreudig sind, zeigen sie dem anderen damit, dass ihnen noch etwas an ihm liegt und sie bereit sind, gemeinsam mit ihm etwas zu verändern. Dagegen haben sehr harmoniebedürftige Paare größere Schwierigkeiten damit, lähmende Rituale zu durchbrechen.

Ausgeglichenes Geben und Nehmen

Eine Partnerschaft wird dann über viele Jahre bestehen können, wenn die Bilanz von Geben und Nehmen ausgeglichen ist. Sind Sie derjenige Partner, der schon lang nur die Hand aufhält und nimmt, dann wird es Zeit, dem anderen etwas zurückzugeben. Natürlich ist es angenehm, verwöhnt zu werden. Doch auf Dauer wird Ihr Partner das nicht mitmachen. Auch geizig zu sein lohnt sich schlussendlich nicht, denn eine gute Partnerschaft setzt voraus, dass beide Seiten gleich viel Einsatz und Energie einbringen.

Den Haushalt neu organisieren

Nicht ohne Grund sagte Charlie Chaplin: »Glück ist eine Frage der Organisation!« Um glücklich zu sein, reicht eine gute Organisation natürlich nicht. Aber diese trägt schon erheblich zum Gelingen einer Partnerschaft bei. Daher ist eine erfolgreiche »Teamarbeit« ohne Organisation nicht möglich. Über die Jahre hat sich bei dauerhaften Partnerschaften die Verteilung der Aufgaben geregelt. Was lange Zeit selbstverständlich war, wird aber plötzlich auf den Kopf gestellt, wenn beispielsweise der

Mann in Rente geht und im Haushalt hilft. Damit die gemeinsame Haushaltsorganisation auch weiterhin funktioniert, sind Absprachen nötig sowie ein großes Maß an Toleranz. Denn wenn die Frau an jedem Handgriff herummäkelt, wird er irgendwann gar nichts mehr anfassen.

Oft machen Frauen ihre Männer zu Handlangern im Haushalt, denen genau vorgeschrieben wird, wie sie ihre Arbeit zu erledigen haben. Viele Männer reagieren jedoch äußerst missmutig, wenn sie kein gleichberechtigter Partner mehr im Team sind. Andererseits sind Frauen sauer, wenn sie nach einem längeren Aufenthalt außer Haus, beispielsweise von der Arbeit, heimkommen und die Hausarbeiten noch unerledigt sind. Ein wichtiges Problem sind hier die unausgesprochenen, zu hohen Erwartungen. Wir denken oft, dass der andere doch wissen muss, was wir uns wünschen, doch dies ist oft nicht der Fall.

Genaue Absprachen treffen

Absprachen und die Verteilung der Aufgaben unter den Partnern ermöglichen eine effektive Teamarbeit. Dabei empfiehlt es sich, die Aufgaben vorab aufzuteilen. Wie bei professionellen Teams im Berufsleben sollte zunächst eine Bestandsaufnahme gemacht werden, wer welche Aufgaben übernehmen will. Die restlichen Pflichten werden dann aufgeteilt. Die Verteilung bedeutet aber auch, den anderen die Arbeiten nach seinen Vorstellungen erledigen zu lassen. Wie er dabei vorgeht, sollte dem Partner überlassen werden – auch wenn dies manchmal schwerfällt. Statt Kritik zu üben, sollte der haushaltserfahrenere Partner dem »Neuling« lieber einige bewährte Vorgehensweisen zeigen.

Den eigenen Interessen nachgehen

Bei aller Zweisamkeit ist es aber erforderlich, dass jeder Partner auch seine eigenen Interessen pflegt. Sonst bekommt ein Paar gar keine Impulse mehr von außen und sitzt sich bald nur noch frustriert gegenüber. Fühlt sich ein Partner über eine lange Zeit eingeengt, dann sorgt dies für Spannungen, die ihn in einer Krisensituation möglicherweise das System Partnerschaft sprengen lassen. Seien Sie daher bereit, Ihrem Partner genügend Freiräume zu lassen und Kompromisse zu machen.

Hauptsache: zusammen sein

Langjährige Paare wissen, was die Liebe braucht: eine vernünftige und realistische Sicht des Partners. Und außerdem beständige Arbeit an der Partnerschaft. Leidenschaft und Hingabe sind weitere Erfolgsfaktoren, die das gegenseitige Vertrauen deutlich machen. Und vor allem gilt: Die Freude am Zusammenleben, an der Gemeinschaft zählt mehr als die ständige Diskussion über Probleme.

Fairness im Haushalt
Eine ungerechte Verteilung der Hausarbeit kann die Befindlichkeit und Beziehungszufriedenheit auch in langjährigen Partnerschaften sehr beeinträchtigen. Untersuchungen zeigen, dass die Person, die durch die Hausarbeit mehr belastet wird, häufig Probleme damit hat, das eigene Stimmungsmanagement in den Griff zu bekommen.

Special: Zweiter Liebesfrühling im Alter?

Schön wäre es, wenn...
... man als älteres Ehepaar Händchen haltend auf einer Parkbank sitzen, der jungen Familie mit den Enkelkindern beim Spielen zuschauen und sich wissend anlächeln könnte. Natürlich gibt es diesen wunderbaren Fall. Doch das Leben kann auch eine ganz andere Wendung nehmen, und da heißt es dann, sich auf ganz neue Wege zu begeben. Wer seinen Partner durch Tod oder Scheidung verloren hat, muss erst lernen, allein zu leben. Oder nach einer gewissen Zeit nach Gelegenheiten suchen, sich eine neue Zweisamkeit aufzubauen.

Was tun nach einer Trennung?
Gerade wenn die Kinder aus dem Haus sind, der Vorruhestand einen schönen, ruhigen Lebensabend ermöglichen würde, dreht sich oft noch einmal das Blatt, und wir stehen im Spätsommer unseres Lebens plötzlich allein da. Unsere Gesellschaft hat sich verändert und Partnerschaften, die für das ganze Leben halten, sind rar geworden. Immer öfter werden Ehen selbst noch nach der Silberhochzeit oder sogar nach der Goldenen Hochzeit geschieden. So ein Schicksalsschlag muss verdaut werden. Aber was kommt dann? Es ist durchaus nicht mehr unüblich, dass wir uns nach einer Trennung oder dem Tod des Partners auf die Suche nach einer neuen Liebe machen.

Eine neue Liebe suchen?
Wer will schon gern allein sein? Ob getrennt, geschieden oder verwitwet – viele Singles jenseits der 55 sind vital, fit und aktiv. Sie fühlen sich noch jung und wollen den Herbst ihres Lebens nicht abwartend, ohne Pläne für die Zukunft und schon gar nicht ohne Liebe verbringen. Denn auch wenn die Lebensumstände sich nun geändert haben, der Wunsch nach Liebe und Geborgenheit bleibt. Also gehen wir mit 50 plus wieder auf Partnersuche? Das wirft Fragen auf: Was sagen die Kinder? Ist es im Alter schwerer, einen Partner zu finden, sich auf etwas Neues einzulassen? Lohnt die Partnersuche im Internet?

Gute Chancen
Mit 50 plus haben wir genug Energie, Vitalität und Muse, um noch mal durchzustarten. Viele träumen von schönen Urlaubsreisen, die sie sich nun leisten könnten, wollen aber nicht allein reisen. Die Kinder sind aus dem Haus und wohnen vielleicht weit weg. Die Verbindungen zu den alten Arbeitskollegen bröckeln langsam, und der Ehepartner ist nicht mehr da. Natürlich sehnen sich auch Frauen und Männer im reiferen Alter nach Liebe, Zärtlichkeit und Nähe. Unsere Lebenserwartung steigt stetig und die meisten Menschen fühlen sich in der zweiten Lebenshälfte noch lang nicht alt. Worauf also warten? Wer sich im Alter nach einem Partner sehnt, muss selbst aktiv werden und gezielt suchen. Das ist genauso wie bei den Jungen. Der

Special: Zweiter Liebesfrühling im Alter?

»Prinz auf dem weißen Pferd« kommt selten vorbeigeritten, wenn man zu Hause auf dem Sofa sitzt. Deshalb gilt: Flirten Sie! Nutzen Sie Ihr Potenzial, genießen Sie das Leben mit allen Vorzügen, die es für Sie bereithält, und wagen Sie den Sprung ins kalte Wasser!

Von der Singlebörse bis zum Tanzabend

Viele junge Singles finden heutzutage ihre neue Liebe über das Internet, Tendenz steigend. Das können Ältere auch! Argumente für die Online-Partnersuche sind vor allem eine größere Auswahl, die bequeme Gemütlichkeit zu Hause und die Möglichkeit, sich übers Netz erstmal zu »beschnuppern«. Inzwischen gibt es auch viele gute Singlebörsen, die sich auf die Bedürfnisse von reiferen Singles eingestellt haben. Sie bieten noch viel mehr als die reine Partnersuche, denn nicht jeder sucht gleich nach einer neuen Liebe – viele wünschen sich einfach nur Menschen, mit denen sie ihre Freizeit gestalten können. In diesen Foren werden Tanzabende, Theaterbesuche, Kino, Sport, Wanderungen und vieles mehr angeboten. So finden Sie neue Freundschaften, können zusammen mit anderen Menschen etwas erleben und vielleicht schon bald eine neue Liebe finden. Falls Sie noch nie etwas mit einem Computer zu tun hatten, dann ist das doch eine tolle Möglichkeit, das jetzt endlich zu ändern. Vielleicht finden Sie ja schon bei Ihrem ersten Computerkurs Ihren neuen Traumpartner. Chancen bietet Ihnen aber nicht nur das Internet. Gehen Sie in eine Ausstellung, ein Café, VHS-Kurse, zum Tanztee oder zum Single-Treff: Mischen Sie sich so oft wie möglich unter Menschen, und seien Sie offen für neue Kontakte.

Konzentration auf das Positive

Auch wenn das Alter mit Falten und kleinen Zipperlein daherkommt, es bringt doch auch viel Schönes mit sich. Wir sind positiver und entspannter und müssen uns nichts mehr beweisen. Wir wissen, dass die schlechten Zeiten genauso vorbeigehen wie die guten. Wir sind uns bewusst, dass jeder Tag wieder etwas Neues bringen kann, und genießen auch jeden Tag. Wir schätzen das Gefühl von Gemeinsamkeit und Geborgenheit. Vertrautes Denken und Handeln, die uneingeschränkte Hingabe und Aufmerksamkeit treten stärker in den Vordergrund. Wir sind reifer, selbstsicherer und erfahrener als junge Menschen und können Situationen und zwischenmenschliche Beziehungen besser einschätzen und Spannungen und Stress leichter bewältigen. Versuche zeigten, dass ältere Menschen mit Kritik besser umgehen können als jüngere und sich viel mehr auf positive Äußerungen konzentrieren.

Gemeinsamkeiten pflegen

Liebe und Partnerschaft haben im zweiten Drittel unseres Lebens eine andere Bedeutung als in jungen Jahren. Ältere Menschen sehnen sich danach, für jemanden da zu sein, auf jemanden stolz sein zu können und mit jemandem die schönen Momente zu teilen. Das Gefühl der

Zusammengehörigkeit macht unser Leben sehr viel wertvoller und erlebnisreicher. Wir sind besser in der Lage, uns gedanklich auf den Partner einzustellen. Wir legen vermehrt Wert auf Niveau, ähnliche Lebenseinstellungen. Die letzten Jahre des Zusammenseins sollen schließlich in harmonischem Einklang verlaufen.

Schön und fit – auch im Alter

Natürlich sehen wir im reifen Alter nicht mehr aus wie mit 20 Jahren und leiden manchmal unter der schwindenden Jugendlichkeit und der Vergänglichkeit unserer Attraktivität. Aber mit diesem Problem stehen wir nicht allein da. Das geht auch unserem potenziellen Partner so. Natürlich spielt das Aussehen auch dann noch eine gewisse Rolle, wenn die Fältchen nicht mehr zu übersehen sind. Viele Männer neigen dann zu schütterem Haar, haben einen Bauch und schwächere Muskeln. Und da die Testosteronproduktion sinkt, nehmen Libido und Potenz ab. Und die Frauen leiden ebenfalls unter den körperlichen Symptomen des Älterwerdens. Manche müssen sich über einen langen Zeitraum hinweg mit Wechseljahrsbeschwerden auseinandersetzen, wie beispielsweise Hitzewallungen, Schweißausbrüche oder Migräneattacken. Wehmütig schaut man dann zuweilen auf die jugendliche Figur, die straffe Haut oder den vollen Haarschopf jüngerer Geschlechtsgenossinnen. Ob Männer oder Frauen – jeder sollte aber nach den für ihn passenden Möglichkeiten Ausschau halten, gegen die diversen Alterserscheinungen vorzugehen. So können Sie beispielsweise auf eine modisch-legere Kleidung achten. Und wer möchte, kann seine Haarfarbe ruhig etwas auffrischen. Um sich fit und beweglich zu halten, ist der Gang ins Fitnessstudio empfehlenswert. Natürlich zählen hauptsächlich Ihre inneren Werte, doch auch Ihr Äußeres verdient eine sorgfältige Pflege. Dadurch fühlen Sie sich gleich frischer und jünger.

Immer noch ein Thema: Sexualität?

Bei allen Veränderungen, eines bleibt doch gleich: Wenn reife Frauen oder Männer sich verlieben und ihren zweiten Frühling erleben, fühlen sich das Kribbeln und die Schmetterlinge im Bauch an wie früher. Liebe beflügelt uns in jedem Alter und auch das Bedürfnis nach Nähe und Zärtlichkeit geht nicht verloren. Vielen Erwachsenen macht die Intimität der Eltern allerdings zu schaffen. Oft ist es den erwachsenen Kindern geradezu peinlich, wenn der alte Vater oder die alte Mutter plötzlich mit einem neuen Partner rumknutscht. Eltern haben ja keinen Sex. Aber wie ist es tatsächlich? Tun sie's oder tun sie's nicht? Natürlich tun sie's: Von den 51- bis 60-jährigen Paaren sind noch über 80 Prozent sexuell aktiv. Von den 61- bis 70-Jährigen sind es immer noch um die 70 Prozent. Erst nach dem 70. Lebensjahr verringert sich die Quote auf unter 50 Prozent. Manche können erst jetzt ihre Sexualität überhaupt richtig entdecken, weil plötzlich der Leistungsdruck wegfällt. Der frühere Stress des Alltags, die Sorgen mit den Kindern, die Anforderungen im Beruf, alles das hat sich ins Bett übertragen.

Special: Zweiter Liebesfrühling im Alter?

Jetzt nehmen Sie sich oft viel mehr Zeit für Sex, es geht nicht mehr um die Häufigkeit sexueller Aktivitäten, sondern um Zärtlichkeit. Liebe und Leidenschaft sind im Alter nicht vorbei, nur weil die Jungen sich nicht vorstellen können, dass man dann noch Sex hat, weil es gar nicht mehr geht. Es geht, und intimer Kontakt zu einem geliebten Partner ist auch im Alter ein sehr wichtiges und menschliches Bedürfnis.

Eine neue Ehe schließen?
»Die zweite Ehe ist der Triumph der Hoffnung über die Erfahrung«, sagte Samuel Johnson. Also kein Grund zur Skepsis, wenn es um eine zweite Ehe geht! Viele wagen noch einmal den Schritt und heiraten erneut. Vielleicht ist eine kirchliche Trauung nicht mehr möglich, auch ein weißes Hochzeitskleid wird oftmals nicht angebracht sein, aber bei einer Hochzeit geht es mehr um das Herz als um den Kopf. Niemand sollte also davor zurückschrecken, sich auch offiziell zu der neuen Liebe zu bekennen. In der Realität kann das dennoch einem Drahtseilakt gleichkommen, denn gerade die erwachsenen Kinder des Brautpaares können und wollen sich den Vater oder die Mutter nicht mit einem neuen Partner vorstellen. Sie befürchten vielleicht, dass Oma oder Opa plötzlich weniger Zeit für die Enkel hat. Viele sorgen sich auch um das zu erwartende Erbe. Stehen Sie selbstbewusst zu Ihrem neuen Partner, ohne viel erklärende Worte und achten Sie nicht so sehr auf die Meinung anderer Menschen. Es ist schließlich Ihr Leben und eines ist anders als in jungen Jahren: das Bewusstsein der eigenen Endlichkeit. Es wird einem klar, dass man nicht ewig leben wird. Darum genießen Sie Ihr neues Leben möglichst intensiv.
Die Liebeserklärung des amerikanischen Schauspielers Dustin Hoffman an seine Ehefrau Lisa Gottsegen ist doch wunderschön: »Ich kann nicht beschreiben, was mich nach 28 Jahren mit meiner Frau verbindet«, sagte der über 70-jährige: Er wisse nicht, ob das Liebe sei oder Seelenverwandtschaft oder irgendetwas anderes. »Aber eines empfinde ich ganz stark: Egal, wie viel Zeit wir noch zusammen haben, und selbst wenn ich 100 werde, es ist nicht genug.«

Bester Ersatz: Freunde
Auf die Frage »Wie finde ich das Glück in der Liebe?« antwortete Eckart von Hirschhausen: »Viel wichtiger, als jemanden zu finden, der perfekt zu einem passt, ist es, jemanden zu finden, der mit unserer Form von Liebe und Zuneigung etwas anfangen kann und will. Für das eigene Glück ist lieben zu können viel wichtiger, als geliebt zu werden. Und das kann man auch auf viele Menschen verteilen. Wenn Sie gerade keinen Partner haben: Gute Freunde sind unterm Strich viel wichtiger für das Glücksempfinden. Also bleiben Sie entspannt – gute Freundschaften halten im Schnitt viel länger als Ehen!« In diesem Sinne: Lassen Sie Ihre alten Freundschaften nicht einschlafen, sondern kümmern Sie sich aktiv um Ihre Freunde. Und wenn möglich, knüpfen Sie auch ganz neue Freundschaftsbande.

Flirtsignale auf einen Blick

Für die Interpretation und Deutung von nonverbalen Nachrichten brauchen Sie ein wenig Übung. Ich habe Ihnen deshalb die wichtigsten Gesten fürs Flirten noch einmal zusammengefasst. Aber denken Sie immer daran: Eine Geste kann je nach Situation Unterschiedliches bedeuten. Achten Sie darauf, dass Sie immer mehrere Signale wahrnehmen, bevor Sie sich auf eine Aussage festlegen.

Alle Körpersignale – schnell entschlüsselt

Beobachten Sie Haltung, Kopf, Arme, Hände und Beine Ihres Gegenübers:

Gestik, die Interesse zeigt

› Große Pupillen – Interesse
› Intensiver Blick mit abruptem Abweichen des Blicks nach unten – Verlegenheit
› Schnelleres Blinzeln – Aufregung
› Angefeuchtete Lippen – Lust
› Hochgezogene Mundwinkel – Freude
› Zuzwinkern – Kontaktaufnahme
› Gebeugte und lockere Armbewegungen – Selbstsicherheit, Lässigkeit
› Weite Armbewegungen – Großzügigkeit
› Handfläche vorwiegend nach oben gewandt – geben und nehmen wollen

- Kleinen Finger wegspreizen – Anerkennung suchen
- Daumen nach oben gestreckt – Selbstbewusstsein, Dominanz
- Offene, lockere Armhaltung – Vertrauen
- Hände auf geknickte Hüften gelegt (Frau) – auf den Körper hinweisen
- Daumen in Gürtel oder Hosentasche eingehakt (Mann) – »Schau mich an«!
- Fest an die Schulter fassen – nur freundschaftliche Geste
- Gerader Kopf – Offenheit, Aktivität
- Körper ist dem Gesprächspartner frontal zugewandt – Aufmerksamkeit
- Brustkorb angehoben und Beine stehen am Boden (Männer) – Imponiergehabe
- Beine verschränkt und zum Partner gewandt – Interesse
- Bein wird nach vorn geschoben (Mann) – Revier sichern, Annäherung
- Stuhllehne voll einnehmen, lässig zurücklehnen, einen Arm an der Armlehne abstützen (Männer) – Coolness
- Aufrichten des Oberkörpers – Eitelkeit

Gestik für Flirtbereitschaft

- Gerader, langer Blick – Interesse
- Leicht angehobene Augenbrauen – mehr wissen wollen
- Lider leicht gesenkt mit Blickkontakt – hohe Aufmerksamkeit
- Mehrmaliges Heben einer Augenbraue – Flirtbereitschaft
- Glänzende, strahlende Augen – Aufregung, Verliebtheit
- Kopf zur Seite geneigt – Vertrauen, Aufmerksamkeit
- Zunge an der Oberlippe – starke Konzentration
- Schnalzen mit Zunge – Bewunderung
- Auf den Finger beißen – Verlegenheit
- Demonstrativ gehobener Daumen – Mann will imponieren
- Zupf- und Putzbewegungen – sich schön machen
- Berühren des Ringfingers – will Streicheleinheiten, trägt viel Gefühl in sich
- Spiel mit Haaren (Frau), sich durchs Haar fahren (Mann) – erotisches Signal
- Berührungen des Partners am Handrücken, Unterarm – große Sympathie
- Über den Hals streichen (Frau) – erotisches Signal
- Körper, dem Gesprächspartner frontal zugewandt und nach vorn geneigt – großes Interesse, hohe Aufmerksamkeit
- Beide Beine am Boden und geöffnet – Offenheit, Selbstvertrauen, Standfestigkeit
- Beine werden abwechselnd übereinandergelegt (Frau) – erotisches Signal
- Sitzen mit gespreizten Beinen (Mann) – Männlichkeit präsentieren
- Schaukeln mit dem Bein, umklammern des Knies mit beiden Händen (Frau) – Aufforderung zum Flirt
- Stuhllehne voll einnehmen und lässig zurücklehnen – fühlt sich wohl

Gestik der Abwehr

- Verengte Pupillen – Desinteresse
- Häufiger langer Blick zur Decke – Abwesenheit, sucht nach Fluchtweg
- Wegsehen – »Nichts-wie-weg-Gedanke«
- Zusammenkneifen der Augen – Vorbereitung auf Angriff
- Flüchtiges Ansehen der gesamten Person von oben nach unten – Geringschätzung, Abwertung

› Heben einer Augenbraue mit schiefem Mund – Misstrauen oder Sarkasmus
› Fest geschlossene Lippen – Ablehnung
› Zurückschieben des Kopfes – Distanz
› Mundwinkel nach unten gezogen – Trauer, Verbitterung
› Hochgezogene Lippe und gerümpfte Nase – Verachtung
› Hände vor dem Bauch und Fingerspitzen aneinandergelegt – Schutzhaltung
› Verschränkte Arme, Hände in den Oberarmen verkrallt – Zurückhaltung
› Aufgestützte Ellbogen und Hände vor dem Mund – Vorsicht
› Verschränkte Arme, Hände in Achselhöhlen – Schutzhaltung, Ängstlichkeit
› Gestreckte, steife und ruckartige Armbewegungen – Hemmung
› Gebeugte Armbewegungen, mit angepressten Oberarmen – Nervosität

› Aktiver Zeigefinger – Rechthaberei
› Handfläche nach unten gerichtet – von seinem Inneren nichts preisgeben
› Trommeln mit Fingern – Langeweile
› Daumen verstecken – sich zurückziehen
› Mit dem Finger an Wange, Mundwinkel, Nase, Schläfe kratzen – Unaufrichtigkeit
› Hochgezogene Schultern – Anspannung
› Fingernägel »säubern«, zupfen an der Nagelhaut – gelangweilt, frustriert, nervös
› Verknotete Finger – Zurückhaltung
› Abgewandter Oberkörper – Desinteresse
› Oberkörper zur Seite – ausweichen
› Beine übereinandergeschlagen und aufgestellter Fuß – Abwehr
› Fuß tippt auf den Boden, dabei sitzen auf der Stuhlkante – Fluchtsignal
› Beine im Sitzen eng aneinandergelegt oder stark verschränkt – Verspannung
› Weggedrehte Fußspitze – Unwohlsein

a Gehen Sie gemeinsam mit Achtung, Würde und Respekt – Hand in Hand – durch ein spannendes Leben!

Zum Nachschlagen

Dank der Autorin

Viel wurde schon über sie geschrieben, doch noch niemand konnte sie zu hundert Prozent erforschen. Jeder von uns nimmt sie wahr und jeder berichtet anders über sie. Doch eines ist klar: Sie ist ein äußerst wertvolles Geschenk. Auch wenn wir sie nicht in einheitliche Worte fassen können, so vermögen wir sie doch zu sehen: die Körpersprache der Liebe.

Wir benutzen sie meist unbewusst und gerade deshalb ist die Körpersprache so aufschlussreich. Es ist die Sprache, die alle Gefühle preisgibt. Die Sprache, die niemals lügt. Die Sprache, die mächtiger ist als alle Worte zusammen.

Mein Wissen über sie verdanke ich den Untersuchungen und Erkenntnissen zahlreicher Experten – sie ermöglichten es mir, mich auf dem Gebiet der Körpersprache kontinuierlich weiterzuentwickeln. Ein herzlicher Dank geht auch an Silke Bauer, meine rechte Hand, die mir mit vielen Anregungen zur Seite stand. Ebenso danke ich meiner wahren Liebe Walter, der mich mit seiner Geduld, seinem kritischen Auge und seinen Erfahrungen unterstützte. Ein Dank auch dem gesamten GU-Team für die erfolgreiche Zusammenarbeit, die mir immer wieder viel Freude macht. Weiterhin danke ich: Luise Heine, Julei M. Habisreutinger, Nina Lüttge, dem Foto-Shooting-Team sowie allen Probanden. Und ein besonderes Dankeschön gilt meinen Eltern, die mich in jedem Vorhaben bestärkten und stets für mich da sind.

Kontaktadresse der Autorin

Sie möchten mehr über Monika Matschnig und ihre Arbeit erfahren? Besuchen Sie ihre Homepage www.matschnig.com.

Bücher, die weiterhelfen

Flirten

Bongertz, Christiane: *Das Flirtbuch für Frauen,* Rowohlt, Reinbek 2004.

Cox, Tracey: *Perfekt verführen: Wie Sie Ihre Körpersprache bewusst einsetzen,* Dorling Kindersley, München 2005.

Heskell, Peta: *Der Flirt Coach. Für Liebe, Alltag und Business,* mvg, München 2006.

Von Senftleben, Phillip: *Das Geheimnis des perfekten Flirts,* Rowohlt, Reinbek 2008.

Westphal, Susanne: *Einfach becircend. Die Typologie weiblichen Erfolgs,* Kabel, München 2004.

Liebe

Biddulph, Steve und Shaaron: *Wie die Liebe bleibt.* Beust, München 2002.

Christinger, Doris; Schröter, Peter A.: *Vom Nehmen und Genommen werden: Für eine neue Beziehungserotik,* Pendo, München 2009.

Fromm, Erich: *Die Kunst des Liebens,* Ullstein Berlin 2005.

Givens, David: *Körpersprache der Liebe*, Goldmann, München 2006.

Hantel-Quitmann, Wolfgang: *Die Liebe, der Alltag und ich*, Herder, Freiburg 2006.

Jellouschek, Hans: *Warum hast du mir das angetan? Untreue als Chance*, Piper, München 2010.

Johnson-Illi, Ruth: *Rezepte der Liebe. Himmlische Genüsse aus der aphrodisischen Küche*, AT, München 1999.

Lauster, Peter: *Liebeskummer als Weg der Reifung*, Econ, Berlin 1991.

Love, Patricia, Stosny, Steven: *Schatz, wir müssen gar nicht reden!*, Campus, Frankfurt 2009.

Pease, Allan & Barbara: *Warum Männer immer Sex wollen und Frauen von der Liebe träumen*, Ullstein Berlin 2009.

Lebenshilfe

Biddulph, Steve: *Männer auf der Suche*, Beust, München 1998.

Herriger, Catherine: *Die Kraft der Rituale. Macht und Magie unbewusster Botschaften im Alltag.* Heyne, München 1993.

Matschnig, Monika: *Mehr Mut zum Ich. Sei du selbst und lebe glücklicher*, Gräfe und Unzer, München 2009.

Körpersprache allgemein

Collett, Peter: *Ich sehe was, was du nicht sagst*, Bastei Lübbe, Köln 2006.

Ekman, Paul: *Gefühle lesen: Wie Sie Emotionen erkennen und richtig interpretieren*, Spektrum Akademischer Verlag, Heidelberg 2010.

Kmoth, Nadine: *Körperrhetorik. Eine Anleitung zum Gedankenlesen und -zeigen*, mvg, München 2005.

Havener, Thorsten: *Ich weiß, was du denkst*, Rowohlt Digitalbuch, Reinbek 2009.

Lyle, Jane: *Körpersprache*, Gondrom, Bindlach 1999.

Matschnig, Monika: *Körpersprache: Verräterische Gesten und wirkungsvolle Signale*, Verlag Gräfe und Unzer, München 2007.

Molcho, Samy: *Körpersprache*, Mosaik, München 1994.

Molcho, Samy: *Umarme mich, aber rühr mich nicht an. Die Körpersprache der Beziehungen*, Ariston, München 2009.

Pease, Allan & Barbara: *Die kalte Schulter und der warme Händedruck*, Ullstein, Berlin 2006.

Rückle, Horst: *Körpersprache für Manager*, verlag mi, Landsberg 2000.

Topf, Cornelia: *Körpersprache für freche Frauen*, Redline Wirtschaft, München 2005.

Tramitz, Christiane: *Irren ist männlich. Weibliche Körpersprache und ihre Wirkung auf Männer*, Goldmann, München 1995.

Register

A

Ablehnungssignale 58, 61, 88, 134–135
Abstand 33, 43 47, 67, 70, 81, 104, 110
Ängstlichkeit 140, 185
Annäherungssignale 58
Anziehung, körperliche 91, 95, 99
Anziehungskraft, erotische 51, 150
Anziehungskräfte, archetypische 125
Aphrodisiaka 86
Arme 33 ff., 65, 89
– verschränkte 41, 61, 62, 66, 79, 80, 90
Augen 22 ff., 62, 94–96, 133, 140–143, 160
– weit geöffnete 22–23, 158
– zusammengekniffene 23, 27, 184
Augenaufschlag 49
Augenbrauen 24, 26, 57, 59–60, 62, 71, 92, 111, 140–143, 158, 184
– kratzen an 128–129
Augenzwinkern, nervöses 129
Aussehen 54, 74, 181
Ausstrahlung 44, 46–47, 69, 80
Authentizität 84

B

Bauchraum 41–43, 81, 104
Beine 31, 36, 45, 54, 58, 61, 62, 64, 81–83, 87, 104, 154, 159, 164, 183–185
– übergeschlagene 59, 82, 83, 117, 142, 168
Berührungen 28, 39, 79–80, 86, 89–90, 96, 100, 111, 134, 143, 146–147, 150, 160, 170, 174–175, 184
Berührungsintensität 111–112
Beschützerhaltung 102, 103
Bestrafungsgesten 39, 133
Beziehungsprobleme 16
Bindungsangst 108
Biochemie der Liebe 11, 14
Blickkontakt 22 ff. 31, 51, 55–59, 65, 67, 68, 76, 77, 90, 92 110, 111, 115, 117, 129, 134–136, 142, 158–160, 184

Blicktypen 23
Blickzeit, 22–23
Bodenkontakt 36, 82
Botenstoffe 13, 27, 175
Broken-Heart-Syndrom 12

C

Charme 27, 84–85
Cowboy-Haltung 61, 82

D

Date, erstes 10, 71, 74–80, 82, 84, 86
Deeskalationsstrategien, verbale 138
Distanzhaltung 103–104
Distanzzonen 70, 82
Dopamin 10–11, 149, 175
Drei-Sekunden-Regel 68
Duft 13, 27, 120, 147–148

E

Egoismus 17, 167
Eifersucht 107, 136
Ekstase 8, 149
Elternliebe 9, 156
Empathie 85, 121, 169
Endorphine 46, 174–175
Ermutigungssignale 58, 88
Erotik 107–108, 146, 148–149, 174
Euphorie 11, 153

F

Fifty-fifty-Regel 75
Fingerspitzen 43, 97–98, 146, 175, 185
Flirtbereitschaft 60, 68, 78, 184
Flirten 5, 41, 51–53, 56–58, 61–64, 67, 120, 183
Flirtsignale 51, 58, 61, 68, 87 ff., 112, 183
– falsche 67
Furcht 9, 90, 105, 109 140, 167–169
Fußspitze 36, 81, 83, 92, 185

G

Gähnen 163
Gang 30, 37, 142
Geborgenheit 100, 102, 145, 147, 179–180
Gefühle, romantische 13, 86
Gemütsschwankungen 153
Geruchssinn 13, 27, 74
Gesichtsausdruck 22, 44–45, 57, 90, 115, 129, 139, 142, 158, 165
Gesprächseröffnung 67–70
Gesten der Kontaktsuche 117
– autoerotische 39, 89
– entgegenkommende 117
– herabsetzende 117
– submissive 89
– wegwischende 117, 130
Gestik, zurückgenommene 130
Glaubwürdigkeit 84, 116

H

Haare, spielen mit 59, 60, 62, 64, 78, 184
Halsstelle, erotische 58
Hand- und Fingergesten 133
Händchen halten 98, 149, 170, 175, 179
Händedruck 34–35, 80, 110, 136
Handinnenflächen 35, 38–39, 43, 80, 117
Handrücken 35, 98, 112, 134
Hinhaltesignale 58, 88
Hormone 10, 12, 41, 102, 120, 124
– Glückshormone 44, 46, 109
– Hormonumstellung 153, 156
– Stresshormone 12, 133, 162
Humor 68, 76, 84–85, 146, 150, 176

K

Kleidung 40, 53, 55, 64, 74, 86, 181
Kompliment 46–47, 56, 68–69, 75, 86, 121, 147,
Konflikte 17, 130, 138, 150, 152, 156, 169, 177
Kopf, gesenkter 44
Körperhaltung 41, 44, 45, 57, 77, 84, 131, 133, 134, 164
– aufrechte 31, 92
– geöffnete 40, 142
– schlaffe 31
– selbstsichere 46
Körperkontakt 100, 149
Körpersprache, angeborene 159
– erlernte 159
– kindliche 158
Kratzen am Hals 117, 129, 133
Kuscheln 100–101, 154, 174
Kuss 15, 28, 84, 92, 94, 96, 98, 117, 121, 123, 134, 135, 148, 170
– Abschiedskuss 82
– Basic-Instinct-Kuss 93
– Dornenvögelkuss 95
– Egoistenkuss 94, 95
– Handkuss 94, 95, 100
– Mundkuss 93
– Mutkuss 93
– Vampirkuss 94
– Wangenkuss 93
Kussmund 59, 60, 78, 79

L

Lächeln, echtes 29, 30, 142
– vorgetäuschtes 29, 30
Lachen, gemeinsames 175
Lebensabend 179
Liebe, die große 8, 10, 16, 113
– kameradschaftliche 171, 175
– romantisch-erotische 8–9
Liebesbotschaften 122, 146
Lippen, geöffnete 77, 78, 94, 161
– zusammengepresste 61, 65, 66, 78, 80, 129, 140–142, 173, 185
Lustlosigkeit, sexuelle 125, 150

M

Merkmale, paralinguistische 129
Mikroausdrücke 22, 139
Mimik, starke 65
Mundwinkel 28, 92, 127, 129, 139, 140, 142, 158, 160–161, 183, 185

N
Nächstenliebe 9
Nacken reiben 39, 119, 142
Nähe, emotionale 100, 104–105, 107, 113
– körperliche 100
Nasenflügel, geblähte 27
Nase rümpfen 20, 27, 140–141, 185
Noradrenalin 10–11, 175

O
Öffentlichkeitsgesten 117
Online-Partnersuche 180
Oxytocin 13, 96

P
Pacing 78
Partnerschaft, langjährige 95, 166, 178
Phenylethylamin (PEA) 13
Pheromone 27
Pistolengeste 117
Pupillen 25, 57, 92, 133, 158, 160, 183–184

R
Respekt 95, 136, 150, 152, 170–171, 177
Respektlosigkeit 117–118
Rituale 15, 123, 126, 176–177
Rückzugssignale 134

S
Scham 167–169
Schlafstellung(en) 102–104
Schmollmund 28–29, 87
Schönheitsideale 54
Schüchternheit 80, 98, 111
Schulter, kalte, zeigen 66–67, 90, 119, 142
Schultern, hochgezogene 33, 34, 39, 42, 158, 164, 174, 185
– hängende 30, 31, 142, 158
Seitensprung 119–120
Selbstbild 45, 54
Selbstliebe 9, 150, 169
Serotonin 11, 13
Sexualität 96, 107, 137, 145 ff., 175, 181

Signale, körpersprachliche 5, 40, 51, 58, 61, 65, 80, 104, 109, 135, 143, 149, 158, 170, 175
Sitzposition 31, 81
Spiegeln, körpersprachliches 77
Stehposition, natürliche 81
Stimme 9, 13, 20, 40, 50, 54, 71, 78, 80, 159, 164, 176
Stoppsignal 39
Streicheleinheiten 147, 155, 170
Streit 10, 15–16, 120, 130, 135, 138–139, 144, 169, 177

T
Testosteron 12, 88
Traurigkeit 22, 140, 153, 158
Treue 15, 104, 119–120

U
Überlegenheit 82–83, 119
Umarmung 33–34, 86, 95, 99–102, 121, 170, 175

V
Verabschiedung 82
Verachtung 28, 140–141, 185
Verbundenheit, emotionale 165, 168, 170
Verliebtheit 9–14, 91–92, 99, 107, 124, 184
Versprecher 109, 119
Vertrauen 21, 28, 41, 75, 81, 83, 99–100, 104, 107, 113–117, 121, 123, 147, 150, 154, 166, 167, 178, 184

W
Wegschauen, schnelles 133
Weinen 154, 158, 162–163
Wut 9, 12, 22, 23, 26, 140, 142, 144, 158

Z
Zeigefinger 21, 39, 43, 81, 117, 118, 143, 163, 185
Zorn 27, 115, 140–141
Zucken, verräterisches 10, 130